Courtesy of The Bancroft Library of University of California Berkeley

赵元任全集

第 12 卷

赵元任 译

商务印书馆
The Commercial Press

图书在版编目(CIP)数据

赵元任全集. 第 12 卷 /(英)路易斯·加乐尔,(英) A. A. 米尔恩著;赵元任译. —北京:商务印书馆,2023
ISBN 978-7-100-21497-1

Ⅰ.①赵… Ⅱ.①路…②A…③赵… Ⅲ.①赵元任—全集②英国文学—现代文学—作品综合集 Ⅳ.①C52

中国版本图书馆 CIP 数据核字(2022)第 138841 号

权利保留,侵权必究。

ZHÀO YUÁN RÈN QUÁN JÍ
赵 元 任 全 集
第 12 卷

〔英〕路易斯·加乐尔 著
　　　A. A. 米尔恩

赵元任　译

商 务 印 书 馆 出 版
(北京王府井大街 36 号　邮政编码 100710)
商 务 印 书 馆 发 行
北京新华印刷有限公司印刷
ISBN 978-7-100-21497-1

2023 年 1 月第 1 版　　开本 710×1000　1/16
2023 年 1 月北京第 1 次印刷　印张 20¾　插页 4

定价:108.00 元

1920年 赵元任在自己的书房里

1932年 赵元任之女如兰(左)和新那(右)扮成《走到镜子里》中的形象

1933年 赵元任之女新那(左)和来思(右)扮成《走到镜子里》中的形象

《赵元任全集》编委会委员
（按姓氏音序排列）

卞学鐄	波岗维作	常绍民	陈　原 主任
陈万雄	承宪康	戴鹏海	丁邦新
黄培云	季羡林	江蓝生 主任	李　荣
刘君若	柳凤运	陆俭明	苏金智
王　宁	王大中	王士元	王士宗
王元化	吴宗济	邢公畹	杨德炎 主任
袁毓林	张洪年	赵佳梓	赵来思
赵如兰	赵小中	赵新那	

总　序

季羡林

　　赵元任先生是国际上公认的语言学大师。他是当年清华国学研究院的四大导师之一，另有一位讲师李济先生，后来也被认为是考古学大师。在中国现代教育史上，清华国学研究院是一个十分独特的现象。在全国都按照西方模式办学的情况下，国学研究院却带有浓厚的中国旧式的书院色彩。学生与导师直接打交道，真正做到了因材施教。其结果是，培养出来的学生后来几乎都成了大学教授，而且还都是学有成就的学者，而不是一般的教授。这一个研究院只办了几年，倏然而至，戛然而止，有如一颗光焰万丈的彗星，使人永远怀念。教授阵容之强，前无古人，后无来者。赵元任先生也给研究院增添了光彩。

　　我虽然也出身清华；但是，予生也晚，没能赶得上国学研究院时期；又因为行当不同，终于缘悭一面，毕生没能见到过元任先生，没有受过他的教诲，只留下了高山仰止之情，至老未泯。

　　我虽然同元任先生没有见过面，但是对他的情况从我读大学时起就比较感兴趣，比较熟悉。我最早读他的著作是他同于道泉先生合译的《仓洋嘉措情歌》。后来，在建国前后，我和于先生在北大共事，我常从他的口中和其他一些朋友的口中听到许多关于赵先生的情况。他们一致认为，元任先生是一个天生的语言天才。他那审音辨音的能力远远超过常人。他学说各地方言的本领也使闻者惊叹不止。他学什么像什么，连相声大师也望尘莫及。我个人认为，赵先生在从事科学研究方面，还有一个很突出的特点或者优势，是其他语言学家所难以望其项背的，这就是，他是研究数学和物理学出身，这对他以后转向语言学的研究有极明显的有利条件。

　　赵元任先生一生的学术活动，范围很广，方面很多，一一介绍，为我能力所不逮，这也不是我的任务。我现在在这里只想谈一下我对元任先生一生学术活动的一点印象。

　　大家都会知道，一个学者，特别是已经达到大师级的学者，非常重视自己的科学研究工作，理论越钻越细，越钻越深，而对于一般人能否理解，能否有利，则往往注意不够，换句话说就是，只讲阳春白雪，不顾下里巴人；只讲雕龙，不讲雕虫。能龙虫并雕者大家都知道有一个王力先生——顺便说一句：了一先生是元任先生的弟子——，他把自己的一本文集命名为《龙虫并雕集》，可见他的用心之所在。元任先生就是龙虫并雕的。讲理论，他有极高深坚实的理论。讲普及，他对国内，对世界都做出了卓有成效的贡献。在国内，他努力推进国语统一运动。在国外，他教外国人，主要是教美国人汉语，两方面都取得了极大的成功。当今之世，中国国际地位日益提高，世界上许多国家学习汉语的势头日益增强，元任先生留给我们的关于学习汉语的著作，以及他的教学方法，将会重放光芒，将会在新形势下取得新的成果，这是可以预卜的。

限于能力，介绍只能到此为止了。

而今，大师往矣，留下我们这一辈后学，我们应当怎样办呢？我想每一个人都会说：学习大师的风范，发扬大师的学术传统。这些话一点也没有错。但是，一谈到如何发扬，恐怕就言人人殊了。我窃不自量力，斗胆提出几点看法，供大家参照。大类井蛙窥天，颇似野狐谈禅，聊备一说而已。

话得说得远一点。语言是思想的外化，谈语言不谈思想是搔不着痒处的。言意之辨一向是中国哲学史上的一个重要命题，其原因就在这里。我现在先离正文声明几句。我从来不是什么哲学家，对哲学我是一无能力，二无兴趣。我的脑袋机械木讷，不像哲学家那样圆融无碍。我还算是有点自知之明的，从来不作哲学思辨。但是，近几年来，我忽然不安分守己起来，竟考虑了一些类似哲学的问题，岂非咄咄怪事。

现在再转入正文，谈我的"哲学"。我首先经过多年的思考和观察，我觉得东西文化是不同的，这个不同表现在各个方面，只要稍稍用点脑筋，就不难看出。我认为，东西文化的不同扎根于东西思维模式的不同。西方的思维模式的主要特点是分析，而东方则是综合。我并不是说，西方一点综合也没有，东方一点分析也没有，都是有的，天底下决没有泾渭绝对分明的事物，起码是常识这样告诉我们的，我只是就其主体而言，西方分析而东方综合而已。这不是"哲学"分析推论的结果，而是有点近乎直观。此论一出，颇引起了一点骚动，赞同和反对者都有，前者寥若晨星，而后者则阵容颇大。我一向不相信真理愈辨（辩）愈明的。这些反对或赞成的意见，对我只等秋风过耳边。我编辑了两大册《东西文化议论集》，把我的文章和反对者以及赞同者的文章都收在里面，不加一点个人意见，让读者自己去明辨吧。

什么叫分析，什么又叫综合呢？我在《东西文化议论集》中有详尽的阐述，我无法在这里重述。简捷了当地说一说，我认为，西方自古希腊起走的就是一条分析的道路，可以三段论法为代表，其结果是，只见树木，不见森林；头痛医头，脚痛医脚。东方的综合，我概括为八个字：整体概念，普遍联系。有点模糊，而我却认为，妙就妙在模糊。上个世纪末，西方兴起的模糊学，极能发人深思。

真是十分出我意料，前不久我竟在西方找到了"同志"。《参考消息》2000年8月19日刊登了一篇文章，题目是《东西方人的思维差异》，是从美国《国际先驱论坛报》8月10日刊登的一篇文章翻译过来的，是记者埃丽卡·古德撰写的。文章说：一个多世纪以来，西方哲学家和心理学家将他们对精神生活的探讨建立在一种重要的推断上：人类思想的基本过程是一样的。西方学者曾认为，思考问题的习惯，即人们在认识周围世界时所采取的策略都是一样的。但是，最近密歇根大学的一名社会心理学家进行的研究正在彻底改变人们长期以来对精神所持的这种观点。这位学者名叫理查德·尼斯比特。该文的提要把他的观点归纳如下：

> 东方人似乎更"全面"地思考问题，更关注背景和关系，更多借助经验，而不是抽象地逻辑，更能容忍反驳意见。西方人更具"分析性"，倾向于使事物本身脱离背景，避开矛盾，更多地依赖逻辑。两种思想习惯各有利弊。

这些话简直好像是从我嘴里说出来似的。这里决不会有什么抄袭的嫌疑，我的意见好多年前就发表了，美国学者也决不会读到我的文章。而且结论虽同，得到的方法却大异其趣，我是凭观察，凭思考，凭直观，而美国学者则是凭"分析"，再加上美国式的社会调查方法。

以上就是我的"哲学"的最概括的具体内容。听说一位受过西方哲学训练的真正的哲学家说，季羡林只有结论，却没有分析论证。此言说到了点子上；但是，这位哲学家却根本不可能知道，我最头痛正是西方哲学家们的那一套自命不凡的分析，分析，再分析的论证方法。

这些都是闲话，且不去管它。总之一句话，我认为，文化和语言的基础或者源头就是思维模式，至于这一套思维模式是怎样产生出来的，我在这里先不讨论，我只说一句话：天生的可能必须首先要排除。专就语言而论，只有西方那一种分析的思维模式才能产生以梵文、古希腊文、拉丁文等为首的具有词类、变格、变位等一系列明显的特征的印欧语系的语言。这种语言容易分拆、组合，因而产生了现在的比较语言学，实际上应该称之为印欧语系比较语言学的这一门学问。反之，汉语等藏缅语系的语言则不容易分拆、组合。词类、变格、变位等语法现象，都有点模糊不定。这种语言是以综合的思维模式为源头或基础的，自有它的特异之处和优越之处。过去，某一些西方自命为天之骄子的语言学者努力贬低汉语，说汉语是初级的、低级的粗糙的语言。现在看来，真不能不使人嗤之以鼻了。

现在，我想转一个方向谈一个离题似远而实近的问题：科学方法问题。我主要根据的是一本书和一篇文章。书是《李政道文录》，浙江文艺出版社，1999年。文章是金吾伦《李政道、季羡林和物质是否无限可分》，《书与人》杂志，1999年第5期，页41—46。

先谈书。李政道先生在该书中一篇文章《水·鱼·鱼市场》写了一节叫做"对21世纪科技发展前景的展望"。为了方便说明问题，引文可能要长一点：

> 一百年前，英国物理学家汤姆孙（J. J. Thomson,1856—1940）发现了电子。这极大地影响了20世纪的物理思想，即大的物质是由小的物质组成的，小的是由更小的组成的，找到最基本的粒子就知道最大的构造。（下略）
>
> 以为知道了基本粒子，就知道了真空，这种观念是不对的。（中略）我觉得，基因组也是这样，一个个地认识了基因，并不意味着解开了生命之谜。生命是宏观的。20世纪的文明是微观的。我认为，到了21世纪，微观和宏观会结合成一体。（页89）

我在这里只想补充几句：微观的分析不仅仅是20世纪的特征，而是自古希腊以来西方的特征，20世纪也许最明显，最突出而已。

我还想从李政道先生书中另一篇文章《科学的发展：从古代的中国到现在》中引几段话：

> 整个科学的发展与全人类的文化是分不开的。在西方是这样，在中国也是如此。可是科学的发展在西方与中国并不完全一样。在西方，尤其是如果把希腊文化也算作西方文化的话，可以说，近代西方科学的发展和古希腊有更密切的联系。在古希腊时也和现代的想法基本相似，即觉得要了解宇宙的构造，就要追问最后的元素是什么。大的物质是由小

的元素构造，小的元素是由更小的粒子构造，所以是从大到小，小到更小。这个观念是希腊时就有的（atom 就是希腊字），一直到近代。可是中华民族的文化略有不同。我们是从开始时就感觉到，微观的元素与宏观的天体是分不开的，所以中国人从开始就把五行与天体联系起来。

（页 171）

李政道先生的书就引用这样多。不难看出，他的一些想法与我的想法颇有能相通之处。他讲的微观与宏观相结合，用我的话来说就是，分析与综合相结合。这一点我过去想得不多，强调得不够。

现在来谈金吾伦先生的文章。金先生立论也与上引李政道先生的那一部书有关。我最感兴趣的是他在文章开头时引的大哲学家怀德海的一段话，我现在转引在这里：

19 世纪最大的发明是发明了发明的方法。一种新方法进入人类生活中来了。如果我们要理解我们这个时代，有许多的细节，如铁路、电报、无线电、纺织机、综合染料等等，都可以不必谈，我们的注意力必须集中在方法的本身。这才是震撼古老文明基础的真正的新鲜事物。（页 41）

金先生说，李政道先生十分重视科学方法，金先生自己也一样。他这篇文章的重点是说明，物质不是永远可分的。他同意李政道的意见，就是说，当前科学的发展不能再用以前那种"无限可分"的方法论，从事"越来越小"的研究路子，而应改变方略，从整体去研究，把宏观和微观联系起来进行研究。

李政道先生和金吾伦先生的文章就引征到这里为止。他们的文章中还有很多极为精彩的意见，读之如入七宝楼台，美不胜收，我无法再征引了。我倒是希望，不管是研究人文社会科学的学者，还是研究自然科学的学者，都来读一下，思考一下，定能使目光远大，胸襟开阔，研究成果必能焕然一新。这一点我是敢肯定的。

我在上面离开了为《赵元任全集》写序的本题，跑开了野马，野马已经跑得够远的了。我从我的"哲学"讲起，讲到东西文化的不同；讲到东西思维模式的差异：东方的特点是综合，也就是"整体概念，普遍联系"，西方的特点是分析；讲到语言和文化的源头或者基础；讲到西方的分析的思维模式产生出分析色彩极浓的印欧语系的语言，东方的综合的思维模式产生出汉语这种难以用西方方法分析的语言；讲到二十世纪是微分析的世纪，二十一世纪应当是微观与宏观相结合的世纪；讲到科学方法的重要性；等等。所有这一切看上去都似乎与《赵元任全集》风马牛不相及。其实，我一点也没有离题，一点也没有跑野马，所有这些看法都是我全面立论的根据。如果不讲这些看法，则我在下面的立论就成了无根之草，成了无本之木。

我们不是要继承和发扬赵元任先生的治学传统吗？想要做到这一点，不出两途：一是忠实地，完整地，亦步亦趋地跟着先生的足迹走，不敢越雷池一步。从表面上看上去，这似乎是真正忠诚于自己的老师了。其实，结果将会适得其反。古今真正有远见卓识的大师们都不愿意自己的学生这样做。依稀记得一位国画大师（齐白石？）说过一句话："学我者死。""死"，不是生死的"死"，而是僵死，没有前途。这一句话对我们发扬元任先生的学术传统也很有意义。我们不能完全走元任先生走过的道路，不能完全应用元任先生应用过的方法，那样就会"死"。

第二条道路就是根据元任先生的基本精神，另辟蹊径，这样才能"活"。这里我必须多说上几句。首先我要说，既然二十世纪的科学方法是分析的，是微观的。而且这种科学方法决不是只限于西方。二十世纪是西方文化，其中也包括科学方法等等，垄断了全世界的时代。不管哪个国家的学者都必然要受到这种科学方法的影响，在任何科学领域内使用的都是分析的方法，微观的方法。不管科学家们自己是否已经意识到这一点，反正结果是一样的。我没有能读元任先生的全部著作，但是，根据我个人的推断，即使元任先生是东方语言大师，毕生研究的主要是汉语，他也很难逃脱掉这一个全世界都流行的分析的思潮。他使用的方法也只能是微观的分析的方法。他那谁也不能否认的辉煌的成绩，是他使用这种方法达到尽善尽美的结果。就是有人想要跟踪他的足迹，使用他的方法，成绩也决不会超越他。在这个意义上来说，赵元任先生是不可超越的。

我闲常思考汉语历史发展的问题。我觉得，在过去二三千年中，汉语不断发展演变，这首先是由内因所决定的。外因的影响也决不容忽视。在历史上，汉语受到了两次外来语言的冲击。第一次是始于汉末的佛经翻译。佛经原文是西域一些民族的语言、梵文、巴利文，以及梵文俗语，都是印欧语系的语言。这次冲击对中国思想以及文学的影响既深且远，而对汉语本身则影响不甚显著。第二次冲击是从清末民初起直至五四运动的西方文化，其中也包括语言的影响。这次冲击来势凶猛，力量极大，几乎改变了中国社会整个面貌。五四以来流行的白话文中西方影响也颇显著。人们只要细心把《儒林外史》和《红楼梦》等书的白话文拿来和五四以后流行的白话文一对照，就能够看出其间的差异。按照西方标准，后者确实显得更严密了，更合乎逻辑了，也就是更接近西方语言了。然而，在五四运动中和稍后，还有人——这些人是当时最有头脑的人——认为，中国语言还不够"科学"，还有点模糊，而语言模糊又是脑筋糊涂的表现。他们想进行改革，不是改革文字，而是改造语言。当年曾流行过"的"、"底"、"地"三个字，现在只能当做笑话来看了。至于极少数人要废除汉字，汉字似乎成了万恶之本，就更为可笑可叹了。

赵元任先生和我们所面对的汉语，就是这样一种汉语。研究这种汉语，赵先生用的是微观分析的方法。我在上面已经说到，再用这种方法已经过时了，必须另辟蹊径，把微观与宏观结合起来。这话说起来似乎极为容易，然而做起来却真万分困难，目前不但还没有人认真尝试过，连同意我这种看法的人恐怕都不会有很多。也许有人认为我的想法是异想天开，是痴人说梦，是无事生非。"不识庐山真面目，只缘身在此山中。"大家还都处在庐山之中，何能窥见真面目呢？

依我的拙见，大家先不妨做一件工作。将近七十年前，陈寅恪先生提出了一个意见，我先把他的文章抄几段：

> 若就此义言之，在今日学术界，藏缅语系比较研究之学未发展，真正中国语文文法未成立之前，似无过于对对子之一方法。（中略）今日印欧语系化之文法，即马氏文通"格义"式之文法，既不宜施之于不同语系之中国语文，而与汉语同系之语言比较研究，又在草昧时期，中国语文真正文法，尚未能成立，此其所以甚难也。夫所谓某种语言之文法者，其中一小部分，符于世界语言之公律，除此之外，其大部分皆由研究此种语言之特殊现相，归纳为若干通则，成立一有独立个性之统系学说，定为此特种语言之规律，并非根据某一特种语言之规律，即能推之以概括万族，放诸四海而准者也。假使能之，亦已变为普通语言学音韵学、名学，或文法哲学等等，而不复成为某特种语言之文法矣。（中略）迄乎近世，比较语言之学兴，旧日谬误之观念得以革除。因其能取同系语言，如梵语波斯语等，互相比较研究，于是系内各个语言之特性逐渐发见。印欧系语言学，遂有今日之发达。故欲详知确证一种语言之特殊现相及其性质如何，非综合分析，互相比较，以研究之，不能为功。而所与互相比较者，又必须属于同系中大同而小异之语言。盖不如此，则不独不能确定，且常错认其

特性之所在，而成一非驴非马，穿凿附会之混沌怪物。因同系之语言，必先假定其同出一源，以演绎递变隔离分化之关系，乃各自成为大同而小异之言语。故分析之，综合之，于纵贯之方面，剖别其源流，于横通之方面，比较其差异。由是言之，从事比较语言之学，必具一历史观念，而具有历史观念者，必不能认贼作父，自乱其宗统也。(《与刘叔雅论国文试题书》，见《金明馆丛稿二编》)

引文确实太长了一点，但是有谁认为是不必要的呢？寅恪先生之远见卓识真能令人折服。但是，我个人认为，七十年前的寅恪先生的狮子吼，并没能起到振聋发聩的作用，好像是对着虚空放了一阵空炮，没有人能理解，当然更没有人认真去尝试。整个二十世纪，在分析的微观的科学方法垄断世界学坛的情况下，你纵有孙悟空的神通，也难以跳出如来佛的手心。中外研究汉语语法的学者又焉能例外！他们或多或少地走上了分析微观的道路，这是毫不足奇的。更可怕的是，他们面对的研究对象是与以分析的思维模式为基础的印欧语系的语言迥异其趣的以综合的思维模式为源头的汉语，其结果必然是用寅恪先生的话来说"非驴非马"、"认贼作父"。陈先生的言语重了一点，但却是说到了点子上。到了今天二十一世纪，我们必须改弦更张，把微观与宏观结合起来。除此之外，还必须认真分辨出汉语的特点，认真进行藏缅语系语言的比较研究。只有这样，才庶几能发多年未发之覆，揭发出汉语结构的特点，建立真正的汉语语言学。

归根结底一句话，我认为这是继承发扬赵元任先生汉语研究传统的唯一正确的办法。是为序。

2000 年 8 月 30 日
写毕于雷雨大风声中

前　言

陈　原

　　赵元任先生是二十世纪平凡而伟大的人文学者。

　　西方一位历史学家说，世人带着希望和恐惧跨进二十世纪，可是赵元任先生进入二十世纪时才九岁，他没有一丝恐惧，倒是满怀着无穷的希望和活力跨进二十世纪。这希望和这活力，贯串了他的一生。他不知疲倦地学习，他不知疲倦地工作，他随时随地都能找到学习和工作的机会；而与此同时，他尽情地享受着生活的乐趣和幸福，他也尽情地享受着工作的乐趣和幸福，并且让他的亲人甚至他的朋友们感受到这种生的乐趣——"唯有生命之树常青！"歌德的箴言在先生身上表露得最淋漓尽致。他衷心关怀着关爱着他的亲人，他的周围，他真诚地关心受苦受难的众人的遭遇和命运，人的尊严，独立的人格，自由的思想，一句话，所有人文精神都是赵元任先生始终坚持的品德。他不愿意自己多灾多难的民族沉沦为类似"印第安人居留地"那样的国土。他不是社会改革家，他甚至不是他的好友胡适那样自觉地参政议政从政的社会活动家，不，他只不过是一个人文学者，一个平凡的人文学者，他一心向往着一种平静的、淡泊的、与世无争的生活方式和宽松的能够平等地相互切磋的学术环境。他爱的是书，是音乐，是图画，是科学，是语言，是文字，是美，是一切美好的精神产品，当然，他爱人，爱寻常的善良的普通人，爱人的高尚品格。

　　任何一部五四运动史很可能都忽略赵元任这个名字，尽管这个伟大的新文化运动爆发时，赵元任先生不在国内，但是从他的精神世界和活动实践来评估，他正是五四精神的提倡者和身体力行者。他毕生追求"赛先生"（科学）和"德先生"（民主），他从不作空洞的政治呐喊，可是他通过自己的"武器"（艺术，学术和科学活动）发扬了这种伟大的人文精神、启蒙精神。如果不是发扬这种精神，我们能够听到像《呜呼！三月一十八》（1926）那样慷慨激昂的悲歌吗？能够听到《西洋镜歌》（1935）中"要活命就得自己救"，"再造起一个新世界，凭着你自己的手！"那样的旋律吗？如果不是发扬这种精神，我们能够在五四前后通过他和学人们创办的《科学》杂志读到那么些普及科学知识的文章吗？更重要的是，如果没有发扬这种人文精神，日后我们能看到对我们伟大的民族语言进行科学的剖析和热诚的改革实验吗？

赵元任先生确实够得上是一个伟大的人文学者，几乎可以类比文艺复兴时代的巨人。他在青少年时期打下了坚实的国学基础，培养了观察自然现象和亲自动手进行实验和制作的习惯；他以弱冠之年留学美国，先学数学，物理，然后学哲学，涉猎逻辑学和心理学，他从小爱观天象引导他走进天文学的门槛。他和朋友们节衣缩食办起科学社和《科学》杂志，传播科学知识。他一本正经地学音乐，学和声，学对位法，学作曲。然后他师从欧美各国的语言学家，语音学家，他从游学之初就萌发了历史地科学地研究中国语言的志向，并且以改革语文特别是书写系统为己任，他这样做，是为着开发民智，拯救中华。接着他确定语言研究是他毕生的治学方向，他锐意研究国音国语统一和各地方言，他取得了一些可喜的成果。其实在这之前，他的文学翻译和话剧活动，几乎可以说都是围绕着语言进行的，就连他的音乐作曲，也绝不是业余爱好，而是跟语言学音韵学有直接的关系。甚至他的业余爱好（摄影），那四千张珍贵的图片，简直就是一部形象化的民俗学记录。

时空因素——也就是时代和社会环境把这个人文学者的一生分成两个部分：前半生和后半生。前半生从出世到去国，经历了四十六年（1892—1938），主要活动场所在中国，其间有十多年留学美国，做留学生监督以及游学欧洲；后半生从去国到辞世（1938—1982），在美国侨居十五年（1938—1953），然后在那里定居（1953—1982），其间两度回国访问（1973；1981）。

可以认为前半生对于赵元任先生是极端重要的，因为他的主要业绩是在二三十年代这短暂的时间完成的：国语统一运动（今日可读作推广普通话运动）和方言调查，在他身上是辩证的统一。他参加了汉语标音符号系统的创制，特别是国语罗马字的制定是他独立在这个时期完成的。从吴语开始的方言调查，开拓了一个新纪元。他的主要音乐创作，包括那些当时广为流行的大众歌曲和至今仍然脍炙人口的艺术歌曲，像《教我如何不想他》和《海韵》等，绝大部分是在这个期间写出的。他的文学作品翻译和话剧脚本主要是在此时问世的。他对中国语言学研究的机构、方法和设想，都是这个时期奠定基础的。总而言之，前半生是赵元任先生治学的黄金时刻，这是毫无疑义的。

七七事变后，日寇由北往南，先后攻占北平（今北京）、上海、南京，迫使这位

前　言

人文学者举家迁徙,经长沙到昆明。战争夺去了他的一切:他的大部分书籍连同他辛辛苦苦亲自修建的简朴的房子没有了,他苦心积累置备的研究仪器丧失了,更重要的是他进行田野作业的源泉地,不是沦陷在鬼子的铁蹄下,就是生民涂炭,颠沛流离。连母语都受到威胁,何论研究?

一个平凡而伟大的人文学者,一个举世闻名的语言学大师,竟然无法再进行他理想中的工作,其痛苦是后人无法想象的。然而他渴望工作。他不能放弃他的探索,他只得寻求暂时的次等的选择。他去了夏威夷大学教汉语,而前此他曾经委婉地拒绝过那里的邀请。退而求其次。战争和动乱不能允许他照样做他的田野工作。他下决心暂时去工作一阵,谁知这一去,就是整整一个后半生!

不能说赵元任先生后半生没有任何建树。不,完全不。他在二次大战爆发以后,特别是在珍珠港事变后,在语言信息和汉语教学中发挥了他的语言天才,为正义战争作出了贡献。他没有直接参加战斗,也没有投身社会革命,但他决不是立意逃避现实躲进桃花源去的"纯粹"学者隐士。战争结束以后,他在前半生实践的基础上,归纳自己的语言观点和教学经验,也做了许多极有深度的著述。但遗憾的是他已多年远离他研究的对象——中国语文,即离开了汉语的发祥地,生长地,发展地。他不能每日每时观察它的变化,不能更加深入研究它的发展规律,更无法继续他的未竟之业——方言调查,无法参与全民的"国语统一(推广普通话)"的运动和语言文字规范化和术语标准化的工作,更不能参与整个民族的语文教学和对外汉语教学的活动。对于一个从二十世纪开头就怀着改革语文以促进民族复兴大志的人文学者,这样的境遇真是莫大的遗憾,而这遗憾绝非他个人的,而是我们民族的遗憾,更是学术上的遗憾。

战争结束后,四十年代末五十年代初,这位哲人本来可以顺利地回到他的乡土,实际上他也作过回归的打算,但这意愿没有实现;实践走得太快了,一九四九年故国翻天覆地的剧烈变革,仓促之间他很难理解。他一心追求学术上的真理,他很不情愿参与政治,这就加大了他对社会变革理解的难度。他无法接受飞快发展的现实。接踵而来的朝鲜战争和"非美活动",都使他感到困惑、迷茫和压抑,于是我们这位可敬的学者,只好在太平洋彼岸年复一年地观望,踌躇,等待。他终于无可奈何地定居在美国(1953)。

他是真诚的,他是质朴的,他是勤奋的,他只是一个平凡的人文学者。那年头他不能理解故国,但故国理解他。然而理解又能怎样呢?这片黄土地也经历了风风雨雨，走过崎岖的不平的弯路。尽管如此，这沃土，这沃土上的知识者，其中不乏他的学生，朋友，知音，以及那些高瞻远瞩的政治活动家，都在想念他，等待他，召唤他，因为他们理解他。而他呢？那年头有人能洞悉他的心境吗？他不感到寂寞吗？他不感到飘零吗？他不思念生他育他的沃土吗？他会想起他常常提到的第六世祖赵翼那一联绝句——"江山代有才人出，各领风骚数百年"吗？他怎能忘怀一出娘胎便与他息息相伴甚至可以说与他融成一体的母语呢？……

然而哲人的心境像大海那样的开阔，他仍然热爱着生活，他仍然带着无限的乡情接待海峡两岸过往的客人，他一点也不懈怠地在彼邦探索语言的奥秘。直到有一年，当他兴致勃勃地去灌制一张吟诵《长恨歌》的唱片时，忽然悲从中来，泣不成声，以致唱片也没有灌成。这是哲人的"长恨"？是可望不可即的河山？是远方的山山水水引发的 nostalgia？也许直到那时他还不能理解他的故土，如果他能理解故土已经发生了巨大的变革，如果他能意识到他年青时日夜追求的民族复兴此时已微露曙光，他会好过些，他的心中会更加充满阳光……

一直到他去国三十五年后（1973）他才踏进久别的故土，那一年是十年龙卷风中少有的甚至是唯一平静的一年，他见到了周恩来，见到了他久别的二女儿新那和她的丈夫黄培云，他提名要见的所有亲友都无一例外见到了——除了不在人间的以外，在这当中，在语言学领域共同奋斗多年的挚友罗常培走了，在清华园国学研究院共事的陈寅恪也走了。那一年故国天空还是阴云密布，然而这次欢聚毕竟在某种程度上多少抹去了游子夫妇俩藏在心里的压抑之情，他们可以尽情地呼吸故乡泥土的芬芳了。也许他们俩带着一点欢慰混和着一点难以言说的心情离开他这片熟悉而又陌生的沃土，回到了太平洋彼岸。八年后（1981），当他再一次回国时，夫人杨步伟已作古了，此时他的故土阳光普照，新的时代开始了。他见到了邓小平，他见到了胡乔木，他见到了他的学生王力，他的神交朋友吕叔湘，会见了学术界文化界的新老朋友……人们以景仰的心情和真诚的欢笑迎接了他。应当说，此时，不止故国理解他，他对这个故国也多少理解了。他一定是带着希望和满足的心情离别这片沃土的。故国的阳光灿烂吸引着他，他会不断地回来的，可是，遗憾的是，仅仅一年后，他永远离开了这个世界，永远离开了他热爱着的故土和思念着的故友，还有祖国的语言……

他走了。

但他留下了丰富的"遗产"。他留下了许多创造性的精神产品，这些创造物包括文字制品和音像制品。无论就其涉猎的广度，钻研的深度而言，都是极有价值的瑰宝。由此可知，涵盖这一切的《赵元任全集》的面世，可说是当今文化界学术界出版界的盛事和大事。

计划中的《赵元任全集》将有二十卷，编辑出版这样一套大书，自然难度很大：学科分布面广，贯串文理；使用媒介多种多样，其中文字作品有用中文写成，有用英文写成，有用符号（国语罗马字，国际音标，还有其他标音符号）写成，有作者自己从英文翻译成中文，或改写成中文，还有由别人翻译成中文而经作者认可的以及未经作者认可的；已成书的分别在几个国家和地区印行，未成书的或未发表过的手稿散处海内外学术机构或家属亲友手里，收集起来不是一件简单的事。至于音像制品（包括唱歌录音，演说录音，音标发音以及四千张摄影作品）更是洋洋大观，幸赖赵家老少"总动员"全力支持，高新技术特别是数码技术的采用，这才减少了编印的难度。当所有这些技术上的困难得到适当解决之后，摆在主事者面前的更大困难，就是问世的《赵元任全集》如何才能够全方位地按照原样准确地表达出这位平凡而伟大的人文学者的广阔视野和学术成果，同时能够反映出他的人文精神，高尚品格，科学头脑和自由思想——而这正是编印全集的最高目标：它不仅保存珍贵的文献资料，而且通过这些精神产品，让后人寻出前人学术发展的轨迹，悟到学术未来发展的思路。

《赵元任全集》按照现在的设想，将出二十卷，附载若干个光盘。全集将以大约一半的篇幅（十卷），突出表现作为二十世纪举世公认的语言学大师的成就。赵元任先生被认为是中国现代语言学之父，这样的安排是符合实际的。从这十卷论著中，后人可以了解到这位非凡的语言学大师是在何等广博深厚的知识基础上从事语言学理论与实践的探索的，他的独立、自由、开放的学术精神，他对改革中国语言文字所作出的杰出贡献，他敏锐地吸收自然科学最新成果、历史地动态地研究语言学的科学方法，凡此等等，必将对当今中国语言学学者的学术成长、对二十一世纪中国现代语言学的发展产生重大的影响，中国的学术界也必将因全集的出版而受益。

后十卷涉及音乐作品及论文，脍炙人口的文学翻译，为哲学家罗素讲演做的口语翻译及有关论文，数十篇科普文章，博士论文，数种传记，独具特色的绿信，书信，音像制品等，其中十分宝贵的是他完整无缺的七十六年的日记。这十卷的内容展示了这位语言奇才是怎样把他的智慧扩展运用到音乐创作、文学翻译等艺术领域的;展示了他的博学,他的勤奋,他的淡泊,他的豁达,他的幽默,他真挚的友情和温馨的亲情。总之,读者从中可以尽览这位上个世纪二三十年代中国杰出的人文学者的丰富人生,他的真实的心路历程和充满活力的创造精神。

今天,一个新的世纪又开始了,中国人带着民族复兴的希望和信心跨进了新世纪的大门。人类社会的进步离不开人文精神的滋养,把上个世纪学术大师们的学术遗产完好地保存下来,传承下去,是出版界的责任与使命。而今二十卷本《赵元任全集》的出版堪称中国学术界的大事,出版界的盛事,必将会为繁荣学术、建设文化作出重大的贡献。

出 版 说 明

《赵元任全集》力图通过迄今为止所能搜集到的所有作品，全方位反映赵元任先生的学术成果和人文精神。全集依类成卷，预计刊行二十卷，附载若干张光盘。前十卷基本囊括他的全部语言学著作，后十卷分别收录他的音乐著作、中英文译作、《科学》作品、自传、书信、日记、音像制品等。每卷所收著作以首次出版的先后为序，未经出版的著作以写作完成的先后为序，年代不明的排在卷末。

原书或原文用中文或英文印行，收入全集时即按中文或英文刊印。有些著作最初用中文印行，后用英文改写另印，两者都收入全集。少数重要著作原用英文刊行，后有中文译本（作者自己翻译的，或别人翻译经作者首肯的，也有少数论著的译稿未经作者审订），也酌量收入全集刊印，以利读者。

全集选用的版本，都是经过研究论证，认为最可靠的信本，其中包括作者自己审订或首肯的版本。

全集所收极力保存著作原貌，及作者的语言风格和用词习惯。除明显排印错误外，不轻易作任何改动。繁体字原则上改为简体字，个别著作和特殊例字除外。增补脱字，置于[ ]内；订正异形字，置于（ ）内；存疑之处，加[？]表示；残缺模糊之字，用□表示。原书译名（人名、地名、术语）与今不统一者，亦不作改动。

全集部分篇目，附有题注，用＊号标明。一般注释以圈码表示，若为"编者注"或"译者注"，则在注中特别说明。

全集各卷诚邀专家学者及资深编辑负责审订，在资料搜集过程中，得到国内外多方人士、机构的大力协助，在此一并致以深切的谢意。

陈原主任热诚推动全集出版，并撰前言，因病未及润饰，江蓝生主任代为完成，以补缺憾，特此说明。

赵元任先生著述宏丰，整理工作虽力求精当，疏漏舛误之处，亦恐在所难免，尚祈读者惠予指正。

《赵元任全集》编委会

本 卷 说 明

　　本卷主要辑录了赵元任先生的三部文学译作：英国著名作家路易斯·加乐尔（Lewis Carroll）的名著《阿丽思漫游奇境记》《走到镜子里》和英国作家 A. A. 米尔恩（A. A. Milne）的剧作《最后五分钟》。

　　《阿丽思漫游奇境记》，1922 年由商务印书馆首次出版，《走到镜子里》，1968 年作为教材收入《中国话的读物》在美国出版。商务印书馆 1988 年将两部作品合订出版了英汉对照本，2002 年分别出版了单行本。本卷分别以 1922、1968 年版为底本收录。

　　《最后五分钟》是赵元任根据英国作家 A. A. 米尔恩的剧本 The Camberley Triangle，用北京口语编制成的话剧脚本，并附学术论文《北平语调的研究》。本卷以中华书局 1929 年版为底本收录。

总　目

阿丽思漫游奇境记　　　〔英〕路易斯·加乐尔 著　赵元任 译

译者序	5
凡例	9
特别词汇	13
第一章　钻进兔子洞	15
第二章　眼泪池	21
第三章　合家欢赛跑和委屈的历史	27
第四章　兔子的毕二爷	33
第五章　请教毛毛虫	40
第六章　胡椒厨房和猪孩子	47
第七章　疯茶会	55
第八章　皇后的槌球场	62
第九章　素甲鱼的苦衷	69
第十章　龙虾的跳舞	76
第十一章　饼是谁偷的？	83
第十二章　阿丽思大闹公堂	89

走到镜子里　　　〔英〕路易斯·加乐尔 著　赵元任 译

著者原序	99
第一章　镜子里的房子	101
第二章　活花儿花园儿	110
第三章　镜子里的各种虫儿	118
第四章　腿得儿敦跟腿得儿弟	126
第五章　绵羊跟池塘	138

第六章　昏弟敦弟……………………………………………… 147

第七章　狮子跟独角马………………………………………… 158

第八章　"这是我自各儿的发明"……………………………… 166

第九章　阿丽思皇后…………………………………………… 179

第十章　拧……………………………………………………… 192

第十一章　醒…………………………………………………… 193

第十二章　是谁做的梦呐?……………………………………… 194

跋………………………………………………………………… 196

最后五分钟　　　　〔英〕A.A.米尔恩 著　赵元任 译

序………………………………………………………………… 203
    Ⅰ.国语罗马字跟白话文…………………………………… 203
    Ⅱ.语调的研究……………………………………………… 213
    Ⅲ."戏谱"这观念…………………………………………… 215

凡例……………………………………………………………… 230
    Ⅰ.国语罗马字拼音法式…………………………………… 230
    Ⅱ.戏谱凡例………………………………………………… 244
    Ⅲ.演戏注意………………………………………………… 245

戏谱正文　最后五分钟………………………………………… 247

附录　北平语调的研究………………………………………… 292
    Ⅰ.单字的声调……………………………………………… 292
    Ⅱ.中性语调………………………………………………… 294
    Ⅲ.口气语调………………………………………………… 299

阿丽思漫游奇境记

〔英〕路易斯·加乐尔 著
赵元任 译

1922年《阿丽思漫游奇境记》封面

我译这书，致献给一个鼓励我译它，
和鼓励我做无论什么书的人。

——Y. R.

大人者,不失其赤子之心者也。

——孟子

译　者　序

　　会看书的喜欢看序，但是会做序的要做到叫看书的不喜欢看序，叫他愈看愈急着要看正文，叫他看序没有看到家，就跳过了看底下，这才算做序做得到家。我既然拿这个当作做序的标准，就得要说些不应该说的话，使人见了这序，觉得它非但没有做，存在，或看的必要，而且还有不看，不存在，不做的好处。

　　《阿丽思漫游奇境记》是一部给小孩子看的书。在英美两国里差不多没有小孩没有看过这书的。但是世界上的大人没有不是曾经做过小孩子的，而且就是有人一生出来就是大人，照孟夫子说，大人的心也同小孩子的一样的，所以上头那话就等于说英国人，美国人，个个大人也都看过这书的。但是因为这书是给小孩子看的，所以原书没有正式的序。小孩子看了序横竖不懂的，所以这个序顶好不做。

　　《阿丽思漫游奇境记》又是一部笑话书。笑话的种类很多，有的是讥刺的，例如法国的 Voltaire，有的是形容过分的，例如美国的 Mark Twain，有的是取巧的，例如相传金圣叹做的十七言诗，有的是自己装傻子的，例如美国的 Artemus Ward，还有种种不好笑名为笑话的笑话，例如从各国人的眼光里，评判别国人的笑量和审笑官能，……这样例如下去，可以例如个不完。但是这部书里的笑话另是特别的一门，它的意思在乎没有意思。这句话怎么讲呢？有两层意思：第一，著书人不是用它来做提创什么主义的寓言的，他纯粹拿它当一种美术品来做的。第二，所谓"没有意思"就是英文的 Nonsense，中国话就叫"不通"。但是凡是不通的东西未必尽有意味，假如你把这部书的每章的第一个字连起来，成"阿越这来那她那靠他阿"十二个字，通虽不通了，但是除掉有"可做无意味不通的好例"的意味以外，并没有什么本有的意味在里头。"不通"的笑话，妙在听听好像成一句话，其实不成话说，看看好像成一件事，其实不成事体。这派的滑稽文学是很少有的，有的大都也是摹仿这书的。所以这书可以算"不通"笑话文学的代表。从前 Artemus Ward 在一群迂夫子跟前演说，他们听了莫明其妙，以为这位先生的脑子大概有点毛病，过后有人告愬他们说 Artemus Ward 是一个滑稽家，他演说的都是些笑话；

他们回想想，果然不错，于是乎就哈哈哈地补笑起来。要看不通派的笑话也是要先自己有了不通的态度，才能尝到那不通的笑味儿。所以我加了些说明，警告看书的先要自己不通，然后可以免掉补笑的笑话。以上是关于笑话的说明。但是话要说得通，妙在能叫听的人自己想通它的意味出来，最忌加许多迂注来说明，在笑话尤其如此。所以本段最好以删去为妙。

《阿丽思漫游奇境记》又是一本哲学的和论理学的参考书。论理学说到最高深的地方，本来也会发生许多"不通"的难题出来，有的到现在也还没有解决的。这部书和它的同著者的书在哲学界里也占些地位。近来有个英国人叫 P. E. B. Jourdain 的做了一本罗素哲学趣谈书，他里头引用的书名，除掉算学的论理学书以外，差不多都是引用这部《奇境记》和一部它的同著者的书，可见它的不通，一定不通得有个意思，才会同那些书并用起来。至于这些哲理的意思究竟是些什么，要得在书里寻出，本序不是论哲学的地方，所以本段也没有存在的必要。

《阿丽思漫游奇境记》的原名叫 The Adventures of Alice in Wonderland，平常提起来叫 Alice in Wonderland，大约是 1867 年出版的。它的著者叫路易斯·加乐尔（Lewis Carroll）。这个人虽然不是"不通"笑话家的始祖，但是可以算"不通"笑话家的大成。他曾经做的这一类的书有许多部，其中最有名的就是现在翻译的这部和一部叫 Through the Looking Glass 的。这第二部书的名字咱们可以译它作《镜里世界》，也是一部阿丽思的游记。路易斯·加乐尔是一个小孩子的朋友，他自己虽然没有子女，但是他的亲近的小朋友非常之多。所以他懂小孩子的性情，比一般做父母的还要深些。他所写成书的那些故事他曾经在牛津对他的小朋友常讲着玩。但是有一层：这些听故事的小孩子虽然真有，可是路易斯·加乐尔这个做故事的并没有其人。你们试在《大英百科全书》里查姓加乐尔名字叫路易斯的，一定查不到这个人。这话怎么说呢？试在索引里查查看，就知道《阿丽思漫游奇境记》著者的真名字是查尔斯·路维基·多基孙（Charles Lutwidge Dodgson），他做玩意儿书的时候才叫路易斯·加乐尔。但是他是以别名出名的，所以甚至于做他的传的人 S. D. Collingwood 也题他的传叫 The Life and Letters of Lewis Carroll，1898。多基孙的生死年是 1832 初到 1898 初，就是前清道光十一年末到光绪二十三年。他的行业是牧师和算学教师。谁也料不到他是做这类书的人。后来人知道了路易斯·加乐尔就是他，他还假装着不承认。他在算学里也稍微有点贡献，不过没有他的"不通"派滑稽文那么出名。从前《奇境记》这部书初出的时候，英国女皇维多利亚看了非常赞赏它，就命令人们记得把这人以后再做的书随出随送上去。谁晓得底下一部书一送上去就是一部又难又无味的代数学方列式论！这都是揭破人家笔名秘密的结果。所以咱们最好还是就记得路易斯·加乐尔，不再提多基孙这个真名字，免得和算学多生事节。既然最好不再提多基孙这个名字，那么这段里多基孙这个名字应该本来不提，所以这段讲多基孙的序也应该完全删掉。

《阿丽思漫游奇境记》这故事非但是一本书，也曾经上过戏台。戏本是 Saville Clarke 在 1886 年编的。近来美国把它又做成影戏片。又有许多人仿着这个故事做些本地情形的笑话书。例如美国康桥哈佛大学的滑稽报在 1913 年出了一本《阿丽思漫游康桥记》，勃克力加州大学在 1919 年又出了一本《阿丽思漫游勃克力记》。以后也说不定还会有《阿丽思漫游北京记》呢。但是一上戏台或一上影片的时候，这故事就免不了受两种大损失。一，戏台上东西的布置和人的行动都很拘束，一定和看过原书人所想像惯的奇境的样子相冲突。这原书里 John Tenniel 的插画的名声是差不多和这书并称的。所以戏台上改变了原来的样子，看过书的人看了它一定失望。二，影戏的布景固然可以自由得多，不过用起人来装扮成动物，也是很勉强的事情；但是它最大的损失是在影戏总是哑巴的缺点。*像平常影戏里在前景后景当中插进许多题辞进去，更不会念得连气，所以书里所有的"不通"的笑味儿都失掉了。那么说来说去还是看原书最好，又何必多费麻烦在这序里讲些原书的附属品呢？

《阿丽思漫游奇境记》这部书一向没有经翻译过。就我所知道的，就是庄士敦（R. F. Johnston）曾经把它口译给他的学生宣统皇帝听过一遍。这书其实并不新，出来了已经五十多年，亦并不是一本无名的僻书；大概是因为里头玩字的笑话太多，本来已经是似通的不通，再翻译了变成不通的不通了，所以没有人敢动它。我这回冒这个不通的险，不过是一种试验。我相信这书的文学的价值，比起莎士比亚最正经的书亦比得上，不过又是一派罢了。现在当中国的言语这样经过试验的时代，不妨乘这个机会来做一个几方面的试验：一，这书要是不用语体文，很难翻译到"得神"，所以这个译本亦可以做一个评判语体文成败的材料。二，这书里有许多玩意儿在代名词的区别，例如在末首诗里，一句里 he, she, it, they 那些字见了几个，这个是两年前没有他，她，它的时候所不能翻译的。三，这书里有十来首

---

* 按，当时只有无声电影（或称默片），故译者这样说。——出版者注

"打油诗",这些东西译成散文自然不好玩,译成文体诗词,更不成问题,所以现在就拿它来做语体诗式试验的机会,并且好试试双字韵法。我说"诗式的试验",不说"诗的试验",这是因为这书里的都是滑稽诗,只有诗的形式而没有诗文的意味,我也本不长于诗文,所以这只算诗式的试验。以上所说的几句关于翻译的话,似乎有点说头,但是我已经说最好是丢开了附属品来看原书。翻译的书也不过是原书附属品之一,所以也不必看。既然不必看书,所以也不必看序,所以更不必做序。(不必看书这话,其实也是冒着一个"不通"的险说的,因为在序的第一段里,我就希望看序的没有看到这里早已跳过了去看正文,看到入了迷,看完了全书,无聊地回过头来翻翻,又偶尔碰到这几句,那才懊悔没有依话早把全书丢开了不念,给译书的上一个自作自受的当呢!)

一九二一年六月一日赵元任序于北京

凡　例

一、注音字母：现在个个人算应该认得注音字母的。所以当面问人，"你认得注音字母不认得？"是一句失礼的话。用客气的问法，只好说，"你的注音字母熟不熟？"假如人回答不熟，就一点不失体面（其实亦许不熟是因为从来没有认得过的缘故）。现在恐怕看这书的于注音字母也不大熟，所以再写一道备查。

ㄅ伯	ㄆ拍	ㄇ墨	ㄈ勿（苏州音）	万勿（上海音）
ㄉ德	ㄊ特	ㄋ讷	ㄌ勒	
ㄍ革	ㄎ客	ㄫ额	ㄏ黑	
ㄐ稽	ㄑ欺	ㄬ倪	ㄒ希	
ㄓ之	ㄔ痴	ㄕ诗	ㄖ日	
ㄗ资	ㄘ（参）差	ㄙ私		
ㄧ衣	ㄨ乌	ㄩ迂		
ㄚ啊	ㄛ。阿（弥）	ㄜ呃	ㄝ（"爷"韵）	
ㄞ哀	ㄟ（"畏"韵）	ㄠ坳	ㄡ欧	
ㄢ安	ㄣ恩	ㄤ航	ㄥ（"哼"韵）	ㄦ儿

五声注法如下：。拼.平˙赏去·入. 又如。高.扬˙起降·促.

二、读音：读音不拘哪种方音，但是除几处特别叶韵外，最好全用国音。

三、读诗的节律：诗里头两字快读，只占一字时间的，都印得靠近些，例如第十章78页。

"离开了｜英国｜海岸｜法国就｜一哩｜一哩地｜望着｜到｜"

一句里头"离"字算八分音符，"开""了"两个就都是十六分音符，其余也是同样。这样念起来才有板眼。

四、语体：叙事全用普通语体文。但是会话里要说得活现，不得不取用一个活方言的材料。北京话的用词比较地容易懂些，但是恐怕仍旧有太土气难懂的地方，所以底下又做一个特别词汇备查。这个用词的问题与读音的问题绝不相干，例如书中用"多么"是北京俗词。但是咱们可以照国音念它"ㄉㄛ ㄇㄜ",不必照京音念它"ㄉㄨㄛ ㄇㄜ"。

五、翻译：本书翻译的法子是先看一句,想想这句的大意在中国话要怎么说,才说得自然;把这个写了下来,再对对原文;再尽力照"字字准译"的标准修改,到改到再改就怕像外国话的时候算危险极度。但是有时候译得太准了就会把似通的不通变成不通的不通,或是把双关的笑话变成不相干的不笑话,或是把押韵的诗变成不押韵的不诗,或是把一句成语变成不成语,在这些例里,那就因为要达原书原来要达的目的的起见,只可以稍微牺牲点准确的标准。例如第七章里 in the well 和 well in 能译作"井里头","尽尽里头"这种双关的翻译是很难得这么碰巧做得到的,所以到了第九章 The more there is of mine, the less there is of yours, 这是没法子直译的,所以只得译它成一句口气相仿佛的话,"所旷愈多,所学愈少"。但是这话的内容,离原文的差得很远了。

六、"咱们","我们"：英文的 we 字有两个意思,"咱们"是对他们说的,听话的人也在内的。"我们"是对你们或他们说的,听话的人不在内的,例如第二章里阿丽思对那老鼠说：

"那么要是你不愿意,咱们就别再讲猫罢。"那老鼠……道,"哼！还说'咱们'呢！……倒好像我也要讲这些事情似的！"

但是底下阿丽思提到她自己家里就说：

"我们隔壁那个小狗真好啊！我真想拿他来给你瞧瞧！"

这种"咱们","我们"的区别非但北京有,别处也有有的地方：厦门有ㄉㄢ和ㄍㄨㄢ；福州有ㄋㄨㄥㄩㄚ（侬家）和ㄫㄨㄞㄍㄜㄋㄩㄥ（我与人）；无锡有ㄋㄝㄍㄧ和ㄫㄜㄡㄉㄧ（我哩）；译者的家乡常州有ㄏㄚㄍㄧ或ㄏㄚㄍㄧㄍㄛ（合你,合你家）和ㄫㄜㄡㄍㄛ（我家）。所以虽然原文没有这种区别,译文里分他出来亦很有用。

七、"他","她","它"：在这书的大部分里没有分三性的必要,但是有时候原文里的话是特指这种区别的,就不得不用那些怪字,所以索性就一律把三性译作"他","她","它",音ㄊㄚ、ㄧ、ㄊㄛ,复数就加"们"字,成"他们","她们","它们"。假如指各性混杂的。例如皇帝和皇后并称,就援法文成例,亦用"他们"。

八、"的","底","地","得","到"：状词用地,例如"偷偷地瞧她的姊姊","自言自语地说"。含有可能意思的用"得",例如"看得见","吃得下"。含有到某程度的意思的或用"得"或用"到",例如"吃得饱","热得(或热到)她昏昏地要睡"。此外一概用"的"。"底"字姑且试试不用。

九、"那","哪":"那"字念去声,专当指示用;"哪"字念赏声,专当疑问用。

十、"了","勒","拉":叙事里用的了字在会话里照真说话自然的声音,分作"了","勒","拉"三种念法,例如第二章里,阿丽思说,"阿呀,不好拉!我怕我又得罪了它勒!"

十一、"兒","儿":"兒"字用在同上字连成一字音的都写作"儿"。只有独用当字的才用"兒"字。例如"猜兒鼠"是三个字,但是"一半儿"只当两个字念,因为"半儿"读作"ㄅㄚ儿"是一个字,并不是当"ㄅㄢ儿"读的。因此在诗里头,"儿"字,合上字连用也不占字数的。

十二、标点符号:本书所用标点符号同新板的《水浒》,《红楼梦》相仿佛,不另加详细说明。

特别词汇（次序照注音字母）

读音	字	意思
ㄅㄧㄝ·	别	"不要"的命令口气
ㄅㄨㄥ·	甭	"不用"的命令口气
ㄅ°ㄞ	掰	用力使开，或使缺掉一块
ㄆㄚㄓㄛ	趴着	向下躺着
ㄆㄚ	扒	攀
ㄆㄚ	爬	如畜牲行动
ㄇㄚㄈㄢ	麻烦	烦恼；费事；啰嗦
ㄉㄧ·ㄠ	掉	落，去；转
ㄉ·ㄚㄔㄚㄔㄚ	打喳喳	有声无音的说话，英文 Whisper
ㄉ·ㄚㄦㄍㄨㄤ	打耳光	同时打耳朵和嘴吧子
ㄉ·ㄛㄇㄜ	多么	好，好多，几多
ㄉ°ㄞ	呆	停留
ㄉ·ㄞ	歹	捉拿
ㄌㄧㄚ	俩	两个（人或物）
ㄌㄞㄓㄜ·	来着	方才正在，英文 have been-ing
ㄌㄠㄕ	老是	总是，永久是
ㄍㄛ·	搁	放，摆，置
ㄍㄜ·ㄅㄚ	胳巴	臂，膀子
ㄍ·ㄟ	给	不读（ㄐㄧ·）
ㄏㄛ·	喝	饮
ㄏㄠㄗ	耗子	老鼠
ㄐㄧ·	系	（不读ㄒㄧ·）

ㄑㄧㄚ.	掐	用力挤，夹
ㄔ·ㄡ	瞅	钉着眼睛看
ㄔ.ㄤㄔㄨ	长虫	蛇
ㄕㄨ｡ㄞ	摔	跌
ㄕㄜ.ㄇㄜ	什么	（"什"字是"甚"字简写）
ㄖㄥ	扔	丢
｡ㄛ	哦	英文 O! Oh!

第一章　钻进兔子洞

阿丽思陪着她姊姊闲坐在河边上没有事做,坐得好不耐烦。她有时候偷偷地瞧她姊姊看的是什么书,可是书里又没有画儿,又没有说话,她就想道,"一本书里又没有画儿,又没有说话,那样书要它干什么呢?"

所以她就无精打彩地自己在心里盘算——(她也不过勉强地醒着,因为这热天热得她昏昏地要睡)——到底还是做一枝野菊花圈儿好呢?还是为着这种玩意儿不值得站起来去找花的麻烦呢?她正在纳闷的时候,忽然来了一只淡红眼睛的白兔子,在她旁边跑过。

就是看见一只淡红眼睛的白兔子,本来也不是件怎么大不了得的事情;并且就是阿丽思听见那兔子自言自语地说,"嗳呀!啊嚄呀!我一定要去晚了!"她也不觉得这算什么十二分出奇的事情(事后想起来她才觉得这是应当诧异的事,不过当时她觉得样样事情都像很平常似的);但是等到那兔子当真在它背心袋里掏出一只表来,看了一看时候,连忙又往前走,阿丽思想道,"那不行!"登时就站了起来,因为阿丽思心里忽然记得她从来没有见过兔子有背心袋的,并且有只表可以从袋里掏出来的。她忍不住了好奇的心,就紧追着那兔子,快快地跑过一片田场,刚刚赶得上看见它从一个篱笆底下的一个大洞里钻进去。

不管四七二十八,阿丽思立刻就跟进洞去,再也不想想这辈子怎么能再出来。

那个兔子洞先一段是一直往前的,到了一个地方,忽然直往下拐,下去的那么快,阿丽思跑的又那么急,连想停都没来得及想也就顺着洞往一个好像很深的深井里掉了下去。

那口井要不是非常的深,那就定是她掉得很慢,何以呢?因为她掉了半天还掉不完,倒有工夫四面望望,还有空自己问问,"等一会儿又有什么来了,等一会儿要碰见什么了?"她先还往下瞧瞧,要看看到底回来会掉在什么上头,可是底下漆黑的,什么都看不见;于是乎她就回头瞧瞧井壁的四周,看见都是些柜子和书架子;有时候又看见这里那里有些地图和画挂在钉子上。她经过一个架子的时候就伸手把一个小瓶子拿了出来;瓶上写的是"橙子玛玛酱",可是里头都空了,好个失望:她不肯把瓶扔掉,因为怕掉到底下去砸死了人,所以想法子等再经过底下一个柜口,巧巧的把它又放了进去。

"呵!"阿丽思自己想道,"我摔过了这么一大回跤。那再从梯上滚下去可算不得什么事啦!家里他们一定看我胆子真好大啦!哼,哪怕我从房顶上掉下来,我也会一句都不提的!"(这倒怕猜得不错,那样摔下来,自然不做声了!)

掉呵,掉呵,掉呵!这一跤怎么一辈子摔不完了吗?她出声道,"我不晓得现在掉了几英里路嘞,我一定快近地心嘞。让我看:那是有四千英里深呢,我想有呢!"——你想这些事情是阿丽思从学堂里学着背的,现在可惜没有人在旁边听着夸她,都白说掉了,可是练练说说也好——"是呵,是差不多这么远——但是我的纬度是多少嘞?我的经度到了哪儿嘞?"(其实阿丽思一点也不懂得纬度是什么件东西,经度是怎么回事,但是她想那两个名词说在嘴里一定很好听的。)

一会儿她又说话了。她道,"我倒不知道会不会一直掉穿了地球嘞,那怎么呢?掉到那边,遇见了许多倒着站的人,一定很好玩儿!叫倒猪世界,不是吗?"——她这回倒觉得幸亏没有人听着,因为她想不起来书里那个"倒足世界"的名字,又觉"倒猪世界"又不大像——"但是你想我不是得要问他们贵国的名字叫什么吗？泼里寺、麻达姆，这是新西兰啊，还是澳大利亚啊？"（说着就一头向空中请安——你想想看，在半空中一头往下掉，一头又要请安，你能办得到吗？）"可是要这样问，他们一定把我当个傻孩子，连自己在什么国里都会不知道。不行，这个一定不好意思问人的：或者我会看见在哪儿墙上或是柱上写着：这是新西兰或者这是澳大利亚。"

掉下去呀！掉下去呀！掉下去呀！阿丽思又没有别的事做，所以又自己咕咕叨叨地说话玩。"啊呀，我猜今儿晚上我的黛那一定要想我嘞！"（黛那是她的猫。）我盼望他们开晚茶的时候，会记得黛那的牛奶。我的乖黛那呀，我真想现在你跟我在一块儿呀。可是我怕半空中没有耗子，那么捉个蝙蝠子也好的，蝙蝠子同耗子也差不多的，黛那，你想可不是吗？但是我倒不晓得猫吃蝙蝠子不吃的？"阿丽思觉得有点睡得慌了，就自言自语地半醒半梦地咕叨，"猫子吃蝙蝠子吗？猫子吃蝙蝠子吗？"有时候说说说乱了，变成"蝙子吃猫子吗？吃子蝙猫蝠子吗？"你想她横竖答不出来这话，所以顺着问，倒着问也还不是一样。她觉得好像睡着了，才梦见和黛那手搀手地同行，正在那里很恳切地问她，"你来，黛那，告愬我老实话：你倒底曾经吃过蝙蝠子没有？"正说着那时间忽然地喷呑！喷呑！她身子一掉？掉在一大堆树枝子和干叶子上，这一跤就此跌完了。

阿丽思一点都没有跌痛，马上一跳就站了起来：她回头往上头瞧瞧，都是漆黑的；她前面又是一条长夹道，还看见前头那个白兔子顺着那条道快快地走。那是一刻也不能缓：嗖地像一阵风似的阿丽思也跟着跑去了，恰恰来得及听得那兔子在转角上说"乖乖！扯我的耳朵胡子，这多晚呀！"那兔子转弯的时候，她追上得已经很近，但是她自己一到了那个角上，那兔子可就不见了：她觉得走进了一间长而低的厅房，顶上挂着一长排的灯盏。

厅的两面都有门，但是门都是锁的；阿丽思沿着一边走下去，再沿着那边走回来，一个一个门都试过来，一个也开不开，她就愁着脸走回到当中，不晓得怎么再能有出去的日子。

忽然间她走到一个三脚的桌子，全是玻璃砖做的；桌上没有别的东西，就是一个小小的金钥匙，阿丽思第一个念头就是想这把钥匙在那些门上许有一个配得上的；可是真倒霉！不是锁太大，就是钥匙太小，无论怎样，试了一周，一个也开不开。可是再第二回试的时候，她看见了一个上回没有看见的低帘子，帘子后头有一个小门，只不过一尺多高：她把那金钥匙放在锁里试试，果然真配得上，好个高兴呀!

　　阿丽思就把那小门开开,看见里头有一条小道通进去,只不过像老鼠洞那么大小:她跪了下来,侧着头往里头一瞧,嗳呀,好一个可爱的小花园儿呀!她真想能走出这间大暗厅,走到那些鲜花清泉里游玩。可是那小门里她连头也都钻不进去,而且阿丽思想道,"就是我的头钻了进去,要是没有肩膀子,那也不见得有什么大用处。唉!我愿意我会像个望远镜似的,一缩就缩小,那就好嘞!我想我会的,只要有谁教我怎么样起头,我就会的。"你想,阿丽思近来遇见了这么些出奇的事情,她简直觉得天下没有真做不到的事情了。

　　白等着在那小门那里,似乎没有什么好处,所以她又走回桌子那里,一半也希望再找着一个别的钥匙,不然或者也许找到一本什么书,里头有教人怎么像望远镜似的变小的诀窍:这会她找到一个瓶子("我刚才一定是没看见在那儿的,"阿丽思说,)瓶颈上系着一个纸条子,上头写着很好看的大字"喝我。"

　　说"喝我"还不好吗?但是那个聪明的小阿丽思决不会这样地冒失。她说,"我不!我要先看看瓶上有没有'毒药'的字样在上再说;"因为她曾经在书里看过好几件好故事,讲小孩子们怎么不乖就烫了手,怎么被野兽吃掉,还有别的可怕的事情,都是因为他们总不肯记得大人交代的几条很简单的规矩:例如,你要把红的火筷子捏得太长久,手就会觉得太烫的;假如弄刀的时候把刀口弄到皮里太深了,就会有血出来的;

她再也不忘记有一条规矩说，假如你把面上写"毒药"字样的瓶子里的水喝的稍微太多了一点，那就早晚总会觉得那水于你不大相宜的。

然而这一回瓶子上并没有"毒药"的字样在上，所以阿丽思就大着胆尝他一尝，那味儿倒很好吃（有点像樱桃饼，又有点像鸡蛋糕，有点像菠萝蜜，又有点像烤火鸡，有点像冰淇淋，又有点像芝麻酱），所以一会儿工夫就唏哩呼噜地喝完了。

＊　　　　　＊　　　　　＊

"我身上觉得好古怪，我一定像望远镜似的变小了。"

果不其然：她现在不到一尺高了，她脸上登时就现出喜色，因为她就想到现在她的大小正好可以走进那个花园的小门了。但是她先等几分钟看看她自己还再缩不再缩：她对这层倒有点担心；她道，"也许我会尽缩缩缩到没有了，如同吹灭了的蜡烛的火苗一样，那时候我倒不知道觉得像什么了？"她说着就想摹拟一个吹灭了的蜡烛的火苗的样子，可是想了半天也想不出来，因为她记得从来没有见过这么件东西。

等了一会儿，确实知道了没有出什么别的事，她就打定主意到花园里去；但是可怜阿丽思呀！她走到那小门跟前，才想起刚才把那小金钥匙忘记在桌上了，她回头走到桌子那儿，又太矮了，再也够不到桌子的上面：她从那透明的玻璃桌子底下，清清楚楚看见那钥匙摆在桌上，她就极力地想从一个桌子腿上扒上去，但是那玻璃真滑。再也上不去；左试右试扒的又累又没法子，那可怜的孩子就坐在地上哭了起来。

阿丽思哭着自己又说道，"别哭啊，你这孩子，哭它有什么用？我劝你即刻就住声！别哭！"她平常自己常劝自己很好的劝话（可是很少听她自己的劝），有时候她骂自己骂得厉害到眼泪都骂出来了；有一回她因为同自己玩槌球的时候欺骗了自己，就打她自己的耳光；这个奇怪的孩子最爱装做两个人。"但是现在还装什么两个人呢？"阿丽思道，"唉！剩下来这点儿我，连壹个像样儿的人都不够做了！"

不久一会儿她又看见桌子底下放着一个小玻璃匣子：她打开它一看，里头是一块小糕，上头有葡萄干做成很好看的字样，说"吃我。"阿丽思道！"好，我就吃它，假如吃了它我会长大，我就好够到那把钥匙；假如吃了会缩小，我就好打门底下的缝儿里钻进去；所以无论哪样我总归可以进去就是，变大变小我也不在乎！"

所以她就吃了一小块，自己急着问道，"往哪一边？往哪一边？长嘞吗？缩嘞吗？"把手就捂着头上，摸摸还是往上还是往下，她真好诧异，怎么半天又不长大，又不缩小，还是那样大小：固然说起来呢，平常人吃了糕的时候，也不过是这样子，但是阿丽思遇见惯了这么些出奇出怪的事情，她竟觉得假如事情都是样样照常的那就又笨又无味了。

所以她就正正经经地一口一口地把那块糕都吃完了。

第二章　眼泪池

"越变越奇罕了,越变越希怪了!"(因为阿丽思自己诧异到那么个样子,连话都说不好了);"现在我大到像顶大的望远镜那么大嘞!再会罢,我的脚啊!"(因为她低头一瞧,她的脚远到都快看不见了)。"唉,我的可怜的小脚呀,不晓得以后谁给你们穿袜子穿鞋嘞,宝宝呀?我知道我是一定不能给你们穿的!我人已经太远嘞,哪儿还能跑到你们那儿去麻烦呢?你们只好自己去顾自己罢。"但是阿丽思又想道,"我非得要好好待他们才行,不然怕我要他们走到哪儿去,回来他们不答应怎么好?让我看啊:我想我每年过年的时候要给它们买一双新鞋。"

她就盘算怎么样送去给它们。她想道,"这鞋去的路这么远,一定要交给送信的送去才行;送礼给自己的脚,真笑话极嘞!还有那送信的地名可不更好玩儿吗!

> 内右鞋一只送呈
> 炉挡左近地毯上
> ### 阿丽思的右脚查收
> 　　　(带阿丽思的爱情)

嗳唷!我这算说的些什么瞎话呀!"

正在说着,她的头碰着了房顶了:现在阿丽思竟有九尺来高了,她连忙就拣起那把小金钥匙,走到那小门那里去。

可怜的阿丽思呀!她身子趴着低着头,勉强才能拿一只眼睛看那小门里的花园;要说走进去是更差得远了:她坐下来就又哭了起来了。

哭着自己又说道,"像你这么大的孩子,"(可不是吗?)"还这样的哭个不休,怎么害羞都不怕?你给我立刻就住声。你听见吗?住声!立刻就住声!"但是她哭的越哭越苦,越苦越哭,一盆一盆的眼泪哭个不住。一直哭到她周围成了一个眼泪池，有四寸来深，哭得几乎满厅都是水。

等了一会儿，她听见远处的达的达的小脚步声音，她就忙把眼泪擦擦干，瞧是什么来了。原来就那位白兔子走回来，穿的讲讲究究的，一只手里拿着一双白手套子，一只手里拿着一把扇子：它跑得很急急忙忙的，口里咕叨着，"嗳呀！那公爵夫人，那公爵夫人！嗳呀！我叫她等着我这么久，她见了我不要把我吃掉了！"阿丽思自己也急到这样没法，她无论对谁都愿意求救，所以等到那兔子走近的时候，她就轻轻地，好像害怕似的，开口道，"劳您驾，密斯忒——"谁料那兔子好像吃了一大惊，把白手套和扇子松手一丢，拼着命似的飞向暗处跑了去了。

阿丽思就把扇子和手套拾了起来，那时厅里很热，她就一头扇着，一头自己说话："乖乖！今天怎么样样事情这么古怪！昨天不是样样事情还是同平常一样吗？不晓得我昨儿晚上半夜里变了没有？让我来想想看：我今儿早晨起来是不是还是一样的我？我差不多想我记得今儿起来的时候是觉得有点儿两样嘞。可是我要变了不是我，那么得要打听打听我到底是谁呢？啊！这个谜儿才难猜呢！"她想着就把所有她知道是和她同岁的小孩子，一个一个都想一想，看自己是不是变成了她们当中的哪一个。

她道，"我知道我一定不是爱达，因为她的头发有那么长的小圈儿，我的头发一点儿都做不起圈儿来；我也知道我不会是媚步儿，因为我懂得许许多多的事情，她是嗳呀，啧啧啧，她什么都不知道！况且到底她是她，我是我，我怎么——嗳唷，我真越想越糊涂啦！等我来试试，看我还记得从前所知道的事情不记得。让我看：四五一十二，四六一十三，四七一十——唉，那样子几时才会到二十呀！无论怎么，那九九表本来没什么"意义"；咱们试试地理看。伦敦是巴黎的京城，巴黎是罗马的京城，罗马是——不对，那都不对，我知道一定都错啦！那恐怕我到底是变了媚步儿嘞！让我来背背"小学语"看，她就叉着手放在腿上，好像对先生背书似的，就一连背了下去，但是她的声音又哑又奇怪，字说出来也好像不由自主似的：

　　小鳄鱼，
　　　　尼罗河上晒尾巴。
　　片片金光鳞，
　　　　洒点清水罢。

　　笑糜糜，
　　　　爪子摆得开又开。
　　一口温和气。
　　　　欢迎小鱼儿来。

我觉得这些字都背错啦，一点儿都不对，"说着阿丽思又是眼泪汪汪的了，"那么我到底是变了媚步儿嘞，那么我岂不是要得上她那又冷静又气闷的小房子里去住，差不多连什么玩意儿都没得玩儿，还有，嗳唷！还得要念那么些书！不，我不！我已经打定主意嘞；要是我是媚步儿，我就老呆在这儿底下不上去！那他们再叫我也没有用。他们要是把头伸着往底下叫，'上来罢，宝宝！'我就只往上瞧着对他们说，'那么我是谁？等到你们先告愬了我是谁，要是我喜欢做那个人，我才上来：要不是，我就还在这儿底下呆着，等我是了一个别人再看'——可是，哎唷！"阿丽思又呜呜咽咽地哭了起来了，"我到底还想他们真会伸着头来叫我回去呀！我一个人在这儿冷静得好难受呀！"

她说着低着头看她的手，怎么？自己说话的时候不知不觉地她把那兔子的小白羔皮的手套子带了上去了。她想道，"这事情怎么会呢？我一定是又长小了。"她就站起来走到那桌子跟前拿它来量量她自己。一看小了好些，估起来不过二尺来高的光景，而且还正在那里越缩越小呢：她不多时就看出这是手里拿着那把扇子的原因，她就赶忙把它丢下，刚刚来得及逃掉遭缩灭了的殃。

"呵！这逃的多么险呀！"阿丽思说着自己想那一变变的真吃惊不小，可是看看自己的身子还好好地有在那儿，所以才放心；"现在好进花园啦！"她就飞往小门那里跑去了：可是，啊哟！那小门又关了，那小金钥匙又放在桌上，同刚才一样，"那么这事更坏啦，"阿丽思想道，"你看，我从来没有像这样小过，没有过，从来再也没有！这才糟糕呢，才是糟糕呢！"

正说着间，她的小脚一个不小心一滑，滑跌了下去，片刻"霹呀！"地一声，一池咸水一直没到她的下巴。她的第一个念头还是当着怎么掉在海里，她想道"那么我就好坐火车回去嘞。"（阿丽思生平曾经到海边上去过一次，所以总以为无论到哪里海边上，一定会看见海里有许多浮水机，有许多小孩子拿木勺子挖沙子玩，沙滩后头一排客栈，再后头总是有个火车站。所以她站在咸水里，就想到好坐火车回去。）但是不一会儿阿丽思就看出来这并不是海，是她那时有九尺来高的时候哭出来的眼泪池。

"咳！我后悔我刚才哭得这么多嘞！"阿丽思一头说着一头游着水游来游去，想找个出路。"我想我要淹死在我自己的眼泪里，那样受罚，罚的倒也才古怪。可是今儿遇见的事情哪一样不是古怪的呢！"

正在那时她听见不远有个什么东西在那池里浦叉浦叉地溅水，她就游近到那边去瞧瞧是什么：她一看先还当着是一只海狮或是一只大"黑布婆太马狮"，后来她记得自己已经是那么小了，所以才看出来那个东西不过是个老鼠，也像她自己似的，一个不小心滑了下去了。

阿丽思想道，"我要对这耗子说话不晓得有点儿用处没有？这儿样样事情都这么出奇，我想这耗子多分也会说话：无论怎么试试总归不碍事。"她就开口道："哦，耗子！你认得这个池子的出路吗？我在这儿浮水浮得累死啦，哦，耗子！"

（阿丽思想对老鼠说话，一定要这样称呼才对：她从来没对老鼠说过话，不过她记得在她哥哥的拉丁文法书里头有"主格，一个耗子——领格，一个耗子的——司格，在一个耗子——受格，一个耗子——称呼格，哦，耗子！"那老鼠听了对她瞅了一眼，她看它好像它对她眨巴一个眼睛似的，但是它没有说什么。

阿丽思想道，"也许它不懂英国话，我料她一定是法国耗子，跟着威廉大将来的。"（因为阿丽思虽然念过了许多历史，可是问什么事是几时有过的，她一点都不清楚。）所以她就又开口道："Où est ma chatte?"（这是她法文课本里的头一句，就是，"我的猫在哪里？"）那老鼠听了在水里一跳多高，吓的浑身直抖。阿丽思一看不好，怕伤那小畜牲的感情，连忙陪罪道，"啊呀，对不住，对不住！我都忘了你是不喜欢猫的。"

"哼！不喜欢猫呢！"那老鼠尖着嗓子急着嚷道。"要是你做了我，你也喜欢猫吗？"

阿丽思就做安慰它的声腔说道，"那么，大概我也不，你别气。可是，我总想我能把我们的黛那猫给你看看：我想你看见了她，你也一定就会爱猫的。她是好一个乖宝宝呀，"（阿丽思一半好像自言自语似的，一面无精打彩地在那池子里游来游去，）"她又会坐在火旁边咕噜咕噜地念佛，舔舔她的爪子来洗她的脸——谁不爱照应这个又软又可爱的东西呀——而且说起拿耗子来，那是谁也

比不上她——啊哟，对不住，对不住！"阿丽思连忙又陪起罪来，因为这回那老鼠浑身的毛都竖了起来了，她觉得这一回一定真得罪了它了。她又道，"那么要是你不愿意，咱们就别再讲猫罢。"

那老鼠听了，它从胡子到尾巴尖全身都抖了起来，它尖声叫道，"哼！还说'咱们'呢！可不是吗！倒好像我也要讲这些事情似的！我们一家子总是恨猫：那些又龌龊又下等又卑鄙的东西！你别叫我耳朵里再听见那个名字罢！"

"好，好，我就真不再提啦！"阿丽思就连忙地想找点什么别的话来打岔，"你——你喜欢——喜欢——狗吗？"那老鼠不响，阿丽思就高高兴兴地接着说："我们隔壁那个小狗真好啊！我真想拿它来给你瞧瞧！你可知道，它是一个亮眼睛的小猎儿狗，还有，嗳呀，多么长的弯弯儿的黄毛儿呀！而且你随便扔什么东西，它就会把它叼回来，她又会坐起来拜着要它的饭吃，它真是样样都来——可惜它那么些本事我一半儿也不能记起来告愬你——它是一个种田的养的，你知道吗！他说它好有用啊，可以值得一百镑也不算贵！他说它见了耗子就逮到——啊呀，不好啦！"阿丽思后悔又说错了话了，"我怕又得罪了它嘞！"这回那老鼠简直拼着命背着她游去，在那池子里打起了一大些浪头起来。

所以她就做着和蔼的声气对它叫道，"耗子，我爱！你回来呀！要是你不爱猎狗，咱们不再讲它们了！"那老鼠听见这话，又回过头来向阿丽思游过来：它的脸都变白了（阿丽思想它是生了气气出来的）。它低低地声音抖着说道，"咱们上岸上去罢，到了那儿等我来告愬你我的委屈的历史，你听了就会懂得我为什么恨猫恨狗的。"

现在再谈上岸，也是时候了，因为那池子里近来又掉了许许多多的禽禽兽兽地，已经挤得不堪了；里头有一个鸭子和一个鸵鸵（即渡渡鸟），一个鹦哥和一个小鹰儿，还有许多别的希奇古怪的畜牲。阿丽思领着路，全队就跟着她游水到岸上。

第三章　合家欢赛跑和委屈的历史

这一群聚在岸上的真是个怪好看的聚会——湿淋淋的羽毛的些鸟，绒毛都光光地贴服在身上的些兽，大家个个都是湿滴滴地，又不高兴又不好受地站着。

现在第一个问题自然是怎么把身上弄干了好取暖：他们大家就商议了一阵子，一会儿工夫阿丽思就很自自然然地同他们谈起话来了，熟得好像从小就认得他们似的。她竟同那鹦哥儿争辩了半天，辩到后来，惹得那鹦哥儿不耐烦了，它就说，"我到底是你的哥哥，我应该比你知道；"可是阿丽思要是不知道它是几岁，再也不肯承认叫它哥哥，但是那鹦哥绝对不肯告愬它自己的年纪，所以也没别的话好说了。

到后来那老鼠高声说道，"坐下来，你们大家都坐下听我说话，我一会儿就能使得你们大家又干又暖了。"那老鼠在那些动物当中倒像是个要紧人物，它说了，大家就都坐下来成一个大圈，围着那老鼠在当中，阿丽思就很恭恭敬敬地瞅着它听，因为她知道要是不马上就干了暖和起来，她一定会得重伤风。那老鼠做着个高贵的样子，咳一声道，"呃哼！你们都齐备了吗？我将要给你们的东西是天下再没像这样又干又暖的了。请你们诸位静听，不准吵闹！'威廉大将，其义军本为罗马教王所嘉许，故未久即将英格伦完全臣服，英格伦彼时本缺乏领袖，近年来频遭国内僭篡与夫外邻侵略之乱，亦已在习惯。哀德温与摩耳卡耳，即迈耳西亚与娜司生勃利亚之伯爵——'"

那鹦哥听到这里叫了一声"呃！"身上又打了一个冷战。

那老鼠皱着眉头子却是客客气气地说道，"你说话来着？"那鹦哥连忙赖道，"没有，我没有！"

那老鼠道，"我当你是说话来着。不用管了，让我再讲下去。'爱德温与摩耳卡耳，即迈耳西亚与娜司生勃利亚之伯爵亦宣布附和：而且甚至斯梯根德（即堪透勃列的爱国的大僧正）亦以此为甚好——'"

"以什么为甚好？"那鸭子插口问道。

那老鼠不耐烦地回答道，"以此就是以此，我想你此字总还有点认得罢？"

那鸭子道，"我'此'字认得是认得，可是我遇见以此为甚好的时候，大概'此'字不是一个虾蟆，就是一条虫。我的问题是：那位大僧正以什么为甚好？"

那老鼠一点不理会它的问题，就连着说下去，"'遂即偕爱德哥阿司凌往会威廉大将，且献皇冕于彼，威廉之行为，其初尚稍有节制。但其娜曼从者之专横与放肆——'"说到这里，它转过头来对着阿丽思问道，"我爱，你现在觉得怎么啦？"

阿丽思道，"我听你讲得一点儿趣儿都没有，简直像嚼着蜡也似的。"

那老鼠道，"那还不好吗？蜡点在外头都能使得东西又干又热，你吃在嘴里还不干起来热起来吗？"

阿丽思愁声答道，"不，我还同刚才一样那么又湿又冷，我一点儿都没暖起来。"

那个鸵鸟听了，就正正经经地站起来道，"既然如此，我就动议散会，再速筹更切实的妥善的救济方法——。"

那个小鹰嚷道，"要说，说英国话，你用的那些僻奥的名辞我一半也都不认得，况且你说的我是绝对不以为然的！"说着就低下头去藏着脸笑：有几个别的鸟也啼唏地笑出声来。

那鸵鸟被它这么嘲笑，很不高兴，它道，"我刚才要说的就是说要取暖最好还是作一个合家欢赛跑。"

阿丽思看见那鸵鸟停了半天，好像应该有人说话似的，但是又没有人像高兴说话的，所以她就应酬着问道，"合家欢赛跑可是什么呀？"那鸵鸟道，"你要知道啊？那么顶好的讲给你的法子就是来做它一回。"（看官，因为你也许在冬天有时候也要试它一试，所以就给你讲一讲鸵鸟怎么样办这件事。）

它先画出一道赛跑的路线,像个圆圈似的(它说,"路线的的确形状也不关紧要,"),然后把在会的各位在路线上这里那里随便站着,并没有叫"一,二,三,去!"随便谁随便什么时候可以起首跑,随便谁爱几时停就几时停,所以这样子要看这场赛跑几时算跑完,倒不大容易看得出来,然而跑了差不多半点钟光景,大家跑得都跑干了,那鸵鸵就忽然叫道,"赛跑完了!"他们大家就气喘喘地挤过来,围着它问道,"那么是谁赢的呢?"

这个问题可是要等那鸵鸵思量了半天才回答得出来,它坐在那里坐了半天,拿一个指头点在额上(就像常看见的画里的莎士比亚的样子),叫别人在旁边静等着。到末了那鸵鸵说道,"有嘞,个个人都赢的,而且个个人都要得奖的。"

"那么谁给奖呢?"大家齐声问道。

那鸵鸵道,"那么自然是她咯,"说着拿一个指头指着阿丽思;马上大家都挤了过来围着她乱嚷,"奖赏!奖赏!"

阿丽思急得没有主意,慌忙地把手伸到衣兜里摸摸,居然摸出来一匣干糖果来(幸亏那咸水倒还没有湿进去),她就一个一个地分给它们当奖赏。恰巧够一"人"一块。

但是那老鼠道,"她自己不是也应当有个奖赏吗?"

那鸵鸵答道,"不错,那个自然。"它就转过头来问阿丽思道,"你衣兜里还有些什么?"

阿丽思愁声说道,"我就剩了个针箍儿。"

那鸵鸵道,"你交给我来。"

它们大家又过来围着阿丽思,那鸵鸵就很正经地把那个针箍献给阿丽思,口里说道,"我们请您笑收这件甚雅致的针箍";它说完了这篇短演说,大家就都喝起彩来。

阿丽思觉得这事实在不通得可

笑，可是它们大家的样子都是那么正经，所以她也不敢笑出来，她想不出什么相当的谢答辞，所以她就鞠了一个躬，受着针箍，勉强地装着很正经的神气。

现在还有的事情，就是要得吃那些干糖果：为这事也闹出一点小乱子，因为那些大鸟吃到嘴里，尝都没有尝着，就没有了，都嫌那糖果太小，那些小鸟又嫌它卡在喉咙里太大，非得给人在背上拍两下，咽不下去。不过到后来大家也都吃完了没事了，就坐下来成一个圆圈，又要求那老鼠说点什么给他们听，

阿丽思道，"你不是说你要告愬你的历史吗？告愬我你为什么恨——那个——那些——m和g。"她末了两个字母轻轻儿地说的，怕回来又得罪了它。

那老鼠对着阿丽思叹了一口气道，"唉！我的历史说来可真是又长又苦又委屈呀，"

阿丽思听了，瞧着那老鼠的尾巴说，"你这尾是曲啊！可是为什么又叫它苦呢！"她就一头听着那老鼠说话，一头在心上纳闷，所以她听的那老鼠讲的"尾曲"的历史是差不多像这样子的（请看下页）：

那老鼠说到这里，对阿丽思很严厉地道，"你不用心听着，你想到哪儿去啦？"

阿丽思很谦虚地道，"对不住，对不住。你说到了第五个弯弯儿嘞，不是吗？"那老鼠很凶很怒地道，"我没有到！"

阿丽思道，"你没有刀吗？让我给你找一把罢！"（阿丽思说着四面瞧瞧，因为她总喜欢帮人家的忙。）

那老鼠站起来就要走，怒道，"我才不要刀呢。你别这样胡说八道地骂人。"

阿丽思苦求道，"我不是有意的。可是你也真容易生气！"

那老鼠不答她，只叫了一声。

阿丽思追着嚷道，"回来呀！回来讲完你的历史呀！"别"人"也齐声道，"是啊，请回来呀！"但是那老鼠只像不耐烦似的摇摇头，走得更快一点。

等到它走到看不见了，那个鹦哥叹道，"唉，真可惜啊，它到底不肯留在这儿。"有一个老螃蟹就趁这机会对它的女儿道，"啊！乖乖呀！你瞧瞧这个榜样，以后你自己别再发脾气嘞！"

火儿狗在帽子里头逮着个耗子。狗说，"你别充'忙'，咱们去上公堂。我不承认你赖，谁不知道你坏？我今儿早晨没事，咱们同上公堂。"耗子答道，"狗儿，你这爪子手儿，放了我再说话：告人无凭作罢。"火儿答道，"不妨，判官陪审我一人当，全场一致送你去见阎王。"

那小螃蟹拗强着回道,"妈,你别多话了,你这样竟可以使得蛤蜊都会不耐烦起来的!"

阿丽思又好像自言自语地说道,"嗳呀,我还想有我的黛那在这儿好啊。有了她,她就会把那耗子一叨就叨回来!"

那鹦哥道,"恕我问得冒昧,那么黛那是谁呢!"

这句话问得又开了阿丽思的话箱了。因为她无论什么时候总是愿意谈她的猫的。她道,"黛那就是我们的猫。她逮起耗子来,简直没有比得上她的,你再也想不到她那样本事!而且,嗳呀,我愿意你们会看见她逮鸟儿的本事啊!她一看见一个小鸟转眼就在她肚子里去嘞!"

这一段演说在那聚会里大生出恐慌出来。有的鸟儿立刻就起身走了:一个喜鹊就披起斗篷来,说道,"我不能再不回家了;这晚间的空气于我的嗓子不大相宜!"又一个金丝雀对它的小孩子好像声音发抖说道,"孩子们,还不快家去!现在你们都该已经睡在床上啦!"他们大家都一个一个地藉着因走开了,就剩下来阿丽思一个人在那里。

她愁声说道,"我后悔了又提起黛那来!这儿好像没有谁喜欢她的,而且我明明知她一定是天下顶好的猫!唉,我的好黛那呀!不晓得这辈子还会再看见你不会嘞!"说到这里,可怜的阿丽思又呜呜地哭起来了,因为她觉得又是冷清,又是不高兴。可是歇了一会儿,她听见远处又是的达的达的脚步的声音来了,她就抬起头用心瞧着,觉得还盼望那老鼠还会改了主意,又愿意回来讲完它的"尾曲"的历史。

第四章　兔子的毕二爷

　　来的不是别"人",可就是那位白兔子,慢慢地走回来,走着又急急地四面张望,好像掉了什么东西似的;她听见它自己咕咕叨叨地道,"那公爵大人!那公爵夫人!乖乖,我的爪子!乖乖,我的毛和胡子!她一定会把我杀掉了,这是一定的,尤如'耗子是耗子'那么一定!唉,我到底会把它掉在哪儿呢,我倒不懂?"阿丽思一听见就猜它是在那里找它扇子和白羔皮的手套,她就很好意地给它四面找找,可是一点都找不着——自从她在池里游水之后,样样东西都好像改了样子了,那个大厅和里头的玻璃桌子和那个小门,什么都没有了。

　　一会儿工夫,那兔子就看见了阿丽思在那里找来找去,它就狠狠地对她说道,"嘿!玛理安!你在这儿算干些什么呀!立刻给我跑回家去拿一双手套和一把扇子来!快!就去!"阿丽思被它这样吓得糊里糊涂,就顺着它指的那个方向跑去,来也没来得及告愬它认错了人了。

　　她跑着自己想道,"他拿我当他的丫头。他回来看出我到底是谁,那才诧异呢!可是我还是拿给他他的扇子和手套好——那原说要是找得着的话。"她说着就到了一所小小的很整洁的房子,门上钉着一个铜牌,上头刻的字是"白兔子寓。"她不敲门就走了进去,快快地跑上楼,因为她生怕遇见了真玛理安回来,没有找到那扇子和手套,就被她赶去门外。

　　阿丽思自己道,"这才古怪呢,给一个兔子使唤起来嘞!我想下回恐怕黛那也要差我送信呢!"她就在心上悬想以后会怎么样子:"假如我的奶妈说,'阿丽思小姐,快点儿来,好预备出去散步去!'我就得要回答,'一会儿就来,奶妈!可是这会儿我得看守着这个耗子洞不让耗子出来,要等黛那回来了我才能离开。'可是这样子他们一定不会让黛那留在家里的,像这样子差唤人家还要得吗!"

　　说到这里,她已经走进了一间整整齐齐的小屋子,近窗户有一个小桌子,她正希望着,果然在桌子上看见一把扇子和两三双小白羔皮的手套:她就拿了一把扇子和一付手套,正要走出那屋的时候,她的眼睛忽然展到镜子跟前一个小瓶上。

这一回那瓶上并没有什么"喝我"的字样，可是她依然地把它开开了就放在唇上。她对自己说道，"我知道我一吃什么一喝什么，就一定会有好玩儿的事情出来的；所以我倒要看看这一瓶有什么力量，我真愿意我再会长大呀，我老是这一点儿大的小东西，我小得早不耐烦嘞！"

果然如她所愿；而且她再也料不到有这么快：她半瓶没有喝完，头已经顶到天花板了，幸亏早把头低下来，免得把颈子压断。她连忙就把瓶子放下。自己说到，"这尽够啦——我盼望不再长嘞——就像这样，我都已经出不了门嘞。——我倒愿意刚才没有喝那么些嘞！"

唉？后悔也太晚了，她还尽着长了又长，一会儿她非要跪在地下才能呆得下：再过了分把钟，连这样都不行，她就试睡下来把一个胳巴肘子撑在门口那里，那一只胳巴抱着自己的头。她还是要长，后来实在没有法子，就把一只胳巴伸到窗户外头去，把一只脚伸到烟囱里，她对自己说道，"现在看你怎么样，我也再没法子啦。唉！我倒要变成什么啦？"

阿丽思也算运气，她长到这么大，那药性已经发过了，所以她也不再长了：但是这也还是很不舒服的；而且照这样看，再也没有出这屋子的希望，所以无怪乎她觉得非常地发愁。

阿丽思想道，"还是在家里的时候多好，不像这样地一会儿长大一会儿长小，一会儿给耗子骂，一会儿给兔子使唤。我都有点后悔跑进那个兔子洞嘞——然而——然而——你想想，倒也怪希奇的，哪儿有这样过日子！我真不懂我会是遇着了什么嘞，会变成这样儿！我那时看那些仙人传的时候，我总当着那些事情不会真有的,你看现在我不是就正在一个仙人传里头吗?我想应该有一本书记我的事情的,这应该的!等我长大了,我就来写它;"她又愁声说道,"我现在可不是已经长大嘞吗?在这儿随便怎么,也没有地方让我再长嘞。"

"可是那么,"阿丽思又想道,"我就一直不会比现在再老嘞吗?这倒也是一个可以安慰的地方——总归不会做老婆子——可是那么——一辈子就老要念书上课!不!这样我可不喜欢!"

"嗳,你这傻阿丽思!"她自己回答自己。"你在这儿还能念什么书呢?连你自己都呆不下了,哪儿还有搁书的地方呢!"

她就这样地自己同自己辩论,一会儿装这一边,一会儿装那一边来驳她,倒说成一个怪热闹的会话;可是过了几分钟,她听见外头有说话的声音,她就住了嘴静听。

那个声音嚷道,"玛理安!玛理安!把我的手套立刻拿来!"一会儿就听见楼梯上的达的达地有脚步声音上来。阿丽思知道是那位兔主人回来找她了,她吓得抖得把房子都摇将起来,都忘了她自己实在已经比那兔子大了一千来倍,还有什么怕它的理由?

一刻工夫,那兔子走到了房门口,想开开它;可是这扇门往里开的,因为阿丽思的胳巴肘子撑住着,所以那兔子再也开不开它。阿丽思听见它自己说道,"那么我就转过来打窗户里进去。"

阿丽思想道,"那不见得!"等了一会儿她觉得好像那兔子已经到了窗户底下了。她就把手忽然揸开,在半空抓了一下,她并没有捞到什么东西,可是她就听见"哟"地一叫,盆吞一声,一下又是豁喇喇许多碎玻璃的声音,她从这个就猜那兔子大概是跌在一个黄瓜藤的架子或是什么东西上了。

再一会儿,就听见很发怒的声音——那个兔子的——"八升!八升!你在哪块?"她就听见一个先没有听见过的口音回道,"我一定是在这儿呢,老爷您那!我在这儿地底下掘苹果,老爷您那!"

那兔子怒声道,"还掘苹果呢,可不是的!上这里来!快来扶我出这个"(又是碎玻璃的声音。)

"八升,现在你告悉我,窗子里那个是什么东西?"

"那一定是一条胳巴脖子,老爷您那!"

"哼!胳巴,你这笨鹅!谁看见过那样大的胳巴!你看,它把窗户都堵满啦!"

"是!是!一定是堵满啦,老爷您那:可是一条胳巴膀子总还是一条胳巴膀子。"

"那么,无论如何,它没有在那里的理:你去拿掉它!"

这个以后半天没有声音,阿丽思只听见有时候他们打喳喳;一会儿听见说,"一定呀,我也一点不喜欢它,老爷您那,一点儿不!一点儿不!""叫你怎么做就怎么做!你这贱奴才!"等到后来阿丽思又把手一揸,又在半空中一抓。这回听见两声"咿咿"地叫,又是许多碎玻璃的声音。阿丽思想道。他们黄瓜藤的架子倒真不少!我不晓得他们再要干什么!要说把我从窗里拉出来,我倒指望他们真能做得到呀!我自己是本来不高兴再呆在这儿嘞!

她等了一会儿不再听见什么:到后来来了一辆小车的声音,和许多人说话的声音:"还有一个梯子呢?唉,我本来只有一个能带得来;还有那个在毕二爷那儿——毕二爷快拿来?——来,搁在这个犄角儿上——不行,先把它们绑在一块儿——还不够一半儿高呢——哦,这还不够,别讲究啦——这儿,毕二爷!接着这个绳头——房顶那块儿吃得住吗?——当心,那里有块松瓦——嘿!掉下来了!小心着头,底下!"("霹叉"一声地响!)——哼,这是谁闯的祸?——我想是毕二爷——谁下烟囱去?——我才不呢!你下去!——那我不干——毕升得下去——好,毕二爷!老爷说你得要下烟囱去!"

阿丽思想道,"噢!毕二爷是要下烟囱的,是他吗?他们好像把样样事情都推在他身上!你给我多少我也不高兴去当毕二爷去:这个炉子口窄是有点儿窄;不过我想我踢倒也能稍微踢踢!"

她把脚尽往底下缩下来,等,等,一直等到有一个小动物在她上头烟囱里乱抓乱滚(她也猜不出是个什么动物);她就一头对自己说,"噢,这就是毕二爷,"

一头就把脚往上猛地一蹬,等着看有什么事出来。

她第一次听见的就是大家齐声喝,"喂!毕二爷去啦!"接着就是那兔子的声音说道,"接住他,你们,近着篱笆那里!"一下又没有声响,接着又是乱嘈嘈地许多说话的声音——"托着他头——快快勃兰地——别咽死他——现在怎么啦,老伙计!你碰见的什么?快说给我们听听!"

等了半天,听见一个很低的唧哩唧哩的小声气(阿丽思想道,"这是毕二爷,")说道,"乖乖,我也不知道是怎么的——再也不来嘞,谢谢罢;我现在好一点儿啦——可是我的心还慌得没有定下来,不能对你们细说——我所记得的就是有什么东西像弹簧似的在我后头'崩'地一下,我就像个旗花似的飞上去嘞!"

大家都齐声道,"可不是吗,老伙计?"

那个兔子的声音又说道,"咱们一定要把这房子烧掉!"阿丽思就尽着力量嚷道,"你们要是这样,我就放我的黛那给你们试试!"

登时就大家一点都不出声。阿丽思想道,"不晓得他们又要干什么嘞!要是他们稍微有一点儿不糊涂,应该想得到把房顶拆掉。"等了一两分钟,他们又跑来跑去,阿丽思只听见那兔子道,"先用个一桶再看。"

阿丽思想道,"一桶什么?"可是她用不着久猜,一下工夫就有无数的小石子像雹子似的打到窗户上来。有几个都打到阿丽思的脸上。她对自己说道,"这个我非叫他们停不行,"她就嚷道,"你们顶好别再这样儿闹罢!"登时大家又是不敢做声了。

阿丽思看见那些石子子掉在地板上都变成一块一块的小糕。她非常地诧异,她就想出个新念头出来,她对自己说道,"要是我吃他一块,这一定会把我的大小总变一点的;我想我现在既然没法子再变大,那么自然只能会再变小。"

所以她就吃了一块糕下去，果然立刻就缩小起来，好个快活。她就索性再吃，一直等到小到能从门里出来，她就跑出那房子，看见一大群畜牲和鸟在外头等着。那个可怜的小壁虎子（就是毕二爷）在当中，被两个天竺鼠扶着，拿一个瓶子灌它什么东西喝。它们一见阿丽思都对着她冲过来；但她拼着两条腿地飞跑，一会儿就跑到一个平安清静的深林子里头。

阿丽思在树林里信步走着想道，"现在我第一桩要紧的事情就是长回我应该有的大小；第二桩就是找一条路，上那个可爱的小花园儿里去。我想这个是最好的计划。"

这个计划听起来固然是不错，又很简单，又很整齐；可是她的难处就是她一点都不知道怎么样动手法子；她正在很关心似的在树里各处张望，忽然在她头上面来了一声很脆的狗叫的声音，她连忙就往上瞧瞧。

一个伟大的小狗睁着两只灯笼大的圆眼睛对着她看，轻轻地伸一只爪子出来好像要挨到她似的。"这可怜的小东西！"阿丽思做着安慰它的声腔说着，极力地想嘴吹叫儿来哄它；可是她总觉得非常害怕，恐怕那狗儿饿了，也许就把她吃掉，就是哄它也不成。

她不知不觉地拾了一根小树枝，举着给那大狗儿看；那狗登时就四足齐飞，"哇！"地一叫，向那小棍儿猛扑过来，假装着害它的样子；阿丽思就连忙躲在一大株蒲公英后头，几几乎被它冲倒；可是她从那边一现出来，那狗就又对着那棍儿一扑，她这一回跳得这么猛，自己也收不住了，一个毂辘连脚带头地滚了过去；阿丽思见势不妙，她想这简直就是同一匹快马调戏一样，说不定什么时候就被它跐两脚，所以她又躲到蒲公英的那边去；那小狗儿就一阵一阵地对着那小棍儿冲锋，往后退许多，往前跑一点儿，又往后退许多，又往前跑一点儿，一头就汪汪地叫，一

直到退到很远，它才坐下来把舌头挂在嘴外头喘气，两只大眼睛半开半闭似的对着阿丽思看。

阿丽思想现在正好乘机逃掉；所以她即刻就起身跑，跑到力也没有了，气也喘不过来了，那小狗的叫听得也很远了，才停下来。

阿丽思靠着一株黄花菜歇歇，拔了一根菜叶子当扇子扇扇。她说道，"可是想想那狗到底是一只怪好的小狗儿！我倒很想刚才我教给它做几套把戏，可就是——可就是我自己身子的大小要先对才行呢！喔唷！我又差一点儿忘记嘞，我现在还要长大回来才行呢！让我看——这到底是怎么个办法子呢？我猜我再吃点什么，或是喝点什么就行啦；可是那最大的问题就是什么呢？"

那个大问题自然就是，"什么?"阿丽思就四面看看各色各样的花和草叶子，可是她找不着什么在现在情形看起来像是应该吃或者应该喝的东西。在她近旁有一棵大蘑菇，同她差不多一般高；她在底下瞧瞧，往两边瞧瞧，往后头瞧，她又想道，"何妨索性也往上头瞧瞧有什么呢？"

她就踮起脚来，伸着脖子，从那蘑菇的边上望过去，她的眼睛恰巧遇见了一个大青毛毛虫的眼睛，那毛毛虫抄着手坐在那蘑菇的顶上，安安静静地抽着一个很长的土耳其水烟袋，一点儿也不理会阿丽思，好像什么闲事也不高兴问似的。

第五章　请教毛毛虫

那毛毛虫和阿丽思两个"人"对看了半天不做声：到后来那毛毛虫把烟嘴从嘴里拿出来，慢慢吞吞地，好像要睡似的对她说话。

那毛毛虫道，"你这个人是谁啊？"

这一句不像好好地起头谈天的话，阿丽思有点不好意思地答道，"我——我不大知道，先生，我现在不知道——无论怎么，我知道我今儿早晨起来的时候是谁，可是自从那时候到这会儿，我想我变了好几回了。"

那毛毛虫狠狠地道，"你这算什么话？把你自己都招出来！"

阿丽思道，"我怕我不能把我自己招出来，因为我现在不是自己，您看，先生？"

"我不看！"

"我怕我不会说得再怎么明白了，"阿丽思谦虚着说道，"你想，我先不先自己也糊涂了；一天里头变了这么些回的尺寸可好不乱的人。"那毛毛虫道，"并不。"

"那么，"阿丽思道，"也许你还没有经过这样；可是等到你变成个蛹子的时候——你知道，你总有那一天——回来又变成个蝴蝶儿的时候，我想你恐怕也要觉得有一点儿古怪罢，不会吗？"

那毛毛虫道，"一点都不。"

阿丽思道，"那么或者你的感觉许是两样的，在我所知道的，那是我一定会觉得古怪的。"

"你!"那毛毛虫撇着嘴道,"你是谁?"

这话又说到刚才起头的地方了。阿丽思有点不高兴这毛毛虫老是说那么很短很短的话。她摆着样子道,"我想你应该先告愬我你是谁。"

那毛毛虫道,"为什么?"

这又是一个难题;阿丽思想想也想不出个为什么,她看那毛毛虫好像是非常不乐意的样子,所以她回头就走。

"回来!"那毛毛虫追叫道,"我有要紧话说!"

这话听来还有望:阿丽思就掉过头走回来。

那毛毛虫道,"别发脾气。"

阿丽思忍着一口气问道,"就是这一句话吗?"

那毛毛虫答道,"不。"

阿丽思索性等着罢,她又没有别的事情做,或者到底它是有点什么有用的话告愬她听也说不定。等了好几分钟,那毛毛虫尽着一口一口地抽它那水烟,再过了半天,它才把两个袖子筒里的手放开把烟嘴从嘴里拿下来,说道,"所以你想你变啦,唵?"

阿丽思道,"先生,我怕的就是;我一向记得的东西我都记不得啦——而且我没有连着有十分钟一样大小的!"

"你不记得什么?"那毛毛虫问道。

阿丽思愁声答道,"不是? 我刚才要背'小木鱼儿'背背都背错啦!"

那毛毛虫道,"那么你给我背背'威廉师傅你这么老'看。"

阿丽思就叠着两个胳巴,背道:

"威廉师傅你这么老,
你的头发白又白;("白"叶音"ㄅ.ㄞ")
倒竖蜻蜓,你这么巧——
你想这样儿该不该?"

先生答道,"我那时小,
怕把脑子跌去来;
现在脑子我没多少,
天天练武随便摔。"

"威廉师傅你这么重,
浑身长得肥又肥;
倒迁筋斗进门洞——
你这身子可危不危?"

老头答道,"当年轻,
我就用这个油拌灰;
卖给你只算一先令,
搽了就四肢轻如飞,"

"威廉师傅你这么弱,("弱"叶音"日己")
只该喝点汤光汤;
吃鸡带骨头还叫饿,
这样你胃口伤不伤?"

威廉答道,"我做知县,
太太总要来帮我忙;
件件案子要拗着我辩,
所以练得我嘴这么强。"

"威廉师傅你这么晃,
你的眼睛花不花?
鳝鱼顶在鼻尖儿上,
这样能耐差不差?"

师傅怒道,"你还不够?
问了又问干甚么?("么"叶音"ㄇㄚ")
谁爱听你这咕叨咒?
滚下楼去你快回家!"

那毛毛虫道:"你背的不对。"

阿丽思虚心地道,"我怕不全对;里头有些字说错啦。"

那毛毛虫决绝地说道,"从头到尾一个字都不对。"说了他们俩又呆等了半天没有话。

那毛毛虫先开口。它道,"你愿意要多大?"

阿丽思忙答道,"我倒也不拘定要多少大;不过,一个人总不喜欢老像这么变,你可知道?"

那毛毛虫道,"我不知道。"

阿丽思没有说话:她一生从来没有被人这样拗着她回嘴过,所以她觉得有点忍不住她的脾气了。

那毛毛虫又问道,"你现在称心不称心呢?"

阿丽思道,"先生,你要是不反对,我还喜欢稍微再大一点儿:这三寸高实在有点不大像样。"

"这很像样的!"那毛毛虫说着,把身子挺着竖了起来(它恰好三寸来高。)

阿丽思用着哀求的声音说道,"可是像这样小,我没有小惯过。"她又想道,我愿意这家伙不这么容易生气!

那毛毛虫道,"你日久就会惯的;"说了就又把那水烟袋的嘴儿搁在嘴里,又抽了起来。

这回阿丽思耐心等着,看它几时再高兴说话。隔了一两分钟,那毛毛虫把烟嘴拿出来,打了一两回呵欠,把身子抖了两下。它就从那蘑菇的顶上爬下来,往草里爬了进去,走的时候不过就说道,"这边会叫你长高,那边会叫你长矮。"

阿丽思听了心中想道,"什么东西的这边?什么东西的那一边?"

说也奇怪:那毛毛虫连阿丽思心中想的话都好像听得见的,它就回答道,"那蘑菇的!"说了它就走不见了。

阿丽思站着对那蘑菇用心看,想法子找出来哪一边是这边,哪一边是那边;可是因为这蘑菇是周围圆得一样的,所以她觉得这是个很难的问题。后来没有别的法子，她就尽量伸出她的胳巴抱着那蘑菇的边，一只手擘了一块下来。

"那么现在哪个是哪个呢？"阿丽思说着就把右手里那块咬了一点来试试它的效验：才吃到嘴里，她就觉得她下巴底下被什么猛地打了一下；它碰到了她的脚了！

她被这样快的变法吓了一跳，可是她知道像现在缩得这么样快，那是半刻也不容缓；所以她马上就把那块来吃。可是她的下巴同她的脚压得那么紧，简直都快没有地方再张开嘴了；后来勉强把嘴擘开，塞了一小块左手里的蘑菇。

*　　　　　*　　　　　*

"好啦，我的头松动嘞！"阿丽思正说着高兴，又吓起来了，因为她低头一看，连自己的肩膀子都看不见了，只见一条很长很长的脖子从一片绿叶子的海里伸出来。

"这些绿东西是什么呀？我的肩膀可会到哪儿去嘞呢？阿呀，我的手呢，我怎么看不见你呀？"她说着把手动来动去，可是一点也看不见他们，只看见远处树林里稍微有点动罢了。

她既然没有法子手举到头上来，她就试把头低下去看手。她倒居然能把她的长脖子任意弯下去，像一条蛇似的。她正把脖子弯成一条很好看的弯道儿伸到那绿叶里去找她的手（她近看来才知道那个绿叶子的海就是她刚才游的树林子的顶），忽然听见很响的嗖嗖的声音。她连忙抬起头来，看见一只鸽子飞到她脸上，使劲地把翅膀扑她的脸。

那鸽子嚷道，"长虫！"

阿丽思生气道，"我不是长虫！别跟我闹！"

那鸽子稍微轻声一点说道，"长虫！我说是长虫！"它又叹口气道，"我样样法子都试嘞，怎么什么都不称它们的心！"

阿丽思道，"你说的什么，我一点儿都不懂。"

那鸽子不理会她，接着说道，"我树根也试嘞，我河边儿也试嘞，我篱笆也试嘞；可是，唉，那些长虫啊！没法子巴结它们！"

阿丽思越听越糊涂了，但是她想插嘴也没有用，所以还是等那鸽子说完了再看。

那鸽子道，"倒好像光是孵蛋还不够麻烦似的，还得要整日通夜地看着，不让长虫来！想想看，我三个礼拜，眼睛一闭都没得闭！"

阿丽思有点听出它的话因了,她就安慰它道,"你这被人闹得,真是不幸呀!"

那鸽子又提着嗓子尖着叫道,"我才找到树林顶高的一棵树,我刚才想以为到底可以免掉它们的害了,那它们偏偏地又从天上扭了下来!呃!长虫!"

"然而我不是长虫呀!我告愬你!"阿丽思道,"我是——我是一个——"那鸽子道,"那么,你是什么?哼,我看得出来你在那儿想出什么来哄我!"

阿丽思想她一天经过这些变化,只得半信半疑地说道,"我——我是一个小女孩儿。"

那鸽子做着顶看不起她的声音说道,"这样捣鬼,可不是像真的!在我的时代,那是小女孩儿们我可看得够,可是从没有一个有这样长的脖子的!不是,不是!你是长虫:赖也没用。哼!你再说下去,恐怕还要告愬我从来没尝过蛋呢!"

阿丽思这个孩子很老实,所以她就说道,"蛋我尝是尝过的;可是长虫吃蛋,小女孩儿,也是吃蛋的,你可知道。"

那鸽子道,"我不信;而且就是果然这样,我就说她们也就是一种长虫罢了。"

这句新鲜话,说得把阿丽思发愣了半天没有话说。那鸽子就趁这机会连着说道,"你在这儿找蛋呢,我这一点总知道:那么无论你是一个小女孩儿或是一条长虫;于我是一样。"

阿丽思忙答道,"于我可不一样呀!而且现在碰巧我并没有在这儿找蛋;就是我找,我也不要你的蛋:我不喜欢生的。"

那鸽子就不耐烦地说道,"好,那么你走开!"说着就回到窝里头卧下了。阿丽思就勉强地蹲下来,呆在树林里,可是她的长脖子常同树枝子绕乱起来,她走走就得停下来把她脖子理理清楚。隔了一会儿她才想起来她手里还捏着那两块蘑菇,所以她这回就小小心心地这一块咬一点儿,那一块咬一点儿,一会儿长高些,一会儿长矮些,一直修到同她平常一样那么高矮才歇。

阿丽思因为好久没有还她的本来的大小,所以初还原的时候倒觉得有点异样;可是几分钟后就又惯了,又是像一向似的自言自语了。"好啦,我的计划的一半做成功了!那些变化真变得难受!这一分钟从来不晓得下一分钟变成什么的!随便怎么,我现在又变回来原来的大小也就好嘞:可是现在第二件事就是走进那好看的花园里去——我倒不晓得这得要怎么做法呢?"她说着忽然就到了一个空地方,那里有一所四尺来高的小房子。阿丽思想道,"像我这样尺寸见他们一定不行:这我岂不要把他们的魂都吓掉了吗?"所以她就把右手里的蘑菇再吃了一小块,等到她缩到差不多九寸来高,才敢走近那房子。

第六章　胡椒厨房和猪孩子

她在那里站了一两分钟,不晓得再干什么好。忽然间从树林里跑出来一个穿号衣的跟班的——(她猜他是跟班的,是因为他穿号衣的缘故;不然只从他脸上看起来,她一定会当他是一条鱼)——那跟班的用他的手背很响地在门上敲。开门的也是一个穿号衣的跟班的,他的脸很圆,眼睛圆的像蛤蟆的似的;阿丽思看见他们两个人头发都是蜷着满头,搽了许多头发粉。她起了好奇的心,就从树林里稍微扒出一点来偷听他们到底是干什么的。

那个鱼跟班先从他膀子底下拿出来一大封信,这信几乎有他自己身体那么大,他把这信交给那个跟班,正式地传道,"给公爵夫人的信,皇后请玩槌球。"那个蛤蟆跟班也一样地正式地再传一遍,不过把那几个字稍微改变一点,"从皇后来的信,请公爵夫人玩槌球。"

他们就很低地互相鞠躬,一直低到他们的头发都搅在一团去了。

阿丽思看了这个,忍不住地要笑出来,连忙跑回树林里去,怕笑了给他们听见;等一会儿她再出来看的时候,那个鱼跟班已经去了,那一个跟班就坐在门前地上朝着天傻望。

阿丽思轻轻俏俏地走到门跟前敲了一敲。

那跟班的道,"打门一点儿也没有用处,这有两层原因:第一层,因为我同你都在门的这一边;第二层,因为他们在里头闹得这么响,没有人会听得见敲门。"那里头闹的声音可真是不小——又是叫,又是打喷嚏的声音,一会儿又是刮喇喇一声像一个盘子或是罐子打得粉粉碎似的。

阿丽思道,"那么,请问我怎么进得去呢?"

那跟班的不理会她,接着说道,"假如门在咱们俩当间,那么你敲门还有点儿道理。譬如你在里头打,我就可以开门让你出来,不是吗?"他说话的时候总是朝着天望,阿丽思觉得这样是十分傲慢。可是她又想道,"或者他不能不这样的;他的眼睛长得多么近头顶上呀。然而无论怎么,他回答我话总会的。"她就高声说道,"我怎么进去呢?"

那跟班的只说,"我是打算坐在这儿,一直等到明天——"

说到这里,那个大门开了,一只大盘子对着那跟班的从里头横飞出来:恰恰抹过他的鼻子,碰在他背后一棵树上,砸得粉粉碎。

那跟班的还是若无其事似的连着说道,"到了第二天,也许——"

"我怎么进去呢?"这一回阿丽思问得更响一点。

那跟班的答道,"你到底是有得进去没有?这是第一个问题卅!你可知道。"

这话倒不错;不过阿丽思不喜欢人家对她说就是了。她自己咕叨道,"他们这些家伙真爱同人家争辩得怕人,简直够把人急疯!"

那跟班的好像觉得现在又有好机会来背他刚才的话,不过稍微改两个字。他道,"我是打算坐在这儿,坐坐走走,走走坐坐,今儿到明儿,明儿到后儿,……"

阿丽思道,"那么我做什么呢?"

"随便做什么,"说着那跟班的就吹叫儿玩。

阿丽思跺着脚说道,"唉,跟他说也没用,天下哪儿有这么笨的傻子!"她就自己开了门走进去。

那个门一开,进去就是一间大厨房,里头从这一头到那一头都是烟雾腾腾的:那个公爵夫人坐在当中一张三脚小凳子上,抱着一个小孩子;有一个厨老妈子靠着火炉旁边,在一个大锅里搅汤。

"我看那汤里的胡椒一定搁得

太多啦!"阿丽思说着就觉要打喷嚏。

实在那空气当中的胡椒面儿是不少。连那公爵夫人自己也有时候打喷嚏;要说那小孩,那就不是打喷嚏就是叫,不是叫就是打嚏。那厨房里只有两个不打嚏的,一个就是那个厨老妈子,一个是一只大猫偎在灶边上,笑得两个嘴角都笑到耳朵边去了。

阿丽思不晓得照规矩她应该不应该先说话,她就胆小地问道,"请问您可能告愬我你这猫为什么做这样的笑脸呀?"

那公爵夫人道,"这是一个歙县的猫,所以会笑,你这猪!"

她这么了一个字说得这么狠,她阿丽思吓了一跳;后来她看见这话是称呼那小孩子的,并不是叫她,所以她胆就大了一点,连着说道:"我倒没有知道歙县的猫总是那么笑的;真的,我从没有知道哪儿有猫会做那样笑脸的。"

那公爵夫人道,"它们都会;而且它们多数都做。"

阿丽思觉得同她谈得来了,倒很高兴,就客客气气地道,"我倒没有知道有什么猫做笑脸的。"

那公爵夫人道。"你本来知道的不多,这是有这事的。"

阿丽思一点不喜欢这句话的腔调,她就想找点什么别的话来谈。她正在想着,那厨老妈子把那锅汤从火上端开,马上就把所有手跟前的东西往那个公爵夫人和她的小孩子身上砸——先是火筷子,铁铲子;随后就是一大阵的锅,盘,碟,碗。那些东西打在公爵夫人的头上,她也一点不在意;那孩子本来已经一直叫得那么厉害,所以再也看不出来他被打的疼不疼。

阿丽思被这个吓慌了,她跳着嚷道,"啊呀,我求你瞧着你自己做的什么事呀!嗳呀,他那宝贝的鼻子要去了!"她才看见一个异常大的油锅从那孩子的鼻子跟前飞过,差一点没有把它带去。

那公爵夫人粗声嚷道,"要是天下人都瞧着他自己做的什么事情,那样地球就要比现在转得快得多唡。"

"这倒不见得有什么益处,"阿丽思说着觉得这是一个显她的知识的机会。她道,"你想那样要把日夜变成什么啦!你瞧,地球要二十四小时围着地轴转一回——"

那公爵夫人道,"还说斧子呢,砍掉她的头!"

阿丽思很着急地对那厨老妈子瞧了一瞧;看她会不会会公爵夫人的意;幸

亏她没在那里听着，只顾着搅那大锅里的汤，所以阿丽思就连着说道，"我想是二十四小时；要么或者是十二小时啊？我——"

那公爵夫人道，"世，你别烦我罢，我从来不记得数目的！"她说了就又弄她的小孩子；她唱着一个小孩催眠歌，唱了每一句就把那小孩子狠狠摇他一下，她唱道：

"很很地待你的孩子，
打喷嚏就揍他骂他：
他知道要这样摆牌子，
连谁都要由他怕他。"

合 唱（那个厨老妈子和小孩子也跟着唱！）

"ㄨㄠ！ㄨㄠ！ㄨㄠ！"

那公爵夫人又唱第二首，唱着把那孩子乱扭乱扔，那可怜的小东西叫得那么响，阿丽思连歌里的字都不大容易听出来：

"我很很地待我的乖乖，
打喷嚏就害他挤他；
他喜欢把胡椒盖开开，
也没谁来爱他理他！"

合 唱

"ㄨㄠ！ㄨㄠ！ㄨㄠ！"

那公爵夫人唱完了，对阿丽思道，"给你！你要高兴，你就抱他一下！"说着就把那小孩子对她身上一丢。"我马上就要预备去跟皇后玩槌球去。"说了，她就跑出那屋子。那个厨老妈子就把一把油锅对她后头扔过去，只差了一点，没有打着。

阿丽思很费事地接住那小孩子，这孩子很不好抱，他的样子很古怪，手啊，脚啊，四面八方地伸出去，阿丽思想他好像是个五爪海鱼似的。她接住那小东西的时候，他在那里打呼噜打得像个火轮船似的，一会儿缩成一团，一会儿又挺直起来,所以头一两分钟,阿丽思尽着力量只能不让他掉在地上就好了。

后来她知道应该抱他的法子是把他打成一个结似的,把他的右耳朵和左脚捏在一块,就不会再松开了。她这样抱好了他就拿到门外去。阿丽思想道,"我要不把这孩子带走,她们那样一两天一定会弄死他:我要让他在那儿岂不是同有意杀人一样吗?"她这么了一句话说得很响,那小东西就接着"咕"地叫了一下(现在不打喷嚏了)。阿丽思道,"别这样叫呀,这不是好好儿说话的法子。"

那孩子又"咕"了一下。阿丽思很着急地对他脸上瞧瞧,看他怎么了。他那鼻子卷是卷得真高,不像个鼻子,倒像个八戒;那两个眼睛也太小,不像个小孩子的:总而言之,阿丽思一点也不喜欢这个东西的样子。她想道,"可是也许他做着个哭脸。"她就再瞧瞧他的眼睛,看他有眼泪没有。

没有,并没有眼泪。阿丽思就正经地说道,"你要是变成一头猪,那我就再也不来管你,听见吗?"那小东西又哭了一声(或是咕了一声,横竖辨不出哪一样。)他们就呆呆着没有话说。

阿丽思正在那想着,"假如我抱着这东西回到家里,那就把它做什么好呢?"那东西又咕起了,这一回这么响,阿丽思都有点害起怕来。

她低头一瞧,这一回一定不会错的了:这简直就是不多不少的一只猪就是了。她觉得这样东西再抱着他岂不是笑话吗?

所以她就把它放下地上,她看它不声不响地走入树林里去,觉得倒也放心。她对自己说道,"像这样的要长大了,一定变成很可怕的样子的孩子;可是我想当个猪,倒也可以算个很好看的猪。"她就想想她所认得别的小孩,有几个要当猪倒也还好看,她正在对自己说，"只要能晓得怎么变他们的法子——"忽然看见几码外头一个树枝上坐着那个歙县猫，她倒吃了一惊。

那猫看见了阿丽思，还是对着她笑。阿丽思想它样子倒还和气；可是它有很长的爪子，又有那么些牙，所以她觉得应该对它稍微恭敬一点。

她称呼道，"歙县猫儿。"她心上有点胆小，因为一点不晓得那猫喜欢这个名字不喜欢：可是那猫笑得嘴更开一点。阿丽思想道，"好啦，它还是高兴的。"她就说道，"请您告愬我，从这儿我应该往哪条路走？"

那猫道，"那是多半要看你要到哪里去。"

阿丽思道，"我倒不拘上哪儿去——"

"那么你就不拘走哪条路。"

阿丽思加注道，"只要我走到个什么地方就好。"

那猫道，"那个自然，你只要走得够久，一定就会走到什么地方的。"

阿丽思觉得这句话没有可驳的地方，她就再问一句别的话。"这儿有些什么样人住啊？"

那猫拿右爪子指道，"在那个方向有一个帽匠住着，"又举起左爪子来指道，"在那个方向有一个三月兔住着。你喜欢去拜访哪一个就拜访哪一个：他们两个都是疯的。"

阿丽思道，"可是我不愿意走到疯人的地方去。"

那猫道，"那是没有法子的；咱们这儿都是疯的。我也是疯子，你也是疯子。"

阿丽思道，"你怎么知道我疯呢？"

那猫道，"你一定是的，不然你人怎么会在这儿呢？"

阿丽思觉得这个理由一点不充足；可是她还是接着问，"那么你怎么知道你自己疯呢？"

那猫道，"我先问你。一个狗是不疯的。你承认这个吗？"

阿丽思道，"就算它不疯。"

那猫道，"好，那么，你瞧，一个狗，他急了就打呼噜，高兴了就摇尾巴。我可是高兴了就打呼噜，急了就摇尾巴。既然狗是不疯，那么岂不是我疯么？"

阿丽思道，"你那个我叫念佛，不叫打呼噜！"

那猫道，"你爱叫他什么就叫他什么，你今天同皇后玩槌球吗？"

阿丽思道，"我愿意是很愿意，可是还没有人请我去呢。"

那猫道,"你在那里就会看见我。"说着就不见了。

阿丽思看了倒也不很诧异;她已经遇见惯了出奇的事情了。她正在看它在树上歇着的那个地方,它忽然又现出来了。

那猫道,"世,不错啊,那个孩子怎么啦?我都几乎忘记了问你。"

阿丽思一点也不诧异,尤如那猫好好地走回来一样。她就平平常常地答道,"他变成了猪嘞。"

那猫道,"我本来料他会的。"说了又不见了。

阿丽思等了一会儿,一半也预备再看见它,可是它不再现出来,所以过了一两分钟,阿丽思就顺那个猫说的有个三月兔子住的方向走去。她对自己说道,"帽匠我曾经看见过;那三月兔一定最是有趣的多,而且或者因为现在是五月,它也许不会这么疯——无论怎么大概没有像三月里那么疯。"她说了这个,刚把头一抬,又看见那个猫坐在一棵树的枝上。

那猫问道,"你刚才说猪还是书?"

阿丽思答道,"我说的是猪。我真怕你这样来来去去地这么快:你弄得人好头眩。"

那猫道,"好,我就不;"这一回它就慢慢地不见,从尾巴尖起,一点一点地

没有,一直到头上的笑脸最后没有。那个笑脸留了好一会儿才没有。

阿丽思想道,"这个!有猫不笑,我倒是常看过的,可是有了笑没有猫,这倒是我生平从来没看见过的奇怪东西!"

她又走了好一阵,才看见那三月兔的房子:她想这一定是它的房子,因为它的烟囱的样子像兔子耳朵,房顶是用兔子毛扎的。这房子非常地大,她先不敢走近它,等到把左手里的蘑菇再咬了一点,长到二尺来高,才往前去:她就是这样走去还觉得有点胆小,她对自己说道,"假如它真是疯得不得了那怎么好呢?我都有点后悔没有上那帽匠那儿去嘞!"

第七章　疯茶会

　　那房子前头树底下摆着一张桌子，那个三月兔子同那个帽匠在那里喝茶：一只惰儿鼠，坐在他们当间，睡得着着的。他们俩就拿它当个垫子，把肘子撑在它身上，在它背后说话。阿丽思想道，"这样叫那惰儿鼠多难受呀，不过它是睡着的，我想它也不在乎。"

　　那张桌子并不小，但是他们三个都挤在一个角上。他们看见阿丽思来就嚷道，"没有地方！没有地方！"阿丽思生气道，"地方多着呢！"她就在桌子头上一把大圈身椅里坐下来。

　　那个三月兔子做着劝人的声气道，"请用点酒。"

　　阿丽思在桌上看了一周回来，看见除了茶没有别的东西。她道，"我看不见有酒么！"

　　那三月兔子道，"本来没有。"

　　阿丽思怒道，"没有酒请人喝酒，这算什么规矩？"

　　那三月兔子道，"没有请你你就坐下来，这算什么规矩？"

　　阿丽思道，"我没知道这是你的桌子，你看摆的这么许多份，岂止三位？"

　　那帽匠道，"你的头发要得剪啦。"他瞧着阿丽思好久，这是他的头一句话。

　　阿丽思严厉地道，"你应该懂当面不应该批评人；这是很失礼的。"

　　那帽匠听了这个把眼睛睁得很大；可是他嘴里说的不过就是问一句，"为什么一个老鸦像一张书桌子？"

　　阿丽思听了想道，"好啦，咱们现在有得玩儿嘞。我倒很高兴他们给我谜儿猜嘞。"她就对他们

说道,"我想这个我会猜。"

那三月兔道,"你是不是想要说你想你能找出对它的回答吗?"

阿丽思道,"就是这话呀。"

那三月兔子道,"那么你就应该说你所想的意思。"

阿丽思忙答道,"我是说我所想的呀——无论怎么——无论怎么我想的就是我说的——这是一样的,你可知道?"

那帽匠道,"一点儿都不一样。像这样岂不是好说'我吃的东西我都看见'等于说'我看见的东西我都吃'吗?"

那三月兔子接着道,"像这样岂不是好说'是我的东西我都喜欢'等于说'我喜欢的东西都是我的'吗?"

那惰儿鼠好像在梦中说话道,"像这样岂不是好说'我睡觉的时候总是呼吸'等于说'我呼吸的时候总是睡觉'吗?"

那帽匠道,"在你本来是一样的。"说到这里,大家又是半天没有话说,静坐了一分钟;阿丽思就问问自己记得有些什么关于老鸦和书桌子的事情,她也记不出什么来。

那个帽匠先开口。他对阿丽思问道,"今天初几?"说着从袋里掏出一只表来,很着急地对它看,时时刻刻把它摇摇,放在耳朵边上听听。

阿丽思想了一想答道,"初四。"

那帽匠道,"错嘞两天啦!"他又生着气对那三月兔道,"我告愬你说黄奶油于那机器不相宜的!"

那三月兔谦虚地道,"这是顶好的奶油嘞。"

那帽匠咕叨着道,"是的,可是你一定把些面包屑也弄了进去嘞:你不应使那切面包的刀在表里上油的。"

那三月兔拿起表来对它愁愁地瞧着;他把它放他茶杯里浸了一浸,拿出来再看一看;但是他除了刚才那一句话,想不出别的好话来说,所以就再说了一声,"这是顶好的奶油嘞,你可知道?"

阿丽思从他肩膀子后头用心瞧着。她说道,"这个表倒好玩儿!它上头看得出日子,可是看不出钟点来!"

那帽匠咕叨着道,"为什么一定要有钟点?你的表会告愬你什么年吗?"

阿丽思很容易地答道,"自然不会;那可是因为我们能够许许多多时候在同一个年里不换年的缘故。"

那帽匠道，"就跟我的情形简直一样。"

阿丽思觉得这话很不明白。她觉得那帽匠那句话一点什么意思都没有，可是听又像好好的一句话。她就做着顶客气的声腔道，"我不大很懂你。"

那帽匠道，"这惰儿鼠又睡着啦，"说着就在它鼻子上倒点热茶。

那惰儿鼠不耐烦地把头摇了两下，仍旧闭着眼睛说道，"自然是的，自然是的，我刚才本来也要这样说。"

那帽匠又对阿丽思说道，"你那个谜儿猜出来没有？"

阿丽思道，"没有，我不会猜啦，你告愬嘞我罢。"

那帽匠道，"我亦不知道怎么回答。"

那三月兔道，"我亦不知道。"

阿丽思觉得厌气了。她道，"有的这样问没有答的谜儿把好好的时候糟蹋了，不如还是用它做点有用的事罢。"

那帽匠道，"你要是像我这样同时候熟，你就不会说用它嘞。时候是个他。"

阿丽思道，"我不懂你说的是什么意思。"

那帽匠很骄傲地把头一摇道，"自然你不懂！我猜你同时候连话都没说过！"

阿丽思答道，"或者没有。可是我知道我学音乐的时候要得拍时候的。"

那帽匠道，"哦，那自然嘞。你拍他打他，他还愿意吗？你要是同他交情好一点，那就你爱要钟点怎么样他就弄到怎么样。譬如到了早晨九点钟，正是要上学的时候，你只须对时候耳朵里打一句喳喳话，登时就"得勒儿"地一下，钟就转到一点半嘞。开饭的时候嘞！"

（那三月兔对自己低低地说道，"我只想现在就是吃饭的时候呀！"）

阿丽思想着说道，"那好倒是好，可是那么我还不会就饿呢，你可知道？"

那帽匠道，"或者先还不饿；可是你可以在一点半上等着，你要等多久就能等多久。"

阿丽思问道，"你自己就是用这个法子吗？"

那帽匠悲伤地摇头道，"我可不嘞！我同时候吵了嘴嘞——那正在他发疯的以前，你可知道？"——（说着拿他的茶调羹指着那三月兔）"——那回是在一个心牌皇后召集的音乐会里他们叫我唱：

汀格儿，汀格儿，小蝙蝠！
好好儿说来你何所欲！

你知道这首诗的，不是吗？"

阿丽思道，"我曾经听见过一首有点儿像这个的。"

那帽匠接着道，"底下几句是这么的，你可记得？

飞在天上那么高，
像个茶盘儿飘呀飘。
汀格儿，汀格儿——"

唱到这里那惰儿鼠把身子抖了一下，在睡梦里就尽着唱起来"汀格儿，汀格儿，汀格儿，汀格儿——"唱个不停，一直等他们掐了一下它才住口。

那帽匠道，"你想，我才不过唱完了第一首，那心牌皇后就嚷道，'他在那里把时候都唱错了，他把时候都糟蹋掉了，给我砍掉他的头！'"

阿丽思喊道，"这野蛮得好可怕！"

那帽匠愁声接着说道，"自从那时，我随便请他做什么，他都不肯，所以现在的时候总是六点钟不变。"

阿丽思听了忽然想到一个聪明的意思：她就问道，"原来这就是为什么桌上摆了这么许多件的茶具，是不是这个缘故？"

那帽匠叹道，"唉，就是这话呀：因为老是吃茶的钟点所以总归没有空收了洗了家伙再摆。"

阿丽思道，"我想你们大概是转着移动位子的，是不是？"

那帽匠道，"一点儿不错，那个位子上的茶点用完了就挪到第二个位子上去。"

阿丽思追着问道，"那么到了转回过头来，怎么呢？"

那三月兔打着呵欠插嘴道，"咱们讲点儿别的罢。这个我已经听厌啦。我投票请这位姑娘讲个故事。"

阿丽思惊忙答道，"我怕我没有故事说。"

他们都道，"那么这惰儿鼠非讲个故事不行！醒！惰儿鼠！"他们就同时在两边掐它说着。

那惰儿鼠慢慢地睁开他的眼睛。他低着声粗着嗓子说道，"你们大家说的话，我个个字都听得见的。"

那三月兔道，"讲个故事给我们！"

阿丽思也求道，"是啊，请你讲啊！"

那帽匠又加一句道，"而且要快一点儿讲，不然你没讲完，回来又睡着嘞。"

那惰儿鼠就慌忙地起头讲道，"从前有三个姊妹，她们的名字叫霭而细，腊细，和铁梨；她们住在一口井的底里——"

阿丽思问道，"她们吃什么过活呢？"（阿丽思总是喜欢问关于吃喝的问题。）

那惰儿鼠想了一两分钟答道，"她们吃糖浆。"

阿丽思柔声地说道，"这她们怎么能呢！老吃糖浆一定要病的，你可知道？"

那惰儿鼠道，"原来是的啊，她们病得很厉害。"

阿丽思在心里打闷，想这样过日子不晓得到底像什么，但是她想也想不出来，所以她又问它，"那么她们干什么住在井底里呢？"

那三月兔诚恳地道，"再多喝点儿茶罢。"

阿丽思听了不高兴，她道，"我一点儿都还没喝呢，怎么叫再多喝点儿呢？"

那帽匠道，"我想你要说的是你不能再少喝，要喝得比'没有'多是很容易的，就是要喝得比'没有'再少才难呢。"

阿丽思道，"没有人在这儿请教你的意见。"

那帽匠得意地道，"哼，你刚才说我说人失礼，现在谁在那儿说人家了？"

阿丽思不知道对答他什么话是好，所以她就用了些茶和面包，她又转过头来问那惰儿鼠道，"她们为什么住在井底下呢？"

那惰儿鼠又想了一两分钟，然后答道，"那是一口糖浆井。"

"糖浆井！天下没有这样东西的！"阿丽思说着生起气来了，那帽匠和那三月兔只说道，"别瞎说！别瞎说！"那惰儿鼠就撅着嘴道，"要是你们这样无理，那么你们自己就拿这故事去说完嘞罢！"

阿丽思求道，"不，不，请你说下去！我不再打你岔了。顶多再一回。"

那惰儿鼠怒道，"一回，可不是吗？"但是他仍旧答应接着说下去。"所以这三个小姊妹就——你知道？他们在那儿学抽——"

"她们抽什么？"阿丽思问着又忘了答应不插嘴了。

那惰儿鼠也不在意，就答道，"抽糖。"

那帽匠又插嘴道，"我要一只干净的杯子，咱们挪前一个位子罢！"

他说着就挪到前头一张椅子上，那个惰儿鼠就跟着他挪；那个三月兔挪到那惰儿鼠的位子里，阿丽思很不愿意地挪到那三月兔的位子里。挪了这一番就是那帽匠一个人得了些益处；阿丽思的地方还不如先头，因为那三月兔刚才把一个牛奶瓶打翻在他的盘子里。

阿丽思不愿意再得罪那惰儿鼠，所以她就小心地问道，"恕我不很明白。她们那抽的糖，是从哪儿来的呢？"

那帽匠道，"水井里既然有水，糖井里自然有糖——哆，这么笨！"

阿丽思故意当没听见这么了一句话，她又对那惰儿鼠问道，"但是她们自己已经在井里头嘞，怎么还抽得出来呢？"

那惰儿鼠道，"自然她们在井里头——尽尽里头。"

这句话把阿丽思越发搅糊涂了，她没法就呆呆地让那惰儿鼠说下去，不再插嘴。

"她们在那儿学抽，"那惰儿鼠越说越瞌睡，一头打呵欠，一头揉眼睛，"她们抽许多样东西——样样东西只要是'm'字声音的——"

阿丽思道，"为什么要'm'字声音呢？"

那三月兔道，"为什么不要？"

阿丽思没有话说。

那惰儿鼠这时眼睛已经闭起来快又睡着了；可是一给那帽匠掐了一下，它"哜"地一叫，又醒了过来，又接着讲道，"样样东西只要是m字声音的，譬如猫儿，明月，梦，满满儿——不说'满满儿的'吗——你可曾看见过满满儿的儿子是什么样子？"

阿丽思更被它说糊涂了，她道，"老实话，你问起我来，我倒没想到——"

那帽匠插嘴道，"既然没想到，就不该说话。"

那个无理的举动，简直受不住了：她气气地站了起来就走；那惰儿鼠登时就睡着，其余两个一个也不睬她，她倒还回头望一两回，一半还希望他们叫她回来：她最后看他们一眼的时候，他们正在把那惰儿鼠装在茶壶里。

阿丽思走上树林子里的路上，对自己说道，"无论怎么，那个地方，我再也不去嘞！我生平从来没有到过这么呆的茶会嘞！"

她正说着，看见有一棵树上有一扇门开着可以走进树里去。她想道，"这真奇怪！可是今儿样样事情都是奇怪的。我想我索性进去就是。"她就走进树门。

一下子她又在那间大厅里，站在那张玻璃桌子旁边了。她对自己说道，"哈，这一回我得要好好儿地来啦。"她就取了那把金钥匙，用它把那花园的门开了开来，然后她又咬了一点右手里的蘑菇（她留了一块在她右衣袋里）使她缩到差不多一尺高；然后走进那小道；然后才到底进了那美丽的花园里，走进鲜花和清泉的当中。

第八章　皇后的槌球场

靠近那花园的门口有一大棵玫瑰：上头的玫瑰花都是白的，可是有三个花匠在那里很忙地用颜色涂红它们。阿丽思想这是很怪的事情，她就走近些去瞧他们，她刚到那里，听见他们有一个道，"你小心着，五牌！别这样拿颜色泼得我一身！"

五牌撅嘴道，"那是我没法子的。因为七牌碰了我的胳巴肘子。"

七牌听了抬头道，"可不是吗，五牌！总是拿错处推在人家身上！"

五牌道，"你还是别说话罢！我昨天还听见皇后说你应该杀头的！"

那第一个说话的问道，"为着什么？"

七牌道，"这不是你管的闲事，二牌！"

五牌道，"这是他的事情！让我来告愬他——是因为把山慈菇花的根当葱头给了厨子的罪。"

七牌把刷子向地下一摔，怒道，"你瞧，天下最不公道的事情，哪儿有——"正说着，他碰巧看见阿丽思瞅着他们，他马上就住了口：其余的也回过头来看，他们大家都低低地鞠躬。

阿丽思有一点担心地问道，"请问你们啊，你们为什么把这些玫瑰花都涂起来？"

五牌和七牌不做声，只对着二牌看。二牌就低声说道，"唉！你瞧，小姐，这儿这个本来应该是一棵红玫瑰的树，我们弄错啦，栽了一棵白的。要是皇后知道嘞，那我们的头一个一个都要给砍掉，你可知道。所以，你看，小姐，我们在她没有来的时候，尽力地来把它——"说的时候五牌方才在那里很着急地对花园的远处望，忽然失声地嚷道，"皇后来啦！皇后来啦！"那三个花匠登时就趴下来脸朝地躺下。一会儿就来了许多脚步的声音，阿丽思就四面张望，很想看看那皇后是什么样子。

先有十个兵拿着棍子；他们的身体的样子像那些花匠的一样；长方的，扁的，手脚都在角上。随后来了十个朝臣；他们浑身都带着金钢钻，一对一对地，像那些兵一样地走。这个后头就是小亲王们和公主们；共总有十位，他们也是一对一对地手搀着手很快活地跳着走；他们身上带的装饰都是心。随后就是许多客人，多数都是些皇帝和皇后，阿丽思在客人里认出来那白兔子也在里头：它说话很快，好像心慌的样子，人家对它说话，它只会笑着，它走过了阿丽思，并没有认出她来。

再后头就是心牌戛客，捧着皇帝的冕，垫在一个深红绒垫上；这一出大会的末了来的就是心牌的皇帝陛下和皇后陛下。

阿丽思不晓得自己是不是也应该像那三个花匠似的趴下来脸朝下躺着，她记得从来没听见过看出会的时候有这么一条规矩；而且她想道，"要是个个人都得要脸朝地趴着，看不见出会，那么出会有什么用处呢？"所以她决定还是站着等。

到了大家走过阿丽思跟前，他们大家都停下来瞧着她，那皇后厉声地问道，"这是谁？"她这句话是对着心牌戛客问的，可是他只会笑着鞠躬。

那皇后不耐烦道，"你这笨东西！"又转过头来问阿丽思道，"你叫什么，小孩子？"

阿丽思很恭敬地道，"陛下万福，我叫阿丽思；"但是她自己又想道，"哆！他们还不都是一付纸牌，我怕他们干什么？"

那皇后又指着在玫瑰树周躺着的那三个花匠道，"这些是谁？"你想，因为他们都是脸朝地睡，而且他们背上的花样同那一付牌里的别的牌的都是一样的，所以她一点看不出他们还是花匠，还是兵，还是朝臣，还是她自己的三个小孩子。

阿丽思胆大了一点了，直答道，"我怎么知道，这不是我的事。"

那皇后听了气得脸都胀得通红，她像个野兽似的对着阿丽思瞪了一瞪眼睛，尖着嗓叫道，"砍掉她的头！砍——"

阿丽思很响很镇定地道，"瞎说，"那皇后就不做声了。

那皇帝拿手扶着皇后的胳巴，轻轻地说道，"我爱，你想想，她不过是个小孩子！"

那皇后气气地扭过去不理他，对那戛客说道，"把他们翻过来！"

那戛客就很小心地拿脚翻了他们过来。

那皇后又尖又响地嚷道,"起来!"那三个花匠登时就跳了起来,就对着皇帝,皇后,亲王,公主,逢人便鞠躬。

那皇后又嚷道,"马上给我停止鞠躬!你们鞠得我头眩。"她回头对那棵玫瑰对看着说道,"你们在这儿干的些什么?"

二牌连忙跪下来很谦卑地禀道,"陛下万岁,我们正在这儿想法子把——"

"噢,我懂!"(那皇后刚才细看看那些花,看出他们的把戏了,)"砍掉他们的头!"说完了大家都往前走,就留下来三个兵去杀三个不幸的花匠。那些花匠就跑到阿丽思跟前求她保护。

阿丽思道,"你们不会被杀掉的!"说着她就把他们放在旁边一个大花盆里。那三个兵四面找他们,找了一两分钟找不着,也跟着其余的走去了。

那皇后嚷道,"他们的头掉嘞吗?"

那三个兵也嚷着回道,"陛下万岁,头都已经掉了!"

那皇后道,"那很好!你会玩槌球吗?"

那些兵不做声,因为这句显然是问阿丽思的,他们就对着阿丽思瞧。阿丽思道,"我会!"

那皇后就大声嚷道,"那么就跟我来!"阿丽思就也跟着大家走。不晓得等一会儿再碰见什么事情。

她旁边有一个很小的声气道,"这个——这个天气很好!"她回头一看,看见就是那白兔子,对着她脸上瞅。

阿丽思答道,"很好!那公爵夫人呢?"

那兔子连忙低声道,"别响!别响!"他说着回头瞧瞧,然后跐起脚来,拿嘴凑在她耳朵边喳喳地说道,"她定了死罪嘞。"

阿丽思道,"为了什么?"

那兔子道,"什么?你说她'可惜'啊?"

阿丽思道,"没有,我没说,我想她死了一点儿没有什么可惜。我问'为了什么?'"

那兔子说道,"因为她打了皇后的耳光——"阿丽思听了"哧"地一笑。那兔子害怕地止住她道,"嘿,别笑得这么响。回来给皇后听见嘞!你想,那公爵夫人来晚嘞,皇后就说——"

说时那皇后大声如雷地嚷道,"大家都占好了位置。"他们就东窜西跑地找地方,你摔在我身上,我摔在你身上;闹了一两分钟大家才定下来,起首玩球。阿丽思觉得她生平从来没有见过这么古怪的球场;地面上高高低低地像新榜出来的田似的;用的球都是些活刺猬,用的槌棒是活的红鹭鹚,那些兵就弯着腰手和脚都撑在地上做球门。

阿丽思最困难的地方是怎么样收拾那红鹭鹚:她想法子先把它的身体舒舒服服地夹在她膀子底下,让它的腿在底下挂着,可是她才把它的长脖子理直了正要拿它的头对着一个刺猬打一下,那鹭鹚又偏偏把脖子扭过来对着阿丽思瞪着眼睛傻望,使得阿丽思不禁地笑出来:回来等到阿丽思把它的头又按了下去,正要再试一下的时候,那刺猬又打了一个滚,正要趴到别处去;不但如此,而且阿丽思看见从一个刺猬的地方打到一个门的地方,当中总有几道土堆和土沟挡着,那些做门的兵又时时站站不耐烦了,起来走到别处去。所以不久阿丽思就看出来这真是一个很难的游戏。

那些打球的人也不论次序,大家同时乱打,不是相骂,就是抢刺猬;一会儿工夫那皇后就大发起脾气来了。差不多每分钟总是跺着脚嚷一回,"砍掉他的头!"或是"砍掉她的头!"

阿丽思觉得也很担心起来了:她同皇后固然还没吵过嘴,但是她知道不久总免不了的,她想,"到那时怎么好呢?他们这儿喜欢杀人得可怕;顶古怪的是怎么还有人剩下来活着!"

她想找一条出路，乘人不在意的时候逃走，她忽然在空中看见一个怪现形：她先一点也看不出是什么。看了一两分钟再看出来是一个笑脸，她就对自己说道，"这是那歙县猫：现在我有'人'说话啦。"

那猫一到它的嘴现够了，它就说道，"你过得怎么啦？"

阿丽思等了一会儿，等到它的眼睛也现出来了，她就对它点点头。她想道，"我对它说话，它要是没有耳朵有什么用？至少总要等它现出一只耳朵再说话。"再过了一分钟全头都现出来了，阿丽思就把她的红鹭鹚放下来，对那猫讲这球戏的情形，觉得有人听她说话，她很高兴。那猫似乎以为它现出来的部分已经够做谈话用了，所以也不再多现出来了。

阿丽思埋怨着说道，"我看他们玩得一点儿都不公道，他们老吵嘴，吵得那么响，连自己的说话都听不见——而且他们似乎没有什么一定的规矩，就是有了，也没有人守它——你再也想不到这样样东西都是活的那么麻烦；譬如我下次过去的时候应该要打进场那边的一个球门——刚才我本来应该打得到皇后的刺猬的，可是它看见了我的刺猬来嘞，它就跑开嘞！"

那猫低声道，"你觉得那皇后怎么样？"

阿丽思道，"一点儿都不喜欢她；她非常地——"刚说到这里她偷看见那皇后在她后头听着，她就改口接下去，"会赢，所以我不值得再打，打到完也还是一定输的。"

那皇后笑了一笑，走了过去。

那皇帝走到阿丽思跟前说道，"你这算同谁说话呀？"他说着对着那猫头看得很诧异。

阿丽思道，"这是我的一个朋友，是个歙县猫。让我来介绍——"

那皇帝道，"我一点也不喜欢它那样子。不过，要是它高兴，可以准它在我手背上接吻。"

那猫道，"我情愿不要。"

那皇帝道，"别这样无理，你别这样对着我看！"那皇帝说着躲到阿丽思身后头。

阿丽思道，"猫也能看皇帝，这句话我在书里念过的，不记得在哪一本书嘞。"

那皇帝决意地道，"那么，这个一定要去掉。"那皇后刚刚走过来，他就对她说道,"我爱!我愿你叫他们把这猫去掉嘞!"

那皇后遇着大大小小的无论什么问题,只有一个解决的法子。她看也不看,就嚷道,"去掉他的头!"

那皇帝很殷勤地说道,"好,我自己去找刽子手来。"他就走去了。

阿丽思想想还是去看看那槌球玩得怎么了。她听见远处皇后又大发脾气大嚷。玩槌球人当中已经有了三个人因为轮到了忘记打,被皇后定了杀罪。所以她一点也不喜欢看这种情形,因为大家闹得那么乱,阿丽思再也看不出来是不是轮到她打。她就走开了去找她的刺猬。

她的刺猬正同别的一个刺猬揪在一块儿打架,这倒是个好机会可以两个球一同打;可是所缺的就是她的红鹭鹚又跑到园的那一边,正在那里想飞上树去,飞飞也飞不上。

等到她跑过去把它逮了回来,那两个刺猬的架也打完了,也不晓得跑到哪里去了。阿丽思想道,"这也不大要紧,这边儿的球门早已跑开嘞,就是有了球也没有用。"所以她就把它夹在膀子底下,不让它再跑掉,又回去找她的朋友说话。

她走回到那歙县猫的时候,她倒没料到那里围着一大群人,那个刽子手和皇帝和皇后三个在那里争辩,其余的都呆听着,觉得很不安的样子。他们三个就同时地说话,只顾自己说,不听人家。

阿丽思一到场,他们三个就同时请她做公证人来解决他们的问题,他们把他们的理由都再说给阿丽思听,可是他们都是同时对她说话,所以很不容易听出他们说的些什么。

那个刽子手的理由是说,要是没有个身子可以把头从它上杀下来的,那就无头可杀:说他向来从没有做过这样的事情,他到他这样年纪再也不肯来试这新花样。

那皇帝的理由是说凡是有头的东西总是有头可杀,就是你们不许说糊涂话。

那皇后的理由是说要不在立刻的以前就连忙想出法子来，就要把个个人一转过来都杀掉。（大家都那么担心害怕，就是因为着这么了一句话。）

阿丽思想不出别的话来，只说道，"这猫是公爵夫人的，你们还问问她看怎么样罢。"

那皇后对刽子手道，"她在监狱里，你把她带来。"那刽子手就像箭似的跑了去。

他一去那猫头的样子就慢慢地淡了下去，等到他把那公爵夫人带了回来，它已经全没有了；那皇帝和那刽子手就疯地跑上跑下地找它，可是其余的都回到玩球的地方了。

第九章　素甲鱼的苦衷

那公爵夫人道，"你再也想不到我看见你多高兴呀，你这可爱的老朋友！"她说着就把她的膀子塞在阿丽思的手里头，搀着她一阵走。

阿丽思看见她现在这么和气，倒也喜欢，她自己想她在那厨房里看见她那么野蛮，或者是被些胡椒面儿刺激出来的。

她对自己说道，"要是我做了公爵夫人"（说着又有点不愿意的腔调）"我的厨房里一点儿胡椒都不要。汤里没有胡椒也很可以喝得——也许人家性急都是因为吃胡椒的缘故。"她说着觉得发明了一个新理，很高兴，她就接下去道，"心酸大概是喝了酸梅汤的缘故——命苦大概是吃了黄连的缘故——还有——还有小孩儿的脾气甜甜的，大概是吃了大麦糖那些东西的缘故。我盼望他们那些大人都懂这个理：那么他们就不会那么舍不得给人家糖吃嘞，你想呢——"

她想着把那公爵夫人都忘记了，听见她在旁边说话，倒吓了一跳。她道，"我爱，你在那儿想心事，所以连说话都忘嘞，我记不得这个里头可以说，'于此可见'有一句什么教训话，等一会儿我总会想起来。"

阿丽思道，"也许这里个没有含什么教训的话呢？"

那公爵夫人道，"小孩子瞎说！你只要会找，无论什么里头都含着有一句'于此可见'的教训话。"她说着就挤着阿丽思更近一点。

阿丽思不大喜欢她挨着她那么近：第一层，因为那公爵夫人长得非常难看；第二层，因为她的高矮恰恰好把她的下巴搁到阿丽思肩膀子上，弄到她骨头里都疼得难受。但是她不愿意对她不恭敬，所以勉强忍住，她应酬着说道，"现在这槌球玩得稍微顺手一点嘞。"

那公爵夫人答道，"是啊。于此可见——'世界上事情的所以能行，是爱情的功用啊，是爱情的功用啊！'"

阿丽思低声道，"有人说世界上事情能行是'各人自扫门前雪'的功用。"

那公爵夫人道，"啊，是啊！这就是那一样的意思，"又把她那个尖下巴在

阿丽思的嫩肩膀子上钻一下说道,"于此可见——说话总要'不以字达辞,不以辞达意。'"

阿丽思自己想道。"这个人真爱引用'于此可见''于此可见'。"

那公爵夫人停了一下又说道,"我猜你一定在那儿想我为什么拿胳巴抱着你的腰。我是因为有点疑惑你那个红鹭鹚的脾气。让我来试验一下,好罢?"

阿丽思一点不在乎作这个试验。她小心地答道,"他许会咬疼你的。"

那公爵夫人道,"这很不错:红鹭鹚和芥末一样,都会咬疼人的。于此可见——'近猪者黑,近麦者白。'"

阿丽思道,"可是芥末不是个动物,怎么同鹭鹚比呢?"

那公爵夫人道,"又对啦,你说话真说得好明白!"

阿丽思道,"我想它是一种矿物。"

那公爵夫人似乎任阿丽思说什么,她总以为然的,她道,"自然是个矿物。这儿近处有一个芥末矿。于此可见——'所旷愈多,所学愈少。'"

阿丽思没有听见末了一句话,她嚷道,"噢,我知道啦!芥末是一个植物,它样儿是不像,但是它实在是植物。"

那公爵夫人道,"你的意见不错,于此可见——'画兔画须难画耳,知人知面不知心'——或者简单些说就是——'再不要以为你自己不是对于别人所见的以为你从前的情形或是你不然也许会有过的情形相差的不是对于你所做过的对于他们似乎不同的样子。'"

阿丽思很客气地道,"我想你要是把它写下来,或者我会懂一点儿;像你那样说,我一点儿也听不懂。"

那公爵夫人得意地答道,"这算得什么?我要高兴起来,还能说得更——"

阿丽思急忙答道,"请不用费心说得比这个再长啦。"

那公爵夫人道,"乜!不必提什么'费心!'我一向说的话都白送给你。"

阿丽思想道,"这样送礼倒便宜！幸亏他们送生日礼不都是这样送法的,"但是她没有敢把这句说响出来。

那公爵夫人问道,"又在那儿想什么啦?"说着又拿她的尖下巴在她肩膀子上钻一下。

阿丽思觉得有点不耐烦起来了,她就回嘴道,"我有我思想的自由。"

那公爵夫人道,"犹之乎猪有飞的自由一样；于此可——"

说到这里,阿丽思不懂为什么那公爵夫人的声音在句子的半当中就消灭了,他膀子底下搀住的那个膀子也抖了起来了。阿丽思抬头一看,那里站在她们前头就是那位皇后,抄着手,皱着眉头,像雷雨风暴的样子似的。

那公爵夫人低声弱气地开口道,"今天天气很好,陛下！"

那皇后跺着脚嚷道,"你听着,我预先通知你。现在不是你去,就是你的头得去,而且不到立刻以前就给我实行！你两样拣一样罢！"

那公爵夫人拣了第一样,登时就去了。

那皇后对阿丽思道,"咱们接下去玩球罢。"阿丽思吓得一个字也说不出来,就慢慢地跟着她回到那球场里去。

其余的客人就利用皇后到别处去的时候到树荫底下歇歇,但是他们一看见她来,就连忙跑回球场里去,那皇后只告愬他们再迟一片刻他们的性命就难保。

她们玩球的时候,那皇后总是不住嘴地同他们吵嘴,不是嚷,"砍掉他的头！"就是嚷,"砍掉她的头！"定了死罪的人就交给兵拘禁起来,这兵就得要走开,不能再做球门,所以过了差不多半点钟,一个球门也没有得剩下来了,那些玩球的人说是除了那皇帝,皇后,和阿丽思以外其余的都定了死罪拘禁起来了。

那皇后也就停了下来,气喘喘地对阿丽思道,"你看见素甲鱼没有?"

阿丽思道,"没有,我连知道都不知道素甲鱼是件什么东西。"

那皇后道,"那就是用来做素甲鱼汤的鱼。"

阿丽思道"我从没看见过也没听见过这样东西。"

那皇后道,"那么就跟我来,叫他来告愬你他的故事。"

她们一同走去的时候,阿丽思听见背后那皇帝对大家低声地说道,"你们都赦嘞!"阿丽思想道,"好,这倒是个好事情！"因为她看见那么些人被那皇后定了死罪,心上很不好受。

她们俩一会儿就走到一个骨敕凤的跟前,它在太阳里熟睡着。你要是不知道骨敕凤是什么，看这页的画便知。那皇后道，"起来，你这懒东西，领这位姑娘去看素甲鱼，听他的故事。我得要回去监督他们杀人去，"说着她就走了去，留着阿丽思一个人同那骨敕凤在那里。阿丽思不大喜欢那个畜牲的样子，但是比较起来，有得去追那野蛮的皇后，还不如就同那东西在一块儿。所以她就等着。

那骨敕凤坐了起来，把眼睛搓了一搓；对着那皇后瞧，一直到她走到看不见；它就自己格格地笑起来。它一半对自己一半对阿丽思道，"这才好玩呢！"

阿丽思道，"什么东西好玩儿？"

那骨敕凤道，"哼，她——她自己在那儿做梦，那些事情：你知道，他们从来没真杀过人。咱们来罢！"

阿丽思跟着它走，一头想道，"这儿大家都喜欢说，'来罢！'我一辈子从来没有过像这样地被人家差来差去的，从来没有过！"

他们走了不多路就看远处那个素甲鱼，很悲伤很孤凄地坐在一个小石崖上；他们走近了一点，阿丽思都听得见他叹气，叹到肠子都要断似的，她很可怜他。她问那骨敕凤道，"他为了什么事情那么苦啊？"那骨敕凤就好像背它刚才说的一样似的答道，"他自己在那儿做梦，那些忧愁：你知道，他从来没有过真忧愁的。咱们来罢！"

所以他们走到那素甲鱼跟前。那素甲鱼睁着泪汪汪的眼睛瞧他们，也不说话。

那骨敕凤道，"这儿小姐，她要为知道你的历史，她是要！"

那素甲鱼很粗着嗓子像闷着气地道，"我来告愬她，坐下来，你们俩都坐，不等到我说完了别做声。"

她就坐下来，等了好几分钟也没有人说话。阿丽思对自己想道，"他这样总不起头说,我倒不懂几时才会说得完呢?"但是她还耐心地等着。

到了后来,那素甲鱼长叹道,"唉,想当初,我还是一个真的荤甲鱼呀!"

这两句说完了又是半天不响,只听见有时候那骨敕凤"嗝儿!嗝儿"地打冷嗝,和那素甲鱼不停地哭泣。阿丽思几几乎要站起来说,"先生,多谢您讲您的有趣的故事,"但是她觉得一定不会底下一点别的都没有的,所以她还是静坐着。

又等了一大会儿,那素甲鱼稍微镇定一点,但是哭也还有时候唏唏嘘嘘地哭。他接着道,"我们小的时候到海里去进学堂。我们的先生是一个老甲鱼——我们总叫他老忘。"

阿丽思问道,"他是个什么王,你们会叫他老王呢?"

那素甲鱼怒道,"我们管这老甲鱼叫老忘,因为他老忘记了教我们的工课。你怎么这么笨?"

那骨敕凤也顺着说道,"你问到这么傻的话,羞也不怕的?"说着就和那素甲鱼静坐着瞅着阿丽思,使得她觉得恨不得钻到地底下去。到后来那骨敕凤对那素甲鱼道,"说下去啊,伙计!别整天整夜地想啊!"他就接着说:

"是啊,我们到海里去进学堂,虽然你也许不信有这事,但是——"

阿丽思插嘴道,"我又没说我不信你!"

那素甲鱼道,"你说的。"

阿丽思还没来得及回答,那骨敕凤就对她道,"你别多嘴啦!"那素甲鱼接着说下去:

"我们受的是最好的教育——真的,我们天天都有课的——"

阿丽思道,"我也曾经天天上过学堂,你也用不着那样希奇。"

那素甲鱼急问道,"有另加的选科吗?"

阿丽思答道,"有,我们学法文和音乐。"

那素甲鱼道,"还有学洗衣吗?"

阿丽思生气道,"自然没有!"

那素甲鱼得意地道,"啊!那么你那个并不是一个好学堂。在我们的学堂里,在账单的末了儿总写着'法文,音乐,还有洗衣——在外。'"

阿丽思道,"你们都住在海底里大概不大用得着洗衣裳罢?"

那素甲鱼道,"唉,我实在是学不起。我就只有力量学了普通科。"

阿丽思道,"那里头有什么呢?"

那素甲鱼答道,"'练浮'和'泻滞';此外就是各门的算术——'夹术','钳术','沉术'和'丑术'。"

阿丽思就造次地问道,"我从没听见过'丑术。'那是什么呢?"

那骨敕凤举起两只爪子惊奇道,"从来没听见过'丑术'!你大概知道'美术'是什么,我想?"

阿丽思犹豫地道,"我知道,就是使得东西——变成——好看的法子。"

那骨敕凤接着道,"好,那么,你要是不懂'丑术'是什么,你一定是傻子。"

阿丽思觉得那骨敕凤不喜欢她再追问,所以她就回头问那素甲鱼道,"你们还得要学什么呢?"

那素甲鱼屈爪数着道,"还有就是'里湿''上骨里湿','中骨里湿',和'边骨里湿',这是同'底里'一块儿学的;还有就是'涂化',那个涂化先生是一个墨鱼,每礼拜来一回;他教我们'尖鼻化','水菜化'和'油化'。"

阿丽思道,"这是什么呢?"

那素甲鱼道,"唉,可惜我不能做给你看。我的唇边里的油不够。我个骨敕凤也从没有学会。"

那骨敕凤道,"是因为没有工夫,我请的倒是个有点古风的先生。他是一个老螃蟹,他真是个螃蟹。"

那素甲鱼道,"唉,我从不去找他教的,人家总说他教的是腊钉和稀腊。"

那骨敕凤道,"唉,是啊,是啊!"他说着就和那素甲鱼同时把爪子捧着脸。

阿丽思连忙想别的话来打岔道,"那么你们一天上多少课呢?"

那素甲鱼道,"是啊!是有多少。头一天十个钟头,第二天九个钟头,第三天八个钟头,是这么样下去的。"

阿丽思道,"这倒是好古怪的法子!"

那骨敕凤说道,"所以人家才说工课有'多少'啊。因为是先多后少的。"

这倒是阿丽思从没想到的新意思。她想了一会儿再说道,"那么第十一天一定放假嘚?"

那素甲鱼道,"自然是的咯。"

阿丽思就追着问道,"那么你们到了第十二天怎么办法呢?"

那骨敕凤就很决意地道,"我想现在说工课说够嘚,对她讲点游戏罢?"

第十章　龙虾的跳舞

那素甲鱼又长叹了一阵子，拿他的爪子背抹着他的眼睛。他瞧瞧阿丽思，想要说话似的，可是过了一两分钟，他哭得一个字也说不出来。那骨敕凤道，"就同他骨头卡在嗓子里一样。"说着他就把那素甲鱼的身子摇晃摇晃，在他背心上捶两捶。过了好一会儿，那素甲鱼的嗓子回复过来了，他就还是眼泪直流地说道，"你没有在海底里住过多少罢？"——（阿丽思道，"我没有"）——"或者你甚至没有介绍给一个龙虾过"——（阿丽思几乎说出来，"我曾经尝过——"可是她连忙自己止住，就回了一声，"没有，从没有过，"）——"所以你再也想不到一个龙虾跳舞有多么好玩！"

阿丽思道，"是吗？这是什么的跳舞呢？"

那骨敕凤道，"是这样的？你们先在海边上站齐了成个'一'字。——"

那素甲鱼嚷道，"排个'二'字！还有海獭，海豹，甲鱼，鲑鱼，什么的呢；回来你还得要把所有的海蜇赶开了让我们地方。——"

那骨敕凤插嘴道，"这个平常总要好一大些时候才赶得清。"

那素甲鱼接着说，"往前进两回——"

那骨敕凤嚷道，"各人搀着一个龙虾做舞伴！"

那素甲鱼道，"那自然。往前进两回，同舞伴定脚步——"

那骨敕凤就接下去道，"交换龙虾，照一样的次序退回原位。"

那素甲鱼接着说道，"你知道，到这时候你就对着海里头尽力地扔那些——"

那骨敕凤就起来接着上句嚷道，"龙虾！"

"扔得远远的——"

那骨敕凤又尖声叫道，"浮水出去逮它们！"

那素甲鱼狂跳着嚷道，"在海里翻一个斤斗！"

那骨敕凤叫道，"再交换龙虾！"

那素甲鱼道,"回上岸来,"又忽然低下声音来道,"这就是这个跳舞的第一出;"说完了这两个方才一直像疯子似的狂跳的畜牲;又很忧愁地静坐下来,对着阿丽思瞧。

阿丽思胆小地说道,"这一定是个很雅致的跳舞。"

那素甲鱼道,"你喜欢看一点儿吗?"

阿丽思道,"是,很想。"

那素甲鱼对那骨救凤道,"来,咱们来试试那第一出!咱们就是没有那些龙虾也能行的,你知道。咱们谁唱呢?"

那骨救凤道,"唉!你唱,我把字都忘记啦。"

他们俩就正正经经地围着阿丽思跳舞,时时刻刻走得太近了就跐到她的脚趾头,一头跳着,就一头拿爪子拍板,同时那素甲鱼就很慢很愁地唱道,

  黄蟹对着蜗牛说,"赶快走!
  有个鲤鱼追着来,咬我手。
  看那些龙虾甲鱼大家活泼鲜跳地一齐到,
  排列在沙滩等你到了一齐跳?
  问你来吗,来罢,来吗,来罢,来吗一齐跳。
  劝你来吗,来罢,来吗,来罢,来罢一齐跳!

  等到他们送龙虾,咱们退,
  退不及就送出洋,也有味。"
  但是那蜗牛斜眼答道,"太远!太远!跑不动。"
  谢了那黄蟹,只得怨恨自己不中用。
  自己不能,不肯,不能,不肯,不能动。

所以不能，不肯，不能，不肯，不肯动。

他的黄壳朋友道，"别怕远。
你不知道路过半，就觉短？
离开了英国海岸法国就一哩一哩地望着到——
那么你何必灰心，蜗牛，还是跟来一齐跳。
问你来吗，来罢，来吗，来罢，来吗一齐跳？
劝你来吗，来罢，来吗，来罢，来罢一齐跳！"

　　阿丽思道，"这个跳舞看看真有趣儿，"（其实她很愿意他们已经跳完了。）"而且那首黄蟹的歌儿唱得真好玩儿！"
　　那素甲鱼道，"说起那黄蟹，它们——你看总看见过的，不是吗？"
　　阿丽思道，"看见过，我常看见过它们在大海碗——"她连忙止住嘴。
　　那素甲鱼道，"我不知道大海湾是什么地方，不过你既然常看见它们，你自然一定知道它们是什么样子。"
　　阿丽思想着道，"我想我记得它们的尾巴差不多弯到嘴里——而且它们浑身都带着生姜末。"
　　那素甲鱼道，"你说那生姜末都不对啦，你想在海里头要是在它们那么光滑的背上放了生姜末还不都给浪头冲掉嘞吗？不，它们的尾巴在嘴底下是有这事的；这是因为——"说着那素甲鱼打了一个呵欠，闭了眼睛，对那骨救凤说道，"你去告愬她为什么原因罢！"
　　那骨救凤就道，"那都是因为它们总是要跟那些龙虾一齐跳舞。所以它们也被人家丢在海里去。所以它们得要掉得很远。所以它们把尾巴都压在嘴底下。所以它们的尾巴从此就伸不直了。就是这个原因。"
　　阿丽思道，"多谢你。这个真有意思。我从前从没知道这么些黄蟹的事情。"
　　那骨救凤道，"要是你喜欢听，我还能告愬你别的呢。你知道不知道它为什么叫黄蟹？"
　　阿丽思道，"我倒从没有想到过。是为什么呢？"
　　那骨救凤很恭而敬之地答道，"因为它能用来刷鞋。"
　　阿丽思简直被他说糊涂了。她就莫明其妙地顺着说道，"能用来刷鞋！"

那骨敕凤道,"我问你,你的鞋怎么会亮的,你使什么叫它发亮的?"

阿丽思低头瞧瞧她的鞋,又想了一会儿再答道,"我想这是用黑鞋油擦的。"

那骨敕凤就用着深沉的声气道,"谁听见过黑蟹油,在海底里的鞋都是用黄蟹油刷的。现在你知道了罢?"

阿丽思就追着问道,"那是用什么做的呢?"

那骨敕凤有点不耐烦地答道,"自然是蟹黄和蟹油咯!这个随便哪个小蟹儿都会告愬你的。"

阿丽思心上还惦记着那首歌。她说道,"要是我做了那黄蟹,我就会对了那鲤鱼说,'请你留在后头;我们不要你跟我们来!'"

那素甲鱼道,"它们不能不让它们跟来的。凡是有点见识的黄蟹,不会没有鲤鱼就到那儿去的。"

阿丽思听了非常诧异道,"真的没有鲤鱼就不走吗?"

那素甲鱼道,"自然不会走。你想,假如有个黄蟹来找我,对我说它要旅行上哪儿去,我第一句就要问它,'你有什么鲤鱼?'"

阿丽思道,"你要说的不是理由吗?"

那素甲鱼有点生气道,"我本来说的就是么!"那骨敕凤连下去道,"来,让我们听听你的游历。"

阿丽思有点踌躇地道,"要告愬你们我的游历,我只能打今儿早晨说起;可是我不能讲以前的事情,因为昨天我不是我,我是个别人。"

那素甲鱼道,"你这个得要解释解释明白。"

那骨敕凤等不及地道,"不要,不要,先讲游历。解释总要费掉那么许多时候。"

所以阿丽思就告愬它们自从看见那白兔子时候起的经验。她起初还觉有点不好意思,因为那两个畜牲一边一个地挨着她那么近,把眼睛和嘴都张得那么开。但是到后来她慢慢地胆大了些了。它们俩听的一点声也不做,一直听到她对那毛毛虫背,"威廉师傅你这么老,"背得一个字都不对的时候,那素甲鱼就缩了一长口气说道,"这真古怪。"

那骨敕凤道,"这真古怪得不能再古怪嘞。"

那素甲鱼一头想着又说道,"背得一个字都不对!我倒喜欢再叫她背点什么来听听看。叫她背!"说着就瞧那骨敕凤一眼,好像以为它有使唤阿丽思的权柄似的。

那骨敕凤就说道,"站起来背'听见懒子在那儿说。'"

阿丽思想道,"这些畜牲真喜欢使唤人家,老叫人家背书!我就算马上就上了学堂,也不过这样儿。"但是她仍旧站了起来背,可是她脑子里想来想去尽是些龙虾跳舞歌,弄得她自己也不晓得背出来些什么,那些字背出来都是很古怪的:

"听见龙虾在那儿说,
'你们把我炒得面红耳热嗓子渴。
给我喝点糖醋汤,
我的头发就能刷得光。'

捆上腰带扣上纽,
拿他鼻子就把脚尖朝外顶着走,
犹如鸭子眼睛皮,
能把爪甲修得一样齐。"

那骨敕凤道,"这个同我小时候听见的两样的。"

那素甲鱼道,"我听是一点没听见过,不过我觉得那些话一点儿都不通。"

阿丽思没有说话;她坐了下来把手捂住了脸,心上想不晓得几时会再有日子事情同平常一样了。

那素甲鱼道,"我愿意你把那诗解释解释。"

那骨敕凤连忙道,"她不会解释。接下去背下一首罢。"但是那素甲鱼仍旧固执地问道,"他那脚尖儿是怎么的呢?我倒要问你他怎么能拿鼻子顶到脚尖儿上呢?"

阿丽思道,"脚尖朝外是跳舞的第一步的姿势。"但是她自己也觉得一点儿都不明白那些瞎说的话。她盼望还是换点别的话来谈罢。

那骨敕凤又急着催道,"接下去背底下的,头一句是'走过他家花园门。'"

阿丽思虽然明明知道背出来一定又是都错的,但是她不敢违拗,她就抖着声音背：

　　"走过他家花园儿门，
　　我就睁着左眼往里瞧有什么人。
　　看见一匹鹰头猫，
　　同个蛤蛎在那儿分肉包。"

　　那素甲鱼插嘴道，"背这些呜哩八怪的不通的东西干嘛？你又不一头背一头解释你的意思给我听。在我所听见过的东西，再没有像这么样不通嘞！"

　　那骨敕凤也道，"不错，我也以为你是不用背罢。"（阿丽思本来巴不得他们让她不背。）

　　那骨敕凤又道，"咱们再来一出龙虾跳舞，好吗？不然，就请素甲鱼再唱个唱儿给你听，还是怎么样？"

　　阿丽思热心地道，"那么，要是承素甲鱼的好意，就请他再来一个歌儿罢。"阿丽思说得这么在乎的神气，使得那骨敕凤有点看不起她的审美的气味。他道，"哼！天下人各种各样的嗜好的古怪，没有人会料得到的！伙计，你给她唱一个'甲鱼汤'好罢？"

　　那素甲鱼长叹了一声，就一半呜呜咽咽地唱这个：

　　"体面汤，浓又黄，
　　盛在锅里不会凉！
　　说什么山珍海味，哪儿有这么样儿香。
　　半夜起来喝面汤，体面汤！
　　半夜起来喝面汤，体面汤！
　　　涕渍糜餍汤！
　　　涕渍糜餍汤！
　　半夜起来喝面汤，体面汤！
　　　涕滴涂卤汤！

　　体面汤，黄又烫，
　　鱼翅燕窝比不上！

谁不肯为了这味儿弄到破家荡——
破家荡产叫碗汤,俩子儿汤!("子儿"就是铜元。)
破家荡产俩子儿汤,体面汤!
　涕洟縻屪汤!
　涕洟縻屪汤!
天亮起来喝面汤,体面汤!
　啼哩吐噜唏哩呼噜汤!"

那骨敕凤嚷道,"再唱一遍尾声!"那素甲鱼刚要起头,忽然听见远处来一声"开审判啦,案子要开审啦!"

那骨敕凤道,"来罢!"说着就拉了阿丽思的手不等那素甲鱼唱完就走。

阿丽思跑得气喘吁吁地问道,"审什么案子啊?"但是那骨敕凤只答一句"快来!"跑得更快一点,只听见后头跟来的轻风里送来的越听越远的:

"半夜起来喝面汤,体面汤!
半夜起来喝面汤,体面汤!
　涕洟縻屪汤!
　涕洟縻屪汤!"

第十一章　饼是谁偷的？

　　他们到了场就看见心牌皇帝和皇后已经坐在宝座上，公堂里聚了不少陪审的，参观的等类——里头有各式各样的小鸟和畜牲，还有一全付纸牌；那个戛客站在他们前头，带着链条，一边站着一个兵看着他；在那皇帝的旁边就是那白兔子，一只手里拿着一管铜喇叭，一只手里拿着一卷羊皮纸的文件。在公堂的正中有一张桌子，上头摆一大盘的饼：做得那么好看，阿丽思看了都饿起来了。她想道，"他们还不把这案子早点儿审完它，就好分点心给大家嗫！"可是看情形一点都不像，所以她就往四面各处瞧瞧来作消遣玩。

　　阿丽思从来没有到过公堂里头，但是她曾经看见在书里讲过，所以她看见那里差不多件件东西都认得，倒很得意，她对自己说道，"那一个一定是裁判官，因为他带着那么大的假头发。"

　　那裁判官其实就是那皇帝；他的皇冕就戴在他假头发上头，所以看他那样子很不舒服，无论怎样，看上去总归不称。

　　阿丽思想道，"那儿一定是陪审座，那十二个东西一定是陪审员。"（她只得说"东西"因为有的是鸟，有的是兽。）她把"陪审员"三个字又说了两遍，自己觉得很得意：因为她想像她那样小的女孩子很少有认得这个名词的（这也想得对），不过就是说"陪审人"也通。

　　那十二个陪审员都在那里很忙地在石板上写字。阿丽思低声问那骨敕凤道，

"他们在那儿干嘛？还没有开审，他们有什么可以写下来？"

那骨敕凤低声答道，"他们在那儿把他们的名字记下来，因为怕到了审判完了的时候把名字忘记嘞。"

阿丽思出声骂道，"这些笨东西！"但是她连忙住了口，因为那白兔子喝道，"公堂里肃静！"那皇帝就把眼镜一戴，四处张望着，看是谁说话来着。

阿丽思在那些陪审员背后偷眼瞧他们写的些什么，看见他们一个一个地都在石板上写"这些笨东西！"有一个还不知道"笨"字怎么写，问了隔壁的陪审员才知道。阿丽思想道，"这样儿不等到审判完结恐怕他们的石板一定早就一塌糊涂嘞！"

有一个陪审员的石笔写起来在石板上直叫，好像刀刮在玻璃窗上似的。这个自然阿丽思一定不能受的，她就走到他背后，乘个机会把他的石笔从后头一抽就抽掉了。她抽得它么快，弄到那可怜的陪审员（就是毕二爷，那个蝎虎子）觉得莫名其妙；他各处乱找也找不着，他以后就只得使一个指头在石板上写；这个一点用处也没有，因为一点写不下什么印子下来。

那皇帝道，"传令官，把罪状宣读出来！"

那白兔子就把喇叭

"Sol do mi Sol—"

吹了一下把那卷羊皮纸的文书打开来念：

"心牌皇后，　煮些羊肉。
羊肉塞馅儿，米粉包面儿。（肉叶音"ㄖㄡˇ"）
心牌戛客，　馋得发热，
偷皮带馅儿，不剩一半儿。"

那皇帝对陪审员道，"你z们定你们的判决罢。"

那白兔子连忙插嘴道，"还不呢，还不呢！在没判断以前还有许多事呢！"

那皇帝道，"叫那个第一个证人上来；"那个白兔子就又吹了三声喇叭传道，

"第一个证人!"

那第一个证人就是那帽匠,他走进来,一只手里拿着一个茶碗,那只手上捏着一块面包,他说道,"请陛下原谅我把这些东西带进来,这是因为他们叫我的时候,我还没有喝完我的茶。"

那皇帝道,"你应该早喝完的,你几时起头的?"

那时那三月兔同那惰儿鼠手搀手地也跟进来,那帽匠就瞧着那三月兔说道,"我想是三月十四起头的。"

那三月兔道,"十五!"

那惰儿鼠道,"十六!"

那皇帝就对那些陪审员道,"把这个记下来。"他们就很正经地把那三个日子都写在石板上,一共加了起来,再化成先令便士。

那皇帝对那帽匠道,"脱掉你的帽子!"

那帽匠回道,"帽子是我的。"

那皇帝嚷道,"偷来的!"说着对陪审员望一下,他们立刻就写下来"偷来的。"

那帽匠又加一句解释道,"我留了帽子卖的,我自己没有帽子。我是个帽匠。"

这时那皇后把眼镜子戴了起来,就瞪眼睛瞅那帽匠,他吓得脸白手脚没处呆。

那皇帝道,"说出你的证据来;别这么害怕,再这样我就当场叫他们杀掉你。"

这句话一点也不助那帽匠的胆子:他尽着一会儿站在这个腿,一会儿站在那个腿上,很不安地瞧着那皇后,他的心慌到了把面包认错了,竟把他的茶碗咬了一块下来。

正在这个时候,阿丽思觉得有一点古怪的感觉,她先不明白是怎么回事,过了一会儿她才知道,是她的身体又在那里长了。她先还想站起来走;但是再想一想,

她又决意等着,到大到呆不下了再说。那惰儿鼠正挨她坐,它埋怨她道,"我愿意你别这么挤我啊,我气都有点儿透不过来嘞。"

阿丽思很谦让地道,"我没有法子,我在这儿长着呢。"

那惰儿鼠道,"你没有在这儿长的权利。"

阿丽思胆大了一点说道,"别胡说,你知道你自己也长着呢。"

那惰儿鼠道,"是可是的,但是我长起来总还有个分寸,谁像你那样长得不成话说。"他气着就起来走到公堂的那一边去了。

这时候那皇后一直瞅着那帽匠来着。刚刚在那惰儿鼠走到那公堂的时候,她对公堂里一个官员道,"拿一张上回音乐会唱歌的人名单给我!"那帽匠一听这句话,吓得直抖,抖得把一双鞋都从脚上抖了下来。

那皇帝道,"说出你的证据来,要不然就无论你害怕不害怕,总归要把你杀掉。"

那帽匠声音发抖地说道,"陛下,我是个穷人——我不过刚才起头喝我的茶,——喝了没有一个礼拜出头——而且说起那面包越弄越薄——而且那茶又要查夜——"

那皇帝道,"什么东西查夜?"

那帽匠道,"查夜先从茶起头。"

那皇帝厉声说道,"自然茶叶是茶字起头,你当我傻子吗?再说下去。"

那帽匠接下去道,"我是个穷人,以后样样东西总是要查——可是那三月兔说道——"

那三月兔就急忙地插嘴道,"我没有说!"

那帽匠道,"你说的!"

那三月兔道,"我不承认!"

那皇帝道,"他不承认。这一部分不能算。"

那帽匠道,"那么无怎么样,那惰儿鼠说的。"

他说着,四面用心瞧瞧不晓那惰儿鼠也会否认不会;但是那惰儿鼠半个不字也不说,因为他又睡着了。

那帽匠又接下去道,"自从那个以后,我就再切了一点面包,上点奶油——"

一个陪审员问道,"但是那惰儿鼠问的什么呢?"

那帽匠道,"那是我记不得了。"

那皇帝道,"你一定记得,不然我就叫他们杀掉你。"

那个苦帽匠连忙丢下他的茶碗和面包跪下一个腿求道,"陛下,我是一个穷人。"

那皇帝道,"你的话说得真穷。"

有一个豚鼠听了这个叫起"好"来,但是立刻就被他们弹压下去。弹压是个很重的字眼,须得要解释两句才明白。他们有一个大布袋,口上有一条收口的带子:他们把那豚鼠头先脚后地装进去,收起口来,然后坐在它上头。

阿丽思想道,"我今儿这个也看见他们做过嘞。我常在报上看见一段审判的末尾说'有些人想要喝彩,可是登时就被在公堂上的官员弹压下去。'我一直到今天才懂这句话的意思。"

那皇帝道,"假如你知道的就是这一点儿,你就退下去罢!"

那帽匠道,"我不能再下去嘞,因为像这样我已经站在地板上嘞。"

那皇帝答道,"那么你就坐下去。"

还有一个豚鼠听见了又喝起彩来,也被他们弹压起来。

阿丽思想道,"好啦,那两个豚鼠都完事嘞!现在咱们可以好一点儿嘞。"

那帽匠很担心地看那皇后在那儿念那些唱歌人名的单子。他道,"我想还是去喝完了我的茶再说。"

那皇帝道,"好,你去罢。"那帽匠连忙就走出公堂,连他的鞋都忘记了穿上。

那皇后对一个官员吩咐道,"你们在门外头就把他的头去掉。"但是那官员没有走到门口,那帽匠已经跑远到看不见了。

那皇帝道,"叫那第二个证人来!"

那第二个证人就是那公爵夫人的厨老妈子。她手里拿着胡椒瓶,她还没有进门阿丽思就猜出来是谁,因为近门口站的那些人早就打起喷嚏出来了。

那皇帝道,"把你的证据说来。"

那厨老妈子道,"我不!"

那皇帝没有主意地对着那白兔子瞧,那兔子就低声道,"陛下得要盘问盘问这个证人。"

那皇帝叹口气道,"唉!要是一定要我,要是一定要我——"说着把两个膀子超着,对那厨老妈子皱着眉头,一直皱到眼睛都闭了起来,问道,"肉馅的面饼,是什么做的?"

那厨老妈子道,"差不多全是胡椒做的。"

她后头又一个困来蒙东的声音道,"糖浆做的。"

那皇后尖声大叫道,"套起那惰儿鼠的脖子来!去掉他的头!赶他外头去!弹压他!掐他!去掉他的胡子!"

那公堂里就为了赶那惰儿鼠纷纷地乱闹了好几分钟,等到他们再定了下来,那厨老妈子已经不知去向了。

那皇帝放心道,"别管啦!叫底下一个证人来。"他又低声对他皇后道,"老实话说,我爱,这个证人一定得你去盘问他罢。我问得头都疼嘞!"

阿丽思瞧着那白兔子在名单上找,心上很急得要知道底下一个证人不晓得是什么样子,"因为,"(她想道)"他们弄到这会儿,其实还没有得到什么证据呢。可是你想她诧异不诧异——她听见那白兔尽力尖声地居然大叫道,"阿丽思!""

第十二章　阿丽思大闹公堂

阿丽思报道，"有！"她慌张到忘记了刚才几分钟她已经长得多么大了，她跳起来那么快，竟把她的裙子边带翻了那个陪审座厢，把里头的些陪审员都倒在其余的大众的头上，他们就在那里乱扭乱爬，阿丽思看着倒想到前礼拜她把一缸金鱼打翻了的情形。

她很受惊似的嚷道，"哎呀，我真对不住得很！"她就赶快地捡它们起来，因为她总想到那回金鱼缸里出的事情，还隐隐约约记得要是不立刻捡起来放回陪审座厢里去，它们一会儿就会死的。

那皇帝很郑重地说道，"现在审判还不能进行，须得要等陪审人都回到他们自己的座位才行，"他对着阿丽思瞧着又吩咐道，"要等到个个都坐好。"

阿丽思对那陪审座厢一瞧，看见她把那毕二爷匆忙里摆倒了，那小东西只得拿尾巴在空中很忧愁地摇晃，身子一点也动不过来。她一会儿就把它拿了出来，重新正着搁进去。她对自己道，"倒也不见得是因为有什么意义在里头。我看它在这个审判里头无论倒着审正着审，没有什么大分别。"

等到那些陪审员因为被倒了出来受惊过后精神复了原，等到他们的石笔和石板都找着了交还给他们，他们就很起劲地记这回出事的本末。就是那个蝎虎子不写，因为他受惊受得太厉害了，只得张着嘴坐着，朝着顶棚上呆望。

那皇帝对阿丽思道，"你知道这件事情吗？"

阿丽思道，"不知道。"

那皇帝追着问道，"什么都不知道么？"

阿丽思道,"什么都不知道。"

那皇帝道,"这是很要紧的。"说着对那些陪审员看。他们听了正要写下这句话来,那白兔子插嘴道,"陛下的意思,自然是要说不要紧的。"他说的腔调是很恭敬的,可是他又皱皱眉头,又对大家做个鬼脸。

那皇帝连忙顺着说道,"是啊,不错,我自然本来是要说不要紧,"说了自己又咕叨着,"要紧——不要紧——不要紧——要紧"——好像试试哪一个听得顺嘴一点似的。

那些陪审员有的就写"要紧",有的就写"不要紧"。阿丽思站得够近,可以看得出谁写哪个。但是她想道,"其实这个随便怎么写,也总归是不要紧的。"

那个皇帝方才在他簿子里记什么东西,到这时把它放下来嚷道,"肃静!"他就在他簿子里头念道,"规则第四十二条,凡人身长过一英里高的须退出公堂。"

大家都瞧着阿丽思。

阿丽思道,"我没有一英里高。"

那皇帝道,"你有。"

那皇后加道,"差不多有两英里。"

阿丽思道,"就是是的我也不走。而且这又有不是向来的规则,那是你刚才造出来的。"

那皇帝道,"这是这本书里的顶老一条规则。"

阿丽思道,"那么就应该是规则第一条。"

那皇帝急得脸都青了起来,忙把簿子合起来。他转过头来声音发抖地对陪审员道,"你们定你们的判断罢。"

那白兔子慌忙地跳起来说道,"陛下原谅,还有别的证据来呢。这个纸是刚才捡着的。"

那皇后道,"里头有什么?"

那白兔子道,"我还没有打开它来呢。可是看样子像一封信,是那犯人写给——写给谁的。"

那皇帝道,"自然一定是写给谁的咯。不然就变了一封不写给谁的信,这个不大有的,你知道。"

一个陪审员问道,"上头住址是寄给谁的?"

那白兔子道,"上头并没有住址;而且外面连什么都没有写在上。"他说着把那纸打开，又说道，"欸？这并不是一封信：是几首诗。"

又一个陪审员问道，"是不是那犯人的笔迹？"

那白兔子道，"不是，不是他的笔迹，所以这才希奇呢。"（那些陪审员都做希奇的神气。）

那皇帝道，"他一定是假学着别人的笔迹写的。"（那些陪审员又都做出明白了的神气。）

那戛客道，"陛下万岁，我并没写这个，而且他们也不能证明是我写的：末了没有名字签在上头。"

那皇帝道，"要是你没有签名，这罪更大。你一定是因为要做什么坏事，不然你为什么不像一个好好的诚实的人把名字签在上？"

说到这里满堂都是拍手的声音：这是那一天那皇帝第一回说出真聪明的话出来。

那皇后道，"不错，这个证明是他的罪。"

阿丽思道，"这个一点儿也不证明什么罪！你看，你连里头说的是什么都还不知道呢！"

那皇帝道，"把它念出来！"

那白兔子就戴起眼镜子来，他问道，"陛下万岁，我得从哪儿念起呢！"

那皇帝很郑重地答道，"从起头的地方起，一直到完的地方完；念完了然后再停止。"

那白兔子就念道：

"他们说你见过她（"她"音"一"），
　曾经对他提起我，
　说我品行并不低，
　就是怕水又怕火。

　他说我早已经走，
　（我们知道有这话：）
　要是她总不放手，
　你想自己多可怕？

她们拿三我拿七，
你给我们二十一。
你还他来她还你，
其实它们是我的。

假如万一她同我，
搅在里头无法可——
他们望你帮个忙，
还叫我们得其所——

她还没有发疯前，
你们总是讨人嫌，
碍着他同她同它（"它"音"ㄊㄛ"），
弄得我们没奈何。

她同他们顶要好，
别给她们知道了。
你我本是知己人，
守这秘密不让跑。"

那皇帝搓着手道，"我们看见的证据里头，这个是顶要紧的；所以现在好让陪审员断定——"

阿丽思这几分钟里头已经长得这么大，她一点也没有顾忌地插嘴道，"他们里头要有谁能解释它，我给他半个先令。据我看起来，里头半点意思都没有。"

那些陪审员就都在石板上写"据她看起来，里头半点意思都没有，"但是他们没有一个想想怎么解释那纸。

那皇帝道，"要是里头没有意思，那就可以省掉没有底的麻烦。你们想，咱们也可以用不着找什么意思出来。然而，我想倒也不一定，"他说着把那首诗摊在他腿上，用一只眼睛瞅着，又道，"我好像看见里头到底是有点意思，'就是怕水又

怕火'。"他就对那戛客问道,"你会游水吗?"

那戛客很愁地把头一摇,说道,"看我样子像会吗?"(你想他怎么会?本来是纸做的牌。)

那皇帝道,"这点还不错,让我看底下的,"他就咕叨着道,"'我们知道有这事——'哼,这自然是那些陪审员;'她们拿三我拿七,你给我们二十一——'哼,这一定是说他们把那些饼用到哪里去了,你想——"

阿丽思道,"但是底下又说'你还他来她还你'呢!"

那皇帝大得意地道,"哈,对啦,不就这些东西吗?"说着就指着盘里那些饼。"再也没有比这个更明白嘞。而且底下又是说——'她还没有发疯前——'"(他对皇后说道)"我爱,你从来没有发疯的,我想?"

那皇后大怒道,"从来没有!"说着就拿一个墨水瓶对着那蝎虎子丢过去。(这不幸的毕二爷因为他用手指在石板上写不出什么印子出来,早就停了笔——停了指;可是现在他又连忙起首写起来,就用着从他脸上流下来滴在他手上的墨水,倒也支持了好一下工夫才用完。)

那皇帝道,"那么这句话就不关风,"说着就带着笑脸对大家瞧一周。公堂里头一点声息都没有。

那皇帝生气道,"这是一句双关的笑话。"大家就"哈哈哈"笑了三声。

那皇帝道,"让陪审员定他们的判断罢!"(这差不多是他今天第二十回说这话了。)

那皇后道,"不要,不要!先定罪——后断案子。"

阿丽思很响地道,"胡说八道,先定罪,这算什么话!"

那皇后气得脸都紫了起来对阿丽思道,"你不许多嘴!"

阿丽思道,"我偏要!"

那皇后拼命大嚷道,"砍掉她的头!"一个人也不动。

阿丽思现在已经长到原来那么大了,也不怕了,她对他们道,"谁在乎你们,你们还不就是一付纸牌!"

正说着那全付的纸牌都腾空起来飞下来打在她身上:她一半害怕地一半生气地急叫一声,拿两只手去要挡掉它们,——睁眼看看,她自己还是睡在那河边上,把头还枕在她姊姊的身上;她姊姊方才在那里撑掉些从树上落在阿丽思脸上的干叶子。

她姊姊道,"醒来,好妹妹!你怎么睡得这么长啊!"

阿丽思娇声地道,"嗳呀,我做了一个真奇怪的梦。"她就把她所能记得的离奇的经验(就是你才在这书里念完的)一五一十地对她姊姊讲一遍;她姊姊出神地听着,听完了对她亲个嘴,说道,"唉,真的,妹妹,真是个好奇怪的梦:可是你快跑回家去喝茶罢,快不早啦。"所以阿丽思就站起来往家里跑去,一头跑着一头还恋恋不舍地回想那场梦真多么离奇有趣儿。

但是她的姊姊到她走了过后还静坐在那里,把手撑着头,望着那下山的太阳,心上想着阿丽思和她的离奇的经验,一直到她自己也觉得仿佛是梦游到奇境里似的,这就是她所梦见的:

她先梦见的是小阿丽思自己:又在那里拿一双小手儿抱着膝盖,拿一双清秀可人的眼睛望着她的眼睛——她都能听见阿丽思说话的腔调,而且能看见她把头那么一扭的可爱的样子——因为她的长头发给风一吹总是要跑到她眼睛里去——这姊姊听了又听,好像听见她四围都是她妹妹梦见的许多人人物物的声音。

那白兔走了过去就使得她脚底下的长草响起来;那个受惊的老鼠在近旁的池

塘里溅着水逃走；她听见那三月兔同他朋友坐在永远不完的茶会桌上茶碗叮当的声音；和那皇后的尖厉的声音定她请来的些不幸的客人的死罪；又看见一回那猪小孩子在那公爵夫人的身上打嚏，四面锅盘碗碟乱飞；又听见一回那骨敕凤的尖嗓子，那蝎虎子的石笔急嘎急嘎的叫，那被"弹压"的豚鼠的闷气的声音，好像空中满处都是，还有远处轻风送来的那苦命的素甲鱼啼泣的声音。

　　她就这么坐着，半信自己也好像入了奇境，可就是她明知道只要把眼睛一睁，就样样又变回成无味的凡世界——那草的响声不过就是风吹来的，那池子里水波的声音不过就是风吹苇子激荡出来的——那些茶碗的声音就变成羊铃汀格儿的声音，那皇后的尖喉咙就变成牧童的叫子——还有那小孩子的喷嚏，那骨敕凤的高叫，和别的各种各样的奇怪的声音，都就变成（她知道会变成）那边一个田庄上忙乱的声音——再有那远处的牛叫就会代替那素甲鱼啼泣的声音。

　　最后来，她又想像同是她这一个小妹妹，日后自己也长成一个女人；想像她成年以后一生总是保存她小时候天真烂漫的心肠；想像她围着一群别的小孩子，也来拿离奇的故事讲到他们的眼睛里也都个个出神起来——真是！也许讲的就是自己多年前梦游奇境的故事呢；而且想像到将来她一定真能够同愁他们孩子们的小愁儿，同乐他们孩子们的小快乐，总还常常恋记着她自己小时候的情景，和那些快活的夏季天。

走到镜子里

〔英〕路易斯·加乐尔 著
赵元任 译

1988年《阿丽思漫游奇境记（附：阿丽思漫游镜中世界）》封面

著者原序

小朋友，你眉心里还没皱纹儿，
　　一双眼睛看什么都新鲜的
　　　　小朋友！
虽然光阴那么飞，虽然你我俩人儿，
　　咱们岁数总差了半辈子呐，总有，
可是你一定会笑笑，一定会欢喜
我送你这故事，当作爱你的礼。

我从来没看见过你春风样儿的脸，
　　也没听见过你笑的像泉水
　　　　的声儿；
你长大了以后，你的心思里面
　　也不见得还会有我这人的影儿——
我只盼望现在你有心想听，
那已经就很可以叫我高兴。

是个从前起头儿的故事，回想
　　到那时儿有夏天的太阳光照着——
跟着歌声的拍子，我们拿桨
　　把小船儿一下儿一下儿的摇着——
他的余音像还在我耳朵里唱，
虽然小心眼儿的岁月，他偏要你忘。

来听罢，啊！别等那怕人的声儿，
　　满怀着可恨的狠心肠，

可怜把个好好儿的女孩子的魂儿
　　硬叫了去上那不想上的床。
乖，我们也不过是大的小孩儿罢了，
到该要上床了，还闹着要玩儿罢了。

你看外头的霜雪迷茫茫的飞着，
　　你听呼呼呼狂风在耳朵边儿过——
咱们里头呐，在暖烘烘的炉子这儿围着，
　　这简直是孩子们的快乐窝。
我就要你一心听这些神话，
你甭管那外头的风雪多大。

这故事里虽然还好像是带着
　　一点儿抖抖儿的声音，在那儿伤感，
念过去的夏天的日子多快乐，
　　叹早年的风光都已经那么远——
可是不许让半点儿的发愁的渣儿
来偷进了咱们这奇境的乐园儿。

第一章 镜子里的房子

唉，不是那小白猫儿，一定全是那小黑猫儿做的坏事。因为小白猫儿让大猫给它洗脸来着，一直洗了一刻钟，总算没很闹；所以你瞧刚才那淘气的事儿不会有它的份儿的。

黛那给它的孩子们洗脸是这么洗的：它先拿一个爪子把那可怜的小东西的耳朵摁着，再用那个爪子解鼻子尖儿起头儿望上，给它满脸那么和弄；刚才不是我说它正在那儿忙着弄那个小白猫儿吗？这个就乖乖儿的呆着，还想打呼噜——仿佛觉得出这都是为它好似的。

可是小黑猫儿在下午已经早洗好了。所以一边儿阿丽思坐得圈身椅的犄角儿上团成一团儿似的那么一半儿跟自己说话一半儿睡着了，一边儿那小猫儿就拿阿丽思想要绕起来的绒线球儿大玩儿大疯，给它滚上滚下的又都滚散了，你瞧现在弄的一地毯的瞎结子乱团子。当间儿还有个小猫儿待那儿拼命追它自各儿的尾巴。

"嗐，你这小坏东西坏透了！"阿丽思说着就把那小猫儿提遛起来亲一下儿，让它明白这亲它是给它丢脸的。"真的，黛那应该给你教点儿好样子的！应该的嚜，黛那，你知道你应该的嚜！"她一头儿说着，一头儿对老猫做出责备它的样子，可是她的声音要凶也凶的不大像——一会儿她转身又爬回到大椅子上，连小猫儿带绒线都抱了上去，又重起头儿来绕那个绒线球儿。可是她绕也绕不大快，因为她不是对猫说话就是对自己说话。小猫儿就乖乖儿的坐得她腿上，假装儿看她那么绕，有时候儿还拿出一个爪子来轻轻儿的碰碰那个线圈儿，好像要

是许它的话，它还是愿意帮忙呐似的。

"你可知道明儿是几儿啦，华儿？"阿丽思说，"你要是刚才跟我在窗户那儿呆着，你就会猜着了——不过黛那在那儿给你拾掇来着，所以自然你不会知道了。我是在那儿瞅着那些小孩儿攒树枝子做火堆——华儿啊，那火堆可是很要些枝子呐！不过冷也真冷，雪下的又那么大，他们只好歇了不弄了。不要紧，华儿，咱们明天还是去看烧火堆去。"说到这儿阿丽思拿绒线在小猫儿的脖子上绕了两三道，不过就是看看是什么样子：可是这又闹出个小乱子来了，那绒线球又滚在地下，一码一码的线都滚开了。

阿丽思把猫又抱回到椅子上舒舒服服的坐好了又接着说，"华儿，你可知道，我看你淘的气啊，我就气得简直要开开窗户把你扔得雪里头去！并且这是你应该受的呐，你这小害人精！你还有什么说的吧？唉，你别跟我打岔呀！"她说着就举起一个指头来对它数。"你听我说你做的错事。今儿早晨黛那给你洗脸的时候儿你唧了两声。你别说没有，华儿，我听见的嚜！嗄？你说什吗？"（假装儿那小猫儿说话来着。）"它的爪子弄得你眼睛里啦？那是你不对啊，谁叫你把眼睛睁开了呐？——要是你把眼睛紧紧儿闭着，那就不会啦。你别推这个推那个了，你听着吧！第二样儿：我刚把雪珠儿的牛奶碟子搁下来，你就叼着它尾巴把它拽走了！什吗？你也渴呀，是吗？你怎么知道它不是也渴呐？现在第三样儿了：我没看着的时候儿你把我的绒线全都弄散了！"

"这是三样儿坏事了：华儿，一样还没罚你呐。你知道我把你欠的都留起来到下礼拜三来罚你。——要是他们把我欠的都留了起来，那——？"她说说又变了跟自各儿说话，又不像对那小猫儿说话了。"哎呀，到了一年完了，他们不知道该拿我

怎么样了。到了那日子我恐怕得要下狱了,大概。再不然——让我看啊——比方是一回罚一顿饭;那么等那苦日子到了,我不是得一下儿罚掉了五十顿饭了吗?好,这个我倒是不大在乎!我还是愿意一下儿不吃五十顿饭,比一下儿吃五十顿饭好得多。"

"你听没听见那雪打得窗户上的声音,华儿?你听它打得多软!就好像谁跟那窗户到处儿亲它似的。我倒不知道是不是因为雪爱那些树那些田,所以它那么软软儿的亲它们。它就拿一床白被窝给它们严密密的盖起来;也许还说一声,'睡吧,乖乖,一直睡到夏天再来的时候儿。'等到它们夏天再醒啦,华儿啊,它们就穿上了绿衣裳了,它们还跳舞呐,要是刮风的时候儿——哎呀,那才好看呐!"阿丽思嚷着把绒线球丢下来拍手。"要是真的这样那多好啊!我想那些树在秋天泛黄一定是因为它们都困了。"

"华儿啊,你会下棋吗?哎,你别笑啊,乖乖;我问你正经话。因为我们刚才下棋的时候儿,你看着好像懂似的;我说'将!'你就打呼噜!唉,那回将的倒是不错。华儿啊,要不是那讨厌的马在我的棋子儿里头来乱扭一阵,我真的都会赢了。华儿啊,咱们来假装儿——"你知道阿丽思不知道有多少事情总是爱用一句"咱们来假装儿"起头儿,我真想讲给你听,可惜我一半儿也记不起来。才前一两天她就跟她姊姊争论了一回——都是因为阿丽思开头儿说"咱们假装儿咱们是两个皇帝两个皇后";她姊姊是样样儿都喜欢仔细的,说她们既然一共只有两个人,怎么能假装儿做四个人。阿丽思到末了儿没法子只好说,"好,你就只做一个,剩下来都让我来做得了。"还有一回她真把看她的老保姆给吓坏了,她在她耳朵里忽然大嚷:"李妈!咱们来假装儿我是一个饿土狼,你是一块骨头!"

可是这个离开阿丽思跟小猫儿说的话离的太远了。"咱们来假装儿你是红皇后吧,华儿!你知道我想你要是坐起来把胳臂放下来,就简直跟她一样。你试试看,唉,真不错!"阿丽思就拿桌上棋盘里的红皇后拿了来立在小猫儿的跟前儿当个样子给他学;可是这事情弄不好,据阿丽思说,多半儿是因为那小猫儿不肯把它的胳臂好好儿的叠起来。所以她就把它抱起来罚它照镜子,让它看它自己的嘴撅的有多么高——"要是你不马上就给我乖起来,"她就,"我就把你搁在镜子里的房子里去。看你喜欢不喜欢?"

"华儿啊,你只要好好儿的听我,不要只管说话,我就告送你我想镜子里的房子里都有些什么。第一样儿就是你看见玻璃那边儿的屋子——就跟咱们这边儿的堂屋一样，不过东西都是那么样子来的。我要是站在椅子上我就什么都看得见了——就是除了镜子底下的火炉子那点儿地方。哎哟！我真想看见那点儿地方就好了！我倒不知道他们那儿冬天有火没有；你没法子知道呀，你想——除非有烟望外头冒出来，那就那边儿也冒烟儿了——可是也许是骗骗人的，就做的好像那边儿也有火似的呐？那么还有里头的书，跟咱们的差不多儿一样的，不过字都是反的；这个我知道的，因为我拿过一本咱们的书对着镜子，他们也就拿一本他们的书对着我。"

"你可高兴到镜子里的那所房子里去住啊，华儿？不知道他们那儿会不会也给你牛奶喝？也许镜子里的牛奶不好喝呐？可是，唉，华儿！我看见那个过道儿了。你要把咱们这个客厅的门大开着，你就刚刚能看见一点儿镜子里的过道儿；你看得见的那边儿倒像咱们这边儿的一样，不过你看不见的地方也许是完全两样的，你想呐？唉，华儿啊，咱们要是能走到镜子里的那所房子的里头去，那多好啊！我知道里头一定有，哎哟！那么好看的东西在里头！咱们来假装儿总有个什么法子可以走进去，华儿。咱们假装儿那玻璃变软了，软得像纱布似的，可以钻得过去的。哎呀，我敢说它这会儿真是变成了雾似的了！那倒是容易走进——"她说着不知道怎的人都已经在炉台儿上了。那玻璃倒真是慢慢儿的化没了，化成了一种银的雾了。

再一会儿阿丽思就走进了那个玻璃，已经轻轻儿的跳下来到那个镜子里的屋子里了。她头一样做的事情就是看看那个屋子里有火没有，她看见里头果然真有火，着的跟她刚才离开的那个火一样旺，她看了高兴极了。她心里想，"那么我待这儿可以跟在那旧屋子里一样暖和了，其实还更暖和点儿呐，因为这儿不会有人骂我不许靠近炉子噌。哈，等他们来看见我到了镜子的这边儿想够也够不着我，那才好玩呐！"

她就四面张张望望，她看见凡是从旧屋子里看过来看得见的些地方都没什么希奇，也没什么趣儿，可是别的地方就跟旧屋子两样极了。比方炉子旁边儿墙上的画儿都像活的似的，就是那炉台儿上的钟面（不是平常在镜子里只看见它的背面儿吗？）都变了个小老头儿的脸，尽看着阿丽思笑。

阿丽思心里想，"他们这间屋子没有那间拾掇的干净。"因为她瞧见有几个棋子儿都掉在煤炭里头；一会儿工夫她说一声"咦！"就趴得地上瞅着它们。那些棋子儿一对一对的走起路来了！

"这两个是红皇帝跟红皇后，"阿丽思说话说得很轻，怕吓着了他们，"那两个是白皇帝跟白皇后，那白皇后坐得煤铲子的边儿上呐——这边儿是两个堡，手搀着手待那儿走——我想他们听不见我，"她说着把头又凑近一点儿，"他们大概也看不见我。我觉着不知道怎么好像我的身子变成了看不见的了，——"

说到这儿阿丽思听见她背后桌子上有个什么待那儿唧唧唧的叫，她一回头刚巧看见一个白卒子摔倒了待那儿乱踢乱蹬；阿丽思瞅着它不知道一会儿还会出什么事情。

"哎呀，是我的孩子的声音！"那白皇后一头儿嚷着一头儿跑过去，她慌得都把白皇帝撞倒得煤炭里去了。"我的宝贝璃丽啊！我的皇族的小猫儿啊！"她说着就拼命的且炉挡的旁边儿望上爬。

"什么皇族不皇族！"那皇帝说着，把摔疼了的鼻子揉揉。你想他摔得从头到脚都是灰，他自然对皇后要发一点儿脾气了。

阿丽思很愿意帮点儿忙。她看见那可怜的小璃丽哭啊叫的都快急疯了的样子，

她就赶快把那皇后拾起来,搁在桌上她那女儿的旁边儿。

那皇后吓得上气不接下气的坐了下来;她在半空中的那一趟路把她的气都吓没了,半天她只会抱着小璃丽不言语。她稍为喘过一点儿气来,就对着底下灰里头坐在那儿撅着嘴的白皇帝嚷着说,"小心火山!"

"什么火山啊?"那皇帝说着就很担心的抬头瞅着那火,好像那是顶像会有火山的地方似的。

"把我——h——喷——h——了出来,"那皇后说着还是喘不过气来。"你上来的时候儿——得走大道儿——h——别让——他喷了!"

阿丽思先瞅着那白皇帝很费事的在一根一根的棍子上爬过去,到后来她说,"嗐,照那样儿走,你要走到桌子上还得要多少钟头啊。我还是帮了你得了,好吧?"可是那皇帝不理会她问的话;他明明儿是看不见也听不见她。

所以阿丽思就轻轻儿的把他拾起来:这回比拎起那皇后拎得慢一点儿,生怕再把他的气又吓没了;可是看他

身上弄的那么些煤烟子,她想还是给他掸一掸再给他搁在桌上吧。

阿丽思后来告送人说她生平也没见过像那皇帝做的那种怪脸。他觉着被一个看不见的大手捏住了,还浑身受掸子抽,他简直觉着奇怪的叫都叫不出来了,他的眼睛越瞪越圆,嘴越张越大,把个阿丽思笑得抖得差一点儿没把他抖掉在地下。

"嗐,你别做那么样儿个脸啊,我的乖唉!"阿丽思忘了那皇帝是听不见她的,所以她又大声儿对他说话了。"你叫我笑的都捏不住你了!你的嘴别张的那么大呀!回头灰都弄得嘴里,——好,这会儿你够干净了!"阿丽思说着就把那皇帝的头发理一理好,就很小心的把他给搁在桌上皇后的旁边儿。

那皇帝马上就仰不脚儿的倒了下来,一动也不动。阿丽思看了有点儿怕是闯了祸了,连忙在屋子里到处儿找凉水来浇他。找来找去她只找着了一瓶墨水儿,等到她拿着墨水儿回来了,那皇帝都已经好了,正待那儿很害怕的跟那皇后打喳喳儿——他的声音小的阿丽思差不多儿听不见了。

那皇帝在那儿说,"我老实话对你说,我的皇后啊,我吓得冷到胡子尖儿了!"

那皇后回答的是说,"你轧根儿就没有胡子嚜!"

那皇帝还接着说,"哎呀,那一会儿工夫把我吓得,我再也,再也不会忘的!"

那皇后说,"你还是会忘的,要是不给它写下笔记来的话。"

阿丽思看着真好玩儿,那皇帝从衣兜儿里拿出了一本儿大极了的一本儿笔记簿子来,就写起字来。阿丽思忽然想了个主意,她在皇帝背后捏住他的笔杆儿来替他写字。

那皇帝的样子又诧异又难受,他先还不说话,就使劲跟那个笔拗,可是他哪儿拗得过阿丽思啊?到后来他只得喘着气说,"我的皇后啊!我真的非得换一个细一点儿的铅笔才行。这一支我一点儿也使不来:它写了一大些东西都不是我打算——"

"一大些什么东西啊?"那皇后说着就瞧他那簿子(上头阿丽思已经写了"那白马武士在那通条上望下出溜呐,它的身子很不稳")。"那记的又不是你心里的感觉嚜!"

桌儿上靠着阿丽思那边儿有一本书,她一头看着那白皇帝,怕他万一再昏了过去,就拿手里的墨水来浇他,一头就一篇一篇的翻那本书,想找到一点儿可以看得懂的地方——"因为里头都是一种我不懂的文字,"她心里想。

那里头是这样儿的:

炸脖呼

(一)有天晌里，那些活济济的猏子

在卫边儿尽着那么跴那么氪；

好难四儿啊，那些鹈鹕鸽子，

还有家的猪子怄得格儿。

她先还迷惑了一阵儿，到后来一个聪明的念头来了。"哦，这本来是个镜子里的书嗯！我要是再拿它对着镜子一照，那些字自然就又正过来了，不是？"

这就是她照出来的诗：

炸脖呼

有(一)天凫里，那些活济济的猏子

　　在卫边儿尽着那么跴那么氪；

好难四儿啊，那些鹈鹕鸽子，

　　还有家的猪子怄得格儿。

"小心那炸脖呼，我的孩子！

　　那咬人的牙，那抓人的爪子！

小心那诛布诛布鸟，还躲开

　　那符命的般得瓸子！"

他手拿着一把佛盘剑：

　　他早就要找那个蛮松蟒——

他就躲在一棵屯屯树后面，

　　就站得那儿心里头想。

他正待那儿想的个鸟飞飞，

那炸脖呼，两个灯笼的眼，

且禿儿 gài 林子里夫雷雷
　　又渤波儿波儿的出来撑。

左,右! 左,右! 透了又透,
　　那佛盘剑砍得欺哩咔喳!
他割了他喉,他拎了他头,
　　就一嘎隆儿的 f-ēn 了回家。

你果然斩了那炸脖鼈了吗?
　　好孩子快来罢,你真 b- ǎ 灭!
啊,乏 b-ōu 的日子啊,喝攸! 喝喂!
　　他快活的 ché 得儿的 f- 唉。

有(一)天 点里,那些活济济的獝子
　　在卫边儿尽着那么跌那么觅;
好难四儿啊,那些鹈鹕鸰子,
　　还有蜜的猪子怄得格儿。

　　她看完了说,"这诗好像是很美,可是倒是挺难懂的!"(你想她哪怕就是对自己也不肯就认了说她一点儿也不懂。)"不知道怎么,它好像给我说了许多事情似的——可是我又说不出到底是些什么事情! 横竖有个谁杀了个什么就是了;这是明白的,不管怎么——"

　　"可是,哟!"阿丽思想到了忽然跳起来说,"要是不赶快看看这所房子别处儿是什么样子,回头又得回到镜子的那边儿去了! 咱们先看看花园儿罢!"她一会儿就出了房门跑下楼去了——说起来其实也不好叫跑,是阿丽思自己想出来的又快又省事的一种下楼的法子。她就拿指头搭着一点儿栏杆儿,就在过道儿里飘过去,连脚都一点儿不挨楼梯;到了门口儿她要是不抓住门上扶手,她简直就要飘到外头去了。她在半空中飘了那么半天,都有点儿头眩了,后来觉着又能像平常的样子走道儿,她倒是很高兴。

第二章　活花儿花园儿

"我要是上那小山儿的顶上去,"阿丽思对自己说,"我花园儿一定看的清楚的多;这条道儿是笔直到山上去的——无论怎么,咦？它不！——"（她走了一两丈路,倒已经拐了好几个大弯儿）,"可是我想它总是要通到山上的吧。可是它拐得真古怪！这简直是个螺丝转儿嚜,哪儿是一条道儿煞？好了,这个弯儿拐到山上了,我猜——不,它又不！这又是望屋子里走了嚜！好吧,我就试试那条路看。"

她就换了一条路走：可是换来换去,转来转去,不管她用什么法子,她老是走走就又走进房门了。真的,有一个弯儿她拐得比平常格外快了一点儿,她没来得及停就马上又碰到那个弯儿了。

"你说是没用的呀,"阿丽思说着看着那房子,假装儿那房子跟她争论似的。"我说我还不进去呐嚜！我知道一进去了又得走回到镜子那边儿旧屋子里,那我要逛的不是都没得逛了吗？"

所以她主意稳稳儿的背着房子一转,就又顺着那条路走过去,非得要走到那个小山儿不停。走了几分钟倒也没什么,她刚要说,"这回我可做到了——"忽然那条路那么一扭,好像把自己一甩(阿丽思后来讲给人听的时候儿用的字眼儿),马上阿丽思又变了望门洞儿里走进去了。

"唉,这太可恶了！"她急得叫了起来。"我从来没看见过这么爱挡人道的房子！从来没看见过！"

可是那小山还是看得清清楚楚的还待那儿啊,除了再起头儿对着它走,还有什么别的法子呐？这一回她走到一大片种花儿的地,四面围着些蒿子花儿,当间儿有一棵桃树。

阿丽思就对着在风里摇摇晃晃的一朵四眼花儿说,"四眼花儿啊！你要是会说话多好！"

"我们会说话呀！"那四眼花儿说,"要是有谁配跟我们说话的话。"

这一来叫阿丽思惊奇得半天说不出话来：把她的气都吓没了。过了好一会儿，她看那四眼花儿只老是摇来摇去，她就很胆儿小的又说——声音轻的差不多像打喳喳儿似的——"那么是花儿都会说话吗？"

那四眼花儿说，"跟你一样会，还比你说的响的多呐。"

一朵玫瑰花儿接着说，"你知道照规矩不应该我们起头儿说话的呀，真的我还待那儿等了半天，不知道你什么时候儿会起头儿说话不会呐。我对我自各儿说，'她的脸像有一点儿懂事，可也不是个聪明脸！'不过你脸上的颜色倒是不错，这个可以帮你不少。"

那四眼花儿说，"我不在乎那样儿颜色。要是她的花瓣儿再望上卷起一点儿来就像样儿多了。"

阿丽思不喜欢被人这么批评，所以她又起头儿问它们话，"你们种得这儿有时候不害怕吗，也没个人儿照应你们？"

"当间儿有那棵桃树啊，"那玫瑰花儿说。"不然要它待那儿干嘛？"

"可是要有了害怕的事情，"阿丽思说，"它又能怎么样呐？"

那玫瑰花儿说，"它能逃啊。"

一朵蒿子花儿就接着说，"它说'桃子夭夭！'所以你买桃儿的时候儿总说，'给我约一约看几斤？'"

又一朵蒿子花儿说，"你这点儿都不知道吗？"到这儿，它们大伙儿都叫起来了，叫得满院子都是些小尖声音。"住嘴，个个儿都给我住嘴！"那四眼花儿嚷着，一头儿像发了疯似的摇来摇去，急得就那么哆嗦。它摇晃晃的低下头来对阿丽思喘着气说，"它们知道我够不着它们，不然它们再也不敢这样儿的！"

阿丽思就做着安慰它的声音说，"不要紧！"她看见那些蒿子花儿又要起头儿说话，她就摩下腰来打着喳喳儿对它们说，"你们再开口我就掐你们！"

它们马上一声也不言语了，有几朵粉红的吓得都变白了。

"唉,这才好!"那四眼花儿说。"那些蒿子花儿比谁都讨厌。你一说话,它们就岔进来说,听它们那个闹劲儿,简直把人要闹蔫了!"

阿丽思想对它说两句好话,或者可以平平它的气,她就说,"你们说话怎么都说得那么好啊?我到过好些花园儿,可是那些花儿们都不会说话。"

那四眼花儿说,"你拿手摸摸地下,你就知道为什么了。"

阿丽思照着做了说,"很硬啊,可是这个管那个什么事呐?"

那四眼花儿说,"在平常的花园儿里,它们都把底下垫得太软和了,所以那些花儿就老是睡觉。"

这个听听很有道理,所以阿丽思觉着倒是学了一点儿乖,她就说,"这我倒从来没想到过。"

那玫瑰花儿使着狠狠儿的嗓子说,"依我看起来,你轧根儿就不会想。"

一朵紫罗兰就说,"我从来没见过比这个再笨样子的脸了。"她冷不唧的那么一句,把个阿丽思吓得真是一跳;因为这是她头一回开口。

"住嘴!"那四眼花儿嚷着。"好像你倒看见过谁来着!你把头老藏得叶子底下,那么呼啊呼的睡着,睡得你比个花胍肫儿也不见得多知道一点儿世界上的事情啊!"

阿丽思成心不听见刚才那玫瑰花儿说的那句话,她就问,"这花园儿里除了我还有别的人没有啊?"

那玫瑰花儿说,"这花园儿里还有一朵花儿也像你这么能挪得这儿挪得那儿的。我倒不懂你们是怎么办法的——"(那四眼花儿当间儿插了一句,"你老是倒不懂"),"不过她比你长的蓬松一点儿。"

"她像我吗?"阿丽思就急急的问,因为她心里来了一个念头,就是,"这花园儿里不知道哪儿还有个小女孩儿!"

那玫瑰花儿说,"唉,她跟你一样的古怪样子,不过她比你红一点儿,她的花瓣儿也比你的短一点儿,我想。"

那四眼花儿说,"她的花瓣儿都弄得紧紧儿的在一块儿,像西番莲的似的,不像你的那么乱披下来。"

那玫瑰花儿还很和气的对阿丽思说,"可是这也不是你的错,你是起头儿要蔫了,你知道——到那时候儿一个人的花瓣儿总难免会乱一点儿的。"

阿丽思一点儿也不喜欢这一套话:所以她换个题目说,"她有时候儿也上这儿来吗？"

那玫瑰花儿说，"我敢说你一会儿就会看见她的，她是那种戴儿根针的，你知道。"

阿丽思听这个倒很有意思，她就问，"那么，她的针戴得哪儿呐？"

"哎，自然戴得头上四转儿了。我刚才待那儿希奇，你怎么不也戴针。我还当着你们都是这样的呐。"

一朵毛茛花儿说，"她来了！我听见她在石子儿路上蹬蹬蹬的脚步的声音了！"

阿丽思瞪着眼睛四面一瞅。瞅见那边儿就是那红皇后。阿丽思第一句话就说，"她长大了好些了！"她是长了：阿丽思头一回看见她在煤炭里的时候儿，她只有三寸高——现在站得那儿的红皇后比阿丽思都高了半个头！

"这都是新鲜空气的好处，"那玫瑰花儿说："这儿的空气才好着呐！"

阿丽思想虽然那些花儿也是怪有趣儿的，可是去跟一个真皇后说话去，那不更好玩儿的多吗？所以她就说，"我想我走去见见她去。"

"那你别想做得到，"那玫瑰花儿说，"我劝你还是背着她走罢。"

这话阿丽思听听像胡说，所以她一声也不言语，就对着那皇后走过去。她哪儿想到刚一走就瞅不见她了，又是对着那房门望里走了。

她觉着这真别扭，她就缩回来四面找找，才远远儿的看见那个皇后。她就想这回再试一试背着她走的法子看。

说也真灵，她走了不到一分钟就面对面的碰见那皇后了，而且她刚才想了那么半天要上的小山儿也就在她跟前了。

那皇后就问她，"你是且哪儿来的？你是上哪儿去的？抬起头来，好好儿的说话，别老那么弄手指头。"

阿丽思都照着这些话做了，就很用心的讲给那皇后听，说她是找不着她的路了。

"我不知道你管什么叫你的路，"那皇后说："所有这儿的路都是属于我的——"又和气一点儿对她说,"可是你本来出来上这儿来干嘛的呐?你一头儿想说什么的时候儿得一头儿请安。这样儿省时候儿。"

阿丽思觉着这个有点儿奇怪,可是她对那皇后恭敬的不敢不信她。她自各儿还想,"下回我要是开饭的时候儿回家回晚了我一定试试这个法子。"

"现在你得回答我了,"那皇后看着表说,"说话的时候儿把嘴张大一点儿,别忘了叫'陛下'。"

"哦,我不过就是要看看这花园儿是什么样子,陛下——"

"唉,乖!"那皇后说着拍拍她的头,不过阿丽思一点儿也不喜欢她这样儿。她又说,"不过,你说起'花园儿'来啊——比到我看见过的花园儿,这简直要算荒地。"

阿丽思不敢跟她争论,她就接着说,"——我刚才是想找条路上那个小山儿的顶上去——"

"你说起'山'来呀,"那皇后插嘴说,"我能找点儿山给你看看,比起那个来,这个简直得叫山谷了。"

"那也不会呀!"阿丽思说着都没料到自各儿一开口就会这么顶她了。"一个山怎么也不会变成个山谷呀,你想呐。那不是瞎说了吗?"

那红皇后摇摇头说,"你也许高兴管这个叫'瞎说',可是比起我听见过的瞎说的话来啊,那个话说得简直比一部字典都更有道理了!"

阿丽思就请了个安,因为她听那皇后说话的声音,怕她多少有点儿生气了:她们俩谁也不言语,就走到了那个小山的顶上。

阿丽思站得那儿好几分钟也不说话,就对四周围看看那地方儿的景致——倒是个很古怪的景致。横里头有一条一条的好些小沟,竖里头就有一排一排的小绿篱笆,把沟跟沟当间儿的地分成许多四方块儿。

阿丽思看了半天开口说,"哎呀,这管保是像一副棋盘似的画出来的!那么有地方儿应该有棋子儿在上头动啊,——呀,可不是有吗!"她瞅见了,越说越起劲。"这简直是一大盘棋噻——这一个大世界待这儿下的——要是这就是个世界的话,你知道。哎呀!这多好玩儿啊!我真想也当一个棋子儿!要是许我来,我肯做个小卒子都行——不过自然我顶爱做个皇后那更好。"

她说着有点儿不好意思的看看那真皇后,可是她的同伴儿只是很和气的对她笑笑说,"这个好办。你要愿意,你可以当个白皇后前头的卒子,不是我的小璃丽还太小不会来棋吗?你现在在第二方上起头儿走;你到了第八方就可以变成皇后了——"说到这儿,也不知道怎么,她们俩就跑起来了。

阿丽思后来想起这回事情的时候儿,也不明白她们是怎么起头儿的:她记得的就是她跟那皇后手搀着手,那皇后跑的快的她拼命跟才勉强跟得上;可是那皇后还尽着叫,"快点儿!快点儿!"可是阿丽思觉着怎么也不能再快了,就是没有气儿剩下来再告送那皇后就是了。

这里头最古怪的事情是,她们两边儿的树跟别的东西老也不挪地方儿;她们跑得多么快也不走过什么东西。可怜那糊涂的阿丽思她心里想,"不知道是不是所有的东西都跟着咱们一块儿动的?"那皇后好像猜着她的心思,因为她又嚷,"快点儿啊!别还想说话呀!"

倒不是阿丽思还有那个意思。她的气喘得觉着一辈子也不能再说话了;可是那皇后还嚷,"快点儿!快点儿!"一头儿还拽着她跑。阿丽思好容易才喘出一口气来说,"咱们快到了吧?"

"还'快到了'呐?"那皇后学着她说。"咱们十分钟以前都过了那儿了!快点儿!"她们就不做声儿望前跑了一阵,阿丽思的耳朵边儿的风就呼呼的叫,她觉着把她的头发都要吹掉了。

那皇后又嚷着说,"唉!唉!快点儿!"她们跑到后来快的连脚尖儿都不大着地,好像瓦片儿削水似的,赶阿丽思累的都要瘫了,她们才忽然一停,她就觉着又坐在地上了,又头眩又喘不过气来。

那皇后把她扶起来靠着一颗树,就很和气的对她说,"现在你可以歇会儿了。"

阿丽思四面一看真希奇,"咦!我敢说咱们就一直在这树底下没动窝儿!样样儿都跟刚才一样嘞!"

"自然是的咯,"那皇后说。"不然你要怎么个儿?"

"啊,在我们国里呀,"阿丽思还喘着气说,"你大概总走到一个什么地方儿——要是你像咱们刚才么挺快的跑了半天的话。"

"哼!一种慢不唧的国!"那皇后说。"现在你看我们这儿啊,像你那样儿你得拼命跑才赶得上呆得一个地方。你假如要到个什么地方儿啊,你至少还得跑的两倍那么快!"

阿丽思说,"那我还是别试了吧,谢谢您!我呆得这儿我很够了——就是,我热死了,我渴死了!"

"我知道你要的是什么,"那皇后很亲热的说着,解兜儿里掏出一个小匣子来。"吃块儿饼干吧?"

阿丽思看这一点儿也不是她要的东西,可是她怕说了"不要"又不恭敬,所以她就接过来勉强吃了下去:这东西可是真干的要命,她觉着她一辈子也没有这么噎得慌过。

那皇后说,"你待那儿用茶点的时候儿,我就来量量地。"她就解兜儿里拿出一条带子,上头都画的有尺寸,就起头儿量那个地,这儿那儿插些小棍儿,像打桩似的。

她插着一根棍儿记尺寸的时候儿,一头就说,"到了两码的尽头我就教给你怎么样走法——再来块饼干吧?"

"谢谢,我不吃了,"阿丽思说:"一块足够了!"那皇后说,"该解了渴了吧?"

阿丽思不知道怎么回答好,幸亏那皇后也不等她回答就接着说,"到三码到头儿,我就再说一遍——因为怕你忘了。到四码到头儿,我说再见。到五码到头儿,我就走了!"

说到这儿她把小桩都打好了,阿丽思觉着很有意思的看着她走回树底下,再起头儿顺着一排一排的走下去。

走到两码的桩子她就回过头来说,"一个卒子头一步走两方,不是吗?你既然本来站在第二方上,你就得很快很快的穿过第三方——我想大概是要坐火车的——没一会儿你就到了第四方了。那么那一方是腿得儿敦跟腿得儿弟的——第五方差不多儿都是水——那么第六方就是昏弟敦弟的——怎么你也不说点儿什么呀?"

阿丽思结巴着说,"我,我没知道我是该说话的——刚才。"

那皇后做出很责备她的声音说,"你应该说的是,'你讲这些给我听,真是劳驾得很了',——不过,咱们就算已经说了吧——那么第七方净是树林子——可是那些武士当中总有一个会给你领路的——到了第八方咱们就一块儿做皇后,那就净是吃酒席咧玩儿了!"

阿丽思听完了就站起来请个安又坐下来。

那皇后走到了底下一个桩又回过头来了,这回她说,"你要是想不出东西的英文名字你就说法文——走道儿的时候儿脚尖儿要冲外——还要记住你是谁!"这一回她没等阿丽思请安就挺快的走到下一个桩,到了那儿她就回头说了一声"再见,"连忙又冲着末了儿那个桩子走了。

阿丽思到了儿也没知道是怎么回事,她只是看见那皇后一到那么了儿的桩子忽然就不见了。她到底是一变变没有了,还是挺快的跑到树林子里去了("她跑倒是跑得真快!"阿丽思想),那没法子猜得着,横是她走了,阿丽思就想起来她自己是个卒子,一会儿就是该派她走的时候儿了。

第三章　镜子里的各种虫儿

第一样要做的事情自然是要给她所要游历的国来大大儿的测量一下。阿丽思想,"这有点儿像学地理似的。"她垫起脚尖儿来望远处张,想怎么样儿能看得远一点儿。"大河流——没有。大山岭——就是我一个,可是这个山恐怕没有名字。大城市——咦?那边儿那么动的是些什么东西啊,待那儿做蜜的?不会是蜜蜂儿啊——没有那么远还看得见蜜蜂儿的,你想呐——"它站了一会儿不言语,瞧着它们当中一个在一群花儿里忙来忙去,拿它的针往花心里头那么探,"就像一个平常的蜜蜂儿似的,"阿丽思想。

可是这一点儿也不是个平常的蜜蜂儿:它实在是一个象——阿丽思不看出来还没什么,她一看出来简直被她愣住了。她跟着想起来的就是,"那么那些花儿可要多大呀!简直是些小房子把房顶儿摘了装些棍子似的——那么它们做起蜜来那要做多少啊!我想我下去瞧——不,我这会儿还不去呐,"她刚要跑下去就停住了,一头儿想找个什么推托的话,不然怎么忽然又胆儿小起来了。"要是就这么跑到它们那儿去,也没有一根长树枝子撑开它们,那是再也不行的——可是回头人家问起我来散步散的可还好玩儿,那才有意思呐。我就说,'唉,好玩儿倒还好玩儿——'(说到这儿她把小脸那么一扭,她顶爱这么一来,)'就是土可是真大,天儿又那么热,还有那些象绕着嗡啊嗡的才讨厌呐!'"

她停了一会儿又说,"我想我还是走那条道儿罢,也许我下回再去看那些象去。并且我实在是真想到那第三方去!"

她这么推托了一阵子,就跑下山去,跳过了那六条沟的第一条。

*　　　　*　　　　*

"唉,劳驾,查票了!"那查票员说着,解窗户那儿伸进一个头来。马上大伙儿就都拿出车票来;他们差不多儿跟人一样大,好像坐的满车都是似的。

"该你了!拿票出来,小孩儿!"那查票员一头儿说一头儿很凶的瞅着阿丽思。接着好像一大些声音一块儿说,("就像一个歌儿里的合唱似的,"阿丽思想）"别叫他等着啊，小孩儿！你想他的时候儿一分钟值一千镑钱呐！"

阿丽思急得没法儿，只得说："我恐怕没有票。我来的地方儿也没有个售票处嚛。"那一群像合唱的声音又说，"她来的那地方儿没有地方做售票处的。那边儿的地值一千镑钱一寸呐！"

那查票员说，"别推这个推那个，你应该问开机器的人买的嚛。"那一群声音又接着说，"就是管车头的机器的那个人。你知道光是那烟就值一千镑钱一喷呐！"

阿丽思心里想，"那么也不必说话了。"这一回那些声音倒是没接着说，因为阿丽思并没有说话，可是她没料到他们像合唱似的一块儿想起来了（怎么叫"像合唱似的想"只有你懂——我只好承认我是不懂了），"还是什么也别说罢。说话就要一千镑钱一个字呐！"

阿丽思想，"我今儿晚上做梦一定会梦见一千镑钱的，我知道我会的！"

这半天那查票员一直呆在那儿瞅着她，先使一个长筒子的望远镜，一会儿又使一个显微镜，等会儿又使一个双筒子的望远镜。看到后来他就说了一声，"你走反了。"就关上窗户走了。

坐得她对边儿的一位先生（他穿了一身白纸的衣裳）说，"这么年轻的一个孩子，就是连自各儿的名字都不知道，也该知道她望哪边儿走啊！"

坐得那白纸衣裳先生的旁边儿有一个山羊，它闭起眼睛来说，"她就是连字母都不认得也该知道上售票处去是怎么走啊！"

坐得那山羊旁边儿有一个甲壳虫儿（那一车的真是些古怪的搭客），因为它们大伙儿好像是轮流着说话的，所以这会儿那甲壳虫儿就接下去说，"那么她就得算行李解这儿寄回去了！"

阿丽思看不见那甲壳虫儿那边儿坐的是谁，这回接下去的是一个哑嗓子说话。

"换车头——"刚说到这儿那嗓子就噎住了说不下去了。

阿丽思心里想,"这声音倒有点儿像鸭子叫。"一个一丁颠儿的小声儿就在她耳朵里说,"你可以把这个做成个笑话儿——什么'哑子'了'鸭子',你知道。"

远远的又一个很柔软的声音说,"她身上得贴起封条来,上头写'当心陶器,'你知道——"

以后就有好些别的声音接着说话。一个说,"她得从邮政局寄了去,因为她有个人头嚜!"一个说,"她得当电报打了去。"又一个说,"剩下来的路她得拉着火车走,"什么什么的说不完。阿丽思想,"这车里哪儿来这么些人啊?"

那穿白纸衣裳的先生就弯过腰来对着阿丽思耳朵边儿轻轻儿的说,"你甭管它们大家说些什么,乖孩子,你就每回车停的时候儿买一张回头票得了。"

"我才不呐!"阿丽思说着都不耐烦起来了。"我本来就不是这个车上的搭客嚜——我刚才是在一个树林子里头来着,我愿意还回到那儿去!"

那个小不点儿的小声音又在她耳朵边说,"这个你也可以编成个笑话,什么'回到原处,有好些树,'你知道。"

"别这么搅哄人家呀,"阿丽思说着往四面找,也找不着那小声音是哪儿来的。"你要是那么在乎编笑话儿,干么不就自各儿编呐?"

那小声音深深地叹了一口气;看样子它像是实在不快活似的,阿丽思都要想说点什么可怜它的话来安慰安慰它,"要是它能够好好儿的像别人一样那么叹气的话,"阿丽思想。可是它叹得那么妙的一口小叹气儿,它要不是尽挨着阿丽思的耳朵边儿啊,她就简直一点儿听不见了。结果把她耳朵弄得痒痒极了,弄得她一点儿也不想到那小东西的不快乐了。

那小声音就接着说,"我知道你是一个朋友,一个好朋友,一个老朋友,你不会害我吧,我虽然是倒是个虫儿?"

"什么虫儿?"阿丽思问着有点儿着急起来了。她真要问的是那虫儿蜇人不蜇人,不过她想要问了怕太没规矩就是了。

"什么,那么你难道不——"那小声音刚说到这儿就被那火车的哨子吁哩哩一响,闹的一点儿也听不见了。大伙儿连阿丽思也都吓了一跳。

那个马,它刚才拿头伸在窗户外头看,现在就轻轻儿的缩回头来说,"哦,咱们不过就是跳过一条沟。"大伙儿听了这个觉着好像就没事了,可是阿丽思听说火车还在跳的话,倒觉着有点儿担心。"不过这么一来咱们就可以到第四方,"她对自己说,"那倒还可以叫人放心!"一会儿工夫她就觉着那车在半空中腾起来,她一害怕就随便找个什么顶近的东西抓住,她抓住的碰巧是那山羊的胡子。

*　　　　　*　　　　　*

可是那胡子一碰到手好像就化了,它又变了安安静静的坐得一棵树底下——还有那小蚋虫儿(就是刚才在她耳朵边儿说话的那小虫儿)就在她头上一个树枝子上摇摇晃晃的站着,拿两个翅膀儿在那儿扇阿丽思。

这个蚋虫儿可是真大:"差不多儿有一只鸡那么大小,"阿丽思想,但是它们既然说了这么半天的话了,她也用不着再怕它了。

"——那么难道你不是所有的虫子都喜欢啊?"那蚋虫儿平平淡淡的接着前头说,好像刚才一点儿什么变动都没有过似的。

阿丽思说,"它们要能说话我就喜欢它们,可是我来的地方,它们没有一个会说话的。"

那蚋虫儿就问,"你来的地方你们有些什么虫儿你看了就会开心的?"

阿丽思说,"我看见了并不见得开心,因为我有点儿怕它们——横是大的我怕。不过我能告送你有些虫儿的名字。"

那蚋虫儿随便答一句说,"自然它们听见了叫它们的名字会答应了?"

"那我倒从来没听说过。"

那蚋虫儿说,"要是叫了不会答应,那它们要名字干嘛呢?"

阿丽思说,"对它们是没有用呀,不过给它们起名字的人大概起了有点儿用处,我想。要不然不管什么东西要名字干嘛呐?"

"我不敢说,"那蚋虫儿回答说。"还过去一点儿在那边儿那个树林子里它们就什么东西都没有名字的——别管了,你数数你们的虫儿给我听吧;你净耽误时候儿。"

阿丽思就起头儿拿手指头数着说,"我们那儿有马蜂。"

那蚋虫儿就说,"唉,在那棵小树的半当中,你要是留心去瞅,就可以看见一个木马蜂。它全是木头做的,它要上哪儿去就解这个枝子到那个枝子一摇一摇的那么走。"

阿丽思觉着这个非常有趣儿,她就问,"它吃什么活呢?"

那蚋虫儿说,"树浆跟锯末儿了。再说下去啊。"

阿丽思看着那个木马蜂非常好玩,她猜一定是才油漆了不久的,那么亮那么粘的样子；她又接着说底下的。

"那么我们还有蜻蜓。"

那蚋虫儿就说，"你瞧瞧你头上的树枝子，你就可以看见一个冬蜻蜓。它的身子是一个布丁做的。翅膀儿是冬青树的叶子做的，它的头是一个才蘸了勃兰地点着了的葡萄干儿。"

阿丽思又像刚才那么问，"那么它吃什么活呐？"

那蚋虫儿说，"糖粥跟酥盒子了。它的窝就做在圣诞节的纸盒儿里。"

阿丽思把那头上着火的冬蜻蜓好好儿的瞅了一会儿，她心里想，"好些种虫儿都喜欢望火里头飞，不知道是不是因为它们都想变成冬蜻蜓的缘故？"一会儿她又接着说，"那么我们还有油葫芦。"

"在你脚底下爬着，"那蚋虫儿一说，阿丽思就吓得马上把脚一缩回来，"就是一个面包黄油葫芦，它的翅膀儿是薄片儿的面包黄油做的，它的身子是一个面包壳儿，它的头是一块方块儿糖。"

"那么它吃什么活呐？"

"牛奶皮淡茶了！"

阿丽思忽然想到一个新的难处，"也许它找不着牛奶皮淡茶呐？"她说。

"那么它就死了，自然。"

阿丽思想想又说，"可是这个常常儿会碰见的呀？"

那蚋虫儿说，"老是碰见这样儿。"

阿丽思听了半天不言语，心里头想着。那蚋虫儿就绕着阿丽思的头嗡啊嗡的打转儿玩；到后来它又落下来对阿丽思说，"我想你大概不愿意把你的名字丢了吧？"

"嘎？我不愿意啊！"阿丽思倒有点儿着急起来了。

那蚋虫儿很随便的接着说，"不过——这也没准儿。你想，你要是回家的时候儿把名字邋得外头了，那多便当啊！比方你的保姆要叫你做功课的时候，她只好说'快来——'就得停住了，因为她底下就叫不出名字来了，那么自然你也用不着去了，你想。"

"那我知道再也不行的，"阿丽思说，"那保姆一定不会为着这点儿事就放我的学的。要是她记不起我的名字来她就会叫我'密斯'，就跟佣人一样叫法。"

那蚋虫儿说，"好，要是她只说'没事'，不说别的那你就没事了。就是一句笑话儿。要是让你说了多好。"

阿丽思说，"为什么我说了就好？这个笑话儿编的一点儿也不好嘞。"

可是那蚋虫儿只深深的叹了一口气，两滴大眼泪珠子在脸上流了下来。

阿丽思说，"要是说笑话儿叫你这么不快活，你还是甭说笑话儿了罢。"

那蚋虫儿听了又来了那么一个伤心的小叹气儿，这一回它一叹叹的把自各儿都叹没了，因为阿丽思再抬头一看，树枝儿上什么都没有了，她坐了这么半天不动也有点儿冷得慌了，她就站起来又走。

她一会儿就到了一片空场，空场的那边儿是一个树林子：这个树林子比刚才那个黑的多，阿丽思觉着有一点儿胆小，不敢望里走。可是再一想，她觉着还是走进去罢。她对自己说，"要我望回走，那我是不来的，而且到第八方也只有这一条路嘞。"

走了一会儿她一头儿想着说，"这个一定是哪个东西都没名字的树林子了。我走了进去不知道我的名字要变成怎么样？我一点儿也不愿意把它丢了——因为他们一定会又给我起一个，而且我猜一定会给我起一个很难听的的，可是那么样子，回来去找谁顶了我的旧名字的时候，倒是怪好玩儿的！那就像有些广告似的，你知道，比方人家丢了狗，他们的广告上就说，"脖子上带了铜领子；叫'小花儿'就答应"——你想碰见什么东西都叫它一声'阿丽思'看哪个东西答应，那多好玩儿！不过谁要是聪明的话，他一定不肯答应的。"

她一直走到树林子那儿，老是一个人自各儿那么叽哩咕噜；那地方倒很阴凉。她走到那些树底下就说，"不管怎么样，横是这儿不像刚才那么热，到底还是这儿舒服，在这些——这些——这些什么东西来着？"她想不出那个字来觉着有点儿诧异起来。"我是要说在这个——这个——这个的底下，你知道！"（她拿手摸着树）。"它到底管它自各儿叫什么呀，我倒不知道？我敢说它是没有名字的——唉，真的它本来是没有名字的！"

她站了一会儿不言语，想了想她忽然说，"哎呀，那么这事情到底真来了！那么现在我是谁呐？我要记得我就记得！我打定了主意我非得记得不成！"可是她打定主意也白饶，她纳闷儿了好半天，顶多只能说，"l——l——我知道是嘞字起头儿的嘞！"

正在那时候儿一个小鹿儿慢慢儿的走过去，它睁着一双很和气的大眼睛瞧着阿丽思，可是一点儿也没有怕她的神气。"来，上这儿来！"阿丽思说着伸出手来想要摸它；可是它退了几步，又停住瞅着阿丽思。

到后来那小鹿儿说，"你叫什么？"它说话的声音真软真好听！

那可怜的阿丽思心里想，"我也真愿意知道呀！"她只好回答说，"现在还不叫什么呐。"

它说，"那不行，再想想看。"

阿丽思就想，可是还想不起来。她就很胆小的说，"好不好请你先告送我你叫什么罢？也许这个可以帮我一点儿。"

那小鹿儿说，"你要是再跟我多走一点儿我就告送你。我在这哈儿记不起来。"

所以阿丽思就拿胳臂搂着那小鹿儿的细软的脖子，俩人儿慢慢儿的在树林子里走，一直走到了又一个空场，那小鹿儿忽然解阿丽思的怀里褪出来望半空中一跳，很开心的大嚷一声，"我是个小鹿儿！哎呀！你是个人的小孩儿！"它那双好看的深黄眼睛里，马上现出害怕的神气出来，再一会儿工夫它就飞啊似的跑走了。

阿丽思在后头站着瞅着，她忽然丢了这么好的一个小同伴儿，心里难受得都要哭出来了。"不过我想起我的名字来了，"她说，"这总算是个安慰。阿丽思——阿丽思——我再也不忘了。现在让我看啊，这两块牌子上指的方向，应该照哪一个走啊——我倒不知道?"

　　这个话倒不难回答,因为只有一条道儿穿过那树林子,而且那两块牌子上的指头都一顺儿的对着那条道儿指着。阿丽思就说,"好,赶几时那道儿分开的时候儿,要是那俩指头指的两样的时候儿,我再来决定。"

　　可是这事情不大像会有的。她尽走尽走,走了好些路,可是每回碰到一个岔道儿的地方儿就老有两块牌儿都顺着同一条路上指着,一个上头写着"**到腿得儿敦家**";一个上写着"**到腿得儿弟的家里**。"

　　到后来阿丽思说,"啊,敢情他们住在一所房子里的,我想。怎么这点儿我早没想到?可是我不能多呆。我就只跟他们打个招呼,说声,'你们好啊?'就问他们怎么走出这树林子。我得要赶天没黑就走到了第八方才行呐。"她就这么荡啊荡的走,一头儿走着一头儿跟自各儿说话,走走忽然一拐弯儿就碰见了两个小矮胖子,他们忽然的那么一现出来,都把阿丽思吓了一跳,不过她马上就放下心来,因为她知道他们俩一定就是——

第四章　腿得儿敦跟腿得儿弟

　　他们俩你搭着我的肩膀儿我搭着你的肩膀儿，站在一棵树底下，阿丽思一看就知道哪个是哪个，因为一个的领子上绣的是一个"敦"，一个的领子上绣的是一个"弟"字。她对自己说，"我猜他们每人领子后头一定都有个'腿得儿'在上。"

　　他们站得那么一点儿也不动，阿丽思都忘了他们是活的了，她正要看看他们俩人的脖子后头有没有个"腿得儿"写在上头，忽然那个有"敦"字的说起话来了，把阿丽思倒吓了一跳。

　　他说，"你要是拿我们当蜡人儿，你就得给钱，你知道。蜡人儿不是白看的呀。才不呐！"

　　"反过来说，"那个有"弟"字的接着说，"要是你想我们是活人，你就应该说话。"

　　阿丽思除了"我真是对不起的很，"也说不出别的话来；可是那一首老歌儿的词儿尽在她脑子里像个钟似的那么不停的转，她简直差一点儿没把这个歌词儿说出声儿来：

　　　　"腿得儿敦跟腿得儿弟，
　　　　　　他们商量好了打一架；
　　　　因为腿得儿敦说腿得儿弟，

　　　　他毁了他的新的花啦啦。
　　忽然飞来个大黑老鸹，
　　　　黑得都跟墨一样了；
　　把俩人儿吓得抱着脑瓜，
　　　　连刚才打的架都忘了。"

　　"我知道你待那儿想什么呐，"腿得儿敦说，"可是不对，才不呐。"
　　"要反过来说，"腿得儿弟说，"要是对，就许对；倘若对，就会对，但是既然不对，那就不对。这是逻辑。"
　　阿丽思很客气的说，"我刚才想的是走哪条路可以走出这树林子：天儿都这么黑了。请你们告送我一声，好吧？"
　　可是那两个小胖子只是你看看我我看看你那么笑。
　　他们的样儿那么活像一对小学生，简直叫阿丽思忍不住的拿指头指着腿得儿敦说，"第一个学生！"
　　"才不呐！"腿得儿敦干干脆脆的说完了就拿嘴"啪！"的一声闭了起来。
　　"第二个学生！"阿丽思说着拿手指着腿得儿弟，知道他一定会说"要反过来说！"你瞧，他可不是真说了！
　　腿得儿敦就说，"你起头儿就起错了噎！你要拜望人，你第一件事情是对人说声'您好？'再跟人搀手！"说到这儿他们哥儿俩搂着挤了一下，再把两个不用的手伸出来跟她搀手。
　　阿丽思不好跟哪一个先搀手，怕得罪了那一个；所以她想了个顶好的主意，就拿两个手跟他们一块儿搀：再一会儿就成了一个圈儿，手搀着手跳起舞来了。这个好像是很自然的事情（这是她后来想起来的话），而且她听见有奏乐的声音也不觉着奇怪：那音乐好像是从他们头顶上的树上来的，也不知道是树枝子跟树枝子像胡琴棍儿刮胡琴弦那么刮的，也不知道是怎么的。
　　"真古怪，"（这是阿丽思后来对她姊姊讲所有这些事情的时候儿说的）"不知道怎么，我唱起'咱们围着那桑树来跑'那个歌儿来了。我也不知道是什么时候儿起头儿的，就只觉着已经唱了半天了似的！"
　　那两个跳舞的都很胖，所以一会儿就喘不过气来了。腿得儿敦呼啊呼的说，"一个跳舞转四圈儿足够了。"他们就像刚才说起头儿就起头儿一样，现在说停就停了:那树上来的音乐也一块停了。

他们放了阿丽思的手就站得那儿老瞅着她:这一停停得倒怪不好意思的,阿丽思也不知道对刚才一块儿跳完了舞的人应该是起头儿说点儿什么话。她心里想,"这会儿可不能再问'您好?'了:我们横是早过了问这个的时候了!"

她好容易想出来说,"你们不太累得慌了吧?"

腿得儿敦说,"才不呐。多谢你关心问我们。"

腿得儿弟也说,"真是感谢的很!你喜欢听诗吗?"

阿丽思慢慢吞吞的说,"喜欢倒是喜欢——有些诗的话。劳驾可好告送我哪条路是走出这树林子的?"

"背哪一首给她听?"腿得儿弟说着,拿一双很正经样子的眼睛转过来对着腿得儿敦,也不理会阿丽思问他的话。

"'海象跟木匠'那首顶长",腿得儿敦说着就把他的弟弟亲亲热热儿的抱一下儿。

腿得儿弟马上就起头儿:

"太阳照在——"

说到这儿阿丽思不管三七二十一就打断他的话说,"要是这诗很长的话,还是劳您驾先告送我哪条路——"

腿得儿弟只是很和气的对她笑一笑,就又起头儿背:

"太阳照在大海上,
　　他拼命使劲的干;
他想把浪头归置好,
　　要又光又不乱——
可是这很怪,因为那正是
　　在半夜三更半

那月亮看了撅着嘴,
　　他心里想,刚才

还当着一天过完了，
　　怎么太阳还要来？
'他简直没规矩，'她说，
　　'这么跑来拆我的台。'

那海是湿得像什么那么湿，
　　那沙子就干得像干。
你看不见天上一片云，
　　因为并没云在天：
也没有鸟儿在儿穿空过——
　　是并没鸟儿在儿穿。

海象跟一个木匠
　　他们俩人儿慢慢儿的跑：
他们看见了那么些沙子，
　　就哭得个不得了
'要是这都扫清了，'他们说，
　　'那岂不是非常好？'

'要是七个老妈子拿七个墩布
　　来扫它大半年，
你猜猜看，'那海象说，
　　'可能够扫得完？'
那木匠掉着眼泪儿说，
　　'唉！我看这很难。'

'唉，蛎蟥们，'那海象说，
　　'来跟我们散散步！
来说说话，来打打岔，
　　在海滩儿上走走路：

我们俩人儿四个手搀四位,
　　再多了怕搀不住。'

那老蛎蟥也不言语,
　　也不拿手去搀:
那老蛎蟥只摇摇头,
　　把眼睛翻一翻——
它意思是说,'像它这样儿
　　还再去上海滩?'

有四个小蛎蟥儿很想来,
　　它们想的不得了:
它们刷了衣裳,洗了脸,
　　把鞋带儿也系好——
可是这很怪,因为你知道,
　　它们轧根儿就没脚。

又四个蛎蟥跟着来,
　　又四个跟着走;
越来越多——你听我说——
　　还有,还有,还有——
它们都从水里跳上岸,
　　那么唏哩哕啦的走。

那海象跟那个木匠
　　又走了两三里,
它们找了一块大石头
　　来当做圈身椅:
那一个一个儿的小蛎蟥儿
　　就大伙儿往前挤。

那海象说，'来谈话吧，
　　咱们说短还说长：
说鞋——说船——还说火漆——
　　说白菜——跟国王——
问海怎么煮的滚滚烫——
　　问猪可能上房。'

'请等一等儿，'它们连忙说，
　　'我们简直赶不上；
我们有的喘不过气
　　来，我们个个儿都很胖！'
'你们甭这么忙！'那木匠说，
　　它们说，'您真体谅！'

那海象说，'咱们最要紧的
　　是来个大面包：
还有很好的好作料
　　是酸醋跟胡椒——
唉，蛎蟥们，你们好了吧？
　　好，咱们就动手挑。'

'可是挑谁啊？'它们嚷着说，
　　它们吓得都变了色。
'你们刚才待我们那么样儿好，
　　怎么一会儿又这么——啧！——嗳⤴！'
'今儿天儿真好，'那海象说，
　　'唉，木匠，你瞧那海！

你今儿能来，我真高兴！

我很想见你的面！'
那木匠只管吃着说，
　　　'唉，再给我们切一片：
我愿意你别那么样儿聋——
　　　我叫了你好几遍！'

'这该不该，'那海象说，
　　　'这么给它们上这个当？
咱们叫它们跟我们跑的这么远，
　　　是跟我们出来逛！'
那木匠拿着面包说，
　　　'这黄油抹不上！'

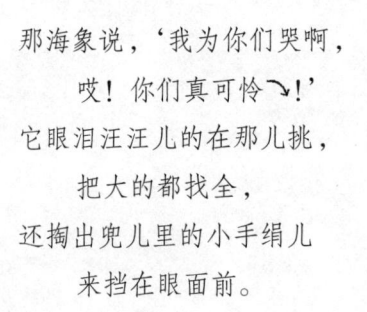

那海象说，'我为你们哭啊，
　　　哎！你们真可怜⤵！'
它眼泪汪汪儿的在那儿挑，
　　　把大的都找全，
还掏出兜儿里的小手绢儿
　　　来挡在眼面前。

'回家了，嘿！'那木匠说，
　　　'你们玩儿的可还好？
怎么不言语啊？'看着像
　　　是蛎蟥非常少——
可是这难怪，因为它们哥儿俩
　　　把个个儿都吃了。

　　阿丽思听完了说，"我还是喜欢那海象一点儿，因为它到底有点儿可怜那些蛎蟥们。"

　　"它比木匠吃得多呀，可是，"腿得儿弟说。"你瞧它拿小手绢儿挡在眼面前，不是好让那木匠数不清它吃了多少吗？要反过来说！"

阿丽思听了怪生气，她说，"这太下等了！那我还是喜欢那木匠一点儿——既然它吃的没有海象那么多！"

腿得儿敦说，"不过他也是能吃多少吃多少呀。"

这更叫人糊涂了。隔了一会儿阿丽思说，"唉，它们两个人都是很讨厌的人物——"说到这儿她忽然被一个声音吓住了，她听见在附近树林子里有个东西像个蒸汽机似的那么咻啊咻的响，不过她怕的是像有什么野兽来了。她很胆小的问他们说，"这哈儿有狮子老虎什么的没有？"

腿得儿弟说，"哦，不过是那红皇帝待那儿打呼噜。"

"来，去看他去！"他们哥儿俩说着就一个人搀着阿丽思的一只手，领她上那皇帝睡觉的地方。

腿得儿敦说，"你瞧他这样子多可爱啊！"

阿丽思凭良心简直没法儿说他是。他戴着一顶挺高的红睡帽儿，上头还有个穗子，他的身子就乱七八糟的团成一堆，他打呼噜打得"够把他的头都要呼掉了！"腿得儿敦说的。

阿丽思是个会替人想的小孩儿，她说，"我怕他睡得那潮湿的草地上别睡伤了风吧？"

腿得儿弟说，"他这会儿待那儿做梦呐，你猜他梦见的是什么罢？"

阿丽思说，"那谁猜得着啊？"

"自然是梦见你了，"腿得儿弟说了得意的拍起手来。"那么要是他一会儿梦里没有你了，你猜你就会在哪儿了？"

"自然还是在这儿了，"阿丽思说。

腿得儿弟说，"哼！你才不呐！你哪儿也不在啦。你不过是在梦里头的一种东西就是了，你想！"

腿得儿敦又接着说，"要是那皇帝醒了过来啊，你就像一枝蜡似的，'叭！'

一下儿就灭了!"

阿丽思有点儿生气,她说,"我才不呐!而且假如我只是他梦里头的一种东西,那么你们是什么呐,我倒要知道?"

腿得儿敦说,"同上。"

腿得儿弟也嚷着说,"同上,同上!"

他嚷的那么响,阿丽思不由得就说,"吁——!我怕你这么闹法,回头把他闹醒了!"

腿得儿敦说,"哼,你说他闹得醒闹不醒有什么用处?你不过是他梦里头的一件东西嚜,你知道你又不是真的。"

"我是真的嚜!"阿丽思急得哭起来了。

腿得儿弟说,"你哭也哭不真啊:本来就没东西哭嚜。"

"我要不是真的我怎么还哭呐?" 阿丽思说着解眼泪里头要笑出来了,她觉着不知道这是胡说些什么。

腿得儿敦做着很瞧不起她的声音说,"我想你不见得以为那都是真眼泪吧?"

阿丽思自己想,"我知道他们都是瞎说,还为着这个哭,那傻极了。"所以她就擦擦眼泪,还勉强的做出高兴的神气对他们说,"不管怎么样,我是得想法子走出这个树林子了,因为天已经黑得厉害了。你们看会下雨吧?"

腿得儿敦支起了一把大雨伞,连他弟弟跟他自各儿都遮起来,就在伞底下望上瞧着说,"我想不会,横是这底下不会。才不呐。"

"可是外头也许下雨呢?"

腿得儿弟说,"它要高兴,它下就得了。我们不在乎。要反过来说的。"

"彻些自顾自的东西!" 阿丽思心里骂着,刚要想对他们说声"明儿再见"就离开他们,忽然腿得儿敦且雨伞底下跳了出来一把抓住阿丽思的

手。

"你看见那个东西吗?"他说着拿一个手指着树底下一个小白东西,他气得手都发抖,嗓子也噎得说不出话来,两个眼睛一会儿工夫瞪得又圆又黄。

阿丽思细细儿的把那小白东西瞅了瞅说,"不过就是个花啦啦响的那种玩意儿呃。"她生怕他是吓着了,所以又连忙告送他说,"并不是个花啦啦响的那种响尾蛇呀。不过是个旧的花啦啦,挺旧挺破的了。"

"我知道是的嚜!"腿得儿敦一头儿嚷着一头儿跺着脚又乱扯他自己的头发。"是弄坏了嚜,自然了!"说到这儿他瞅着腿得儿弟,腿得儿弟马上就望地下一坐,想要躲到那雨伞底下藏起来。

阿丽思拿手搁在他胳臂上,做着安慰他的声音说,"唉,为着一个旧的花啦啦,用不着这么样生气呀。"

"并不是旧的嚜!"腿得儿敦嚷的越嚷越气越响。"是新的,我告送你——我昨儿才买的嚜——我的好好的一个新的花啦啦!"他的声音简直像个什么东西叫唤了。

这半天腿得儿弟就在那儿想尽了法子把那雨伞放下来,还要连自各儿又包得里头;这古怪把戏弄得叫阿丽思都忘了他的发脾气的哥哥,转过来瞧他了。可是他弄也弄不好,到后来一毂辘儿一个滚儿,人是裹得雨伞里了,可是一个头还露在外头;他就那么横得那儿,一张嘴两只眼睛一开一关的——阿丽思想,"要不是个鱼没有别的再像的了。"

腿得儿敦气的声音稍为和平一点儿说,"自然咱们得商量好了打一架了?"那个就解雨伞底下爬出来,撅着嘴说,"恐怕是要的了,不过她得帮咱们打扮起来,你知道。"

他们哥儿俩就手搀着手走到树林子里去,一会儿每个人怀儿里抱了一大堆东西出来——什么垫子咧,被窝咧,地毯咧,桌布咧,锅盖儿咧,煤炭篓子咧,什么的,腿得儿敦说,"你对于系扣儿别别针总该是个好手吧?样样儿东西都得想法儿弄上去呐。"

阿丽思后来告送人说,她从来也没见过人一样儿事情这么啰嗦法——那两个人忙的样子,得弄上去的东西可真多——拴绳系扣儿的给他麻烦劲儿——"赶弄好了的时候儿他们也不知道成了什么了,简直是两捆破布烂棉花团儿了!"她对自己一头儿说着一头儿给腿得儿弟脖子上围起个垫子来,"这是防着他头被人砍下来的,"据他说。

他又很沉重的说,"你知道打仗碰到这样事情不是玩儿的呀——碰到头被人砍掉了的话。"

阿丽思哈哈的笑出声儿来,可是她连忙又想法子改成一个咳嗽,怕笑了回来他生气。

"我今儿脸上的气色不大好吧?"腿得儿敦说着走过来让阿丽思给他把盔甲系上。(他叫是叫他盔甲,可是像极了一个锅了。)

阿丽思软软儿的声音说,"呒——,唉——,不很大好。"

腿得儿敦低声儿说,"我平常倒是很勇敢的,不过今儿我碰巧有点儿头疼。"

腿得儿弟在旁边儿听见了说,"那么我,我还牙疼呢!我比你更不好了!"

阿丽思想这是个好机会讲和了,她就说,"那么你们今儿还是别打了罢。"

腿得儿敦说,"我们打是得打一点儿,不过我倒不在乎打的多长。现在什么时候儿啦?"

腿得儿弟看看表说,"四点半。"

腿得儿敦说,"那么咱们就打到六点钟吃饭罢。"

腿得儿弟没法子,只好说,"好吧,她可以看着咱们打——可是你别站得太近,啊!我是看见什么就打的——当我真打出气来的时候儿。"

腿得儿敦嚷着说,"我呀,我不管看见不看见,我打着什么就是什么。"

阿丽思笑了。她说,"那你们一定常常儿会碰到树了,这么说起来。"

腿得儿敦很得意的对四面一笑。他说,"哼!当我们打完了仗啊,解这儿起倒不知道多远,恐怕连一棵树都没有剩下来的了!"

"都是为了一个花啦啦!" 阿丽思说这个还指望说得他们不好意思——为着这么一点儿小事情来打仗。

可是腿得儿弟说,"要不是个新的,我倒不这么在乎了。"

"要是那大黑老鸹这会儿就好了!"阿丽思想。

腿得儿弟对他哥哥说,"只有一把剑啊,你知道。可是你可以使那把雨伞——也挺快的啊,不过咱们快点儿起头儿吧。天都黑得不能再黑了。"

"唉!又更黑了,"腿得儿弟说。

真的忽然大黑起来了,阿丽思想一定是有雷雨来了。她说,"哎呀,那块云彩真黑!它来得怎么那么快啊!唉,敢情它是有翅膀儿的呢?"

腿得儿敦看见了,吓得使起尖嗓子大嚷说,"是那个老鸹!"他们俩人抱着脑瓜拔起脚来就跑,一会儿连影儿都看不见了。

　　阿丽思跑进树林子里一点儿路,到一棵大树底下呆着。她想,"这儿它怎么也够不着我了,它那么大,一定挤不进这些树当中来。可是我愿意它别拿翅膀儿那么扑——扑得简直全树林子都起了大风了——唷!这儿是谁的披肩刮掉了!"

第五章　绵羊跟池塘

她说着一把抓住那披肩，就四面找那东西的主儿：再一会儿那白皇后打树林子里拚命的跑过来，两只胳臂搉的开开儿的像翅膀儿似的，阿丽思就拿着披肩很客气的过去迎接她。

"真好，我碰巧抓住了，"阿丽思说着就帮着给她披上。

那白皇后像吓得不知道怎么好似的瞅着阿丽思，嘴里叽哩咕噜的不知道说些什么，有点儿像"面包黄油，面包黄油"似的，阿丽思觉着要是想谈得起话来，那非得她自己找话谈不行。所以她就怪胆儿小的对她说，"我碰见的这位，大概是白皇后吧？"

那白皇后说，"也可以这么说吧，要是你管这个叫碰见的话。我想的碰法一点儿也不是这么碰的。"

阿丽思想一起头儿谈话就争论起来是再也不成的，所以她就笑着说，"陛下，您要是告送我应该怎么起头儿的，我愿意好好儿照着做。"

那皇后发起急来，哼哼着说，"我并不要起头儿嚜！我一个人就忙了两个钟头了。"

阿丽思觉着要是有个别人帮着她穿穿衣裳就好了，她一身真是乱得不像样子，样样儿东西弄的都不是地方儿，而且弄得浑身都是些别针。"让我来给你把披肩弄弄直溜儿好不好？"

那皇后像没注意的神气说，"我也不知道它是怎么回事了！我想它是闹翻了脾气了。我给它别得这儿，我给它别得那儿，可是怎么也没法子巴结它！"

"你要是把它都别在一边儿，自然一定弄不舒坦的，你知道，"阿丽思说着

就给她慢慢儿的弄弄好；"还有,哎哟,你这头发成了什么样子了?"

那皇后叹口气说,"唉,一个头发刷子搅在里头了！并且我昨儿还丢了一把木梳呐！"

阿丽思慢慢儿的把刷子弄了出来,再勉强把她头发拢一拢好。她又把差不多儿个个儿别针都重新别过一道,然后说,"唉,这会儿你好看点儿啦！可是你实在应该找个梳头的来！"

那皇后说,"好啊,你来做我的梳头的我一定收你,一礼拜两便士,隔一天一回果子酱。"

阿丽思忍不住的笑了起来,她说,"我不要你雇我——我也不在乎果子酱。"

那皇后说,"是很好的果子酱呀。"

"那么横是我今天不要果子酱。"

那皇后说,"你就是要也不能有啊。我定的是昨天有,明天有,总不会今天有的。"

"那总有时候儿会今天有的呀,"阿丽思说。

那皇后说,"不,不会的,说的是隔一天有嘤：今天就不是隔一天了,你想呐。"

"我不懂了,"阿丽思说,"这个把人搅得真糊涂！"

那皇后很和气的说,"这是反着过日子过的,起头儿总会把人弄的有点儿头眩的——"

"反着过日子！"阿丽思听了真希奇。"我从来没听见过这个！"

"——可是这里头有一样儿好处,你的记性也是两面儿走的。"

阿丽思说,"我的记性是只会一面儿走的。还没有过的事情我不会记得的。"

"一个记性只会一面儿走,那多没意思啊,"那皇后说。

阿丽思就试试问她说,"你顶会记得些什么样儿的事情呐?"

那皇后很随便的回答她说,"哦,下下礼拜的事情我都记得。比方说现在,"她说着拿一大块橡皮膏望她手指头上一贴,"那个皇帝的送信的。他这会儿正罚了下狱:可是要下礼拜三才起头儿开审判;他的罪,自然留到末了儿的时候儿才犯呐。"

阿丽思说,"假如他始终就不犯罪呐?"

"那岂不是更好吗?"那皇后说着拿一条小带儿把她指头上橡皮膏捆起来。

阿丽思觉着这个倒是没法儿说它不是,她就说,"自然更好了,可是对于他受罚那就不能算更好了。"

那皇后说,"这个你反正是错了。你曾经受过罚没有?"

"只是做了错儿的时候儿,"阿丽思说。

那皇后很得意的说,"那么你受了罚过后就好一点儿,我知道的。"

阿丽思说,"是是是啊,不过我是做了坏事才受罚的,不同的就在这个上啊。"

那皇后说,"不过你要是没有做坏事,那也是蛮好的啊,蛮好的,蛮好,蛮好!"她每回说一个"蛮好",声音就越高,到后来简直成了一个尖叫了。

阿丽思刚要想说,"哎呀,有点儿不对——"那皇后就叫得更响起来,把她的话打断了。"哎哟,哎哟,哎哟!"那皇后一头儿嚷一头儿拽她的手指头,恨不得要把它拽掉了似的。"我的手指头流血了!哎哟,哎哟,哎哟!"

她的声音尖得像火车上吹的哨儿似的,响得阿丽思只好拿两只手把耳朵捂起来。

她一等到有机会让她说话的声音听得见的时候她就说,"是怎么啦?你可是扎了手啦?"

那皇后说,"扎是还没扎呐,可是快扎了——哎哟,哎哟,哎哟!"

"那么你预备几时扎呐?"阿丽思问的都要想笑了。

"等到我再别上披肩的时候儿,"那皇后疼得直叫,"那别针就要散了!哎哟,哎哟!"一说到这儿,那别针"嘣!"的一声开了,那皇后就像疯了似的乱抓一下儿,想要再把它别住。

阿丽思嚷着说,"唉,小心点儿!不是那么抓的!"她把那别针抢过来;可是已经太晚了：那个别针早已经一出溜把那皇后的手指头扎破了。

她对阿丽思笑着说，"所以我才流血的，你看。现在你懂这哈儿的事情是怎么来的了吧？"

"可是这会儿你怎么又不叫了呐？"阿丽思说着连忙抬起手来，预备又把耳朵捂起来。

那皇后说，"我已经都叫过了嚜。干么还要再来那么一套呐？"

这时候儿天又亮起来了。阿丽思说，"那老鸹一定飞走了，我想。它走了我真高兴。我还当着是天黑了呐。"

那皇后说，"我愿意我也有法子可以高兴！不过我老不记得是怎么个规矩。你一定很快乐，住在树林子里，什么时候儿高兴高兴高兴就高兴高兴！"

"可是这哈儿真冷静死了！"阿丽思说着声音又不高兴起来了；她想到她冷静的味儿，两滴大眼泪儿就在嘴巴子上滚下来了。

"嗳！别这么样子呀！"那皇后急得没法子直搓手。"想想你是多么好的一个小孩儿。想想你今天多么远的路来的。想想现在是几点钟。随便想想什么，就是别哭！"

阿丽思听她这么说，她还带着眼泪就忍不住的要笑。她问她说，"你能想想什么就会不哭吗？"

那皇后很有主意的说，"这是个法子嚜！没人能同时做两样儿事情的，你知道。咱们起头儿先想想你的岁数儿罢——你几岁？"

"我整整儿七岁半。"

那皇后说，"你用不着'整整儿'。你不说那个我也会信的。现在我给你点儿东西信信看，我是刚刚一百零一岁五个月零一天。"

"那我不能信！"阿丽思说。

那皇后像可怜她的神气似的说，"你不能吗？你再试试看：深深的吸一口气，闭起眼睛来。"

阿丽思笑着说，"试也没用啊，不会有的事情横是没法子信的。"

那皇后说，"我敢说你是没很练习过的缘故。我像你那么大的时候儿啊，我每天老是练半个钟头。哼，有时候儿我一大早还没吃点心就已经信了六样儿不会有的事情了。唷，我的披肩又跑了！"

她说话的时候儿那别针又散了，忽然一阵风把她的披肩刮过了一条小沟。那皇后又搩开两个胳臂像飞啊似的跟着追过去，这一回她倒是自各儿把它抓住了。她得意的嚷着说，"我逮着它了！这一回你可以看我自各儿一个人把它再别起来了！"

阿丽思跟着她过了那一条小沟，很恭敬的问她说，"那么你的手指头大概好点儿了吧？"

    *   *   *

"哦，总算好了！"那皇后声音又慢慢儿的变成了尖叫。"蛮好了！蛮好了！咩好！蛮——咩——唉！"末了儿那个字变成了一声长咩，那么像个羊叫。把阿丽思吓得真是一跳。

她看看那皇后好像她滚得一身的绒毛似的。阿丽思揉揉眼睛再看。她一点儿也不明白是怎么一回事了。是在一个铺子里不是？还有那个可真是个——那真是个羊吗，那个坐在柜台里边儿的？她怎么揉眼睛也瞧不出别的来：她是在一个很黑的小铺子里，拿胳臂肘子靠着柜台，她对面是一只老绵羊，坐在圈身椅子里待那儿打绒头绳儿东西，带着一副大眼镜儿，时时刻刻的瞅瞅阿丽思。

那羊过了半天抬起头来问阿丽思说，"你要买的是什么呀？"

阿丽思轻轻儿的声音说，"我还不一定知道呐，我愿意先四周围看看再说，好吧？"

那绵羊说，"你可以望前头看，也可以望两边儿看，要是你高兴的话；可是你不能四周围都看呀——除非你脑袋后头都长了眼睛。"

可是这么长的眼睛阿丽思碰巧倒是没有的：所以她只好打着转儿那么看，转到哪个架子就看看哪个架子。

那铺子好像有各式各样儿的古怪的东西——可是这里头顶希奇的事情是，她一对哪个架子仔细的一瞅，要看看上头有什么东西，那个架子就总是空的，可是左右上下的架子

还是装得满满儿的。

阿丽思费了半天工夫，追着一个大亮东西，那东西有点儿像个洋娃娃，有时候儿又像个做活的笸箩，它老是摆得她看的那个架子的上一层。阿丽思埋怨着说，"这哈儿的东西怎么跑来跑去的！而且这一个顶急人了。"她又忽然来了个念头说，"唉，我告送你怎么罢——我把它一直撵到顶高的一层上去。看它有法子走到顶棚里去没有，我倒要知道！"

可是连这个法儿也不灵；那"东西"就一点儿也不声不响的走到顶棚里去了，都像是走惯了的似的。

那绵羊拿起了一对钢针在手里，对阿丽思说，"你是个小孩儿还是个捻捻转儿？你要再那么嘟噜嘟噜的转，就要转得我头晕了。"她现在拿着十四对钢针一块儿打，阿丽思看着真希奇的不得了。

"她怎么能使那么些针打东西啊？"阿丽思想着真是莫名其妙。"她一会儿一会儿的越变越像个箭猪了。"

"你会划船吧？"那绵羊说着给一对钢针给阿丽思。

阿丽思正要想说，"会啊，有一点儿会——可是不是在岸上——也不是使钢针——"还没说出来，她手里的针忽然变成了一副桨了，她又觉着她跟那个绵羊是在一个小划船儿上，在两边儿岸的当中慢慢儿漂着。那除了好好儿的划，也没别的法子了。

"撇桨！"那绵羊说着又加上一副钢针。

这不像要个回答的话，所以阿丽思也没言语，就把船摇开了走。她觉着这个水有点儿古怪，因为那个桨一回一回的老是跟什么绊住了，几乎都弄不动似的。

那绵羊又拿了些钢针起来一头儿嚷着说，"撇桨！撇桨！你一会儿就要逮着个螃蟹的。"

"哎呀，一个小螃蟹！"阿丽思想，"这个我倒是挺喜欢的。"

那绵羊挺狠的嚷着说，"你不听见我叫'撇桨'吗？"他说着又拿了一大些钢针。

阿丽思说，"我是听见啦，你说了好几回了——而且说的很响。请你告送我螃蟹在哪儿啊？"

"在水里了，自然！"那绵羊说着拿了些钢针插在头发里，因为他俩手已经满了。"撇桨呀，我说！"

阿丽思有点儿觉着她频气了,她就说,"你干嘛老说'别讲'啊?我也没讲啊!"

"什么没桨!"那绵羊说,"你手里摇的是什么,你简直是个笨猪。"

这个说得阿丽思有点儿生气,所以她们半天也没说话,那小船儿就慢慢儿的漂下去,有时候儿漂到一大些水草堆里,把两只桨又绊住了一动也不动,有时候儿漂到树底下,可是两边儿老是有很高的河岸对他们皱着眉头似的。

"哎呀,劳您驾 —— 还有香的灯心草呐!"阿丽思忽然开心的不得了的嚷起来。"真的有呐 —— 好看极了!"

那绵羊打着绒头绳东西也不抬头就说,"你用不着对我说'劳驾。'我也没把那些香草搁得那儿,我也不会把它拿走。"

阿丽思说,"是不错,不过我 —— 唉,劳您驾,咱们好不好停一会儿,在那儿采一点儿那个香草啊?可以不可以请你叫这船儿停一停?"

那绵羊说,"我怎么叫它停?你只要不摇,它自各儿就停了。"

阿丽思就让那船儿顺着流水跟着漂下去,轻轻儿的漂到那些摇摇摆摆的灯心草当中。她就乖乖儿的把两只小袖子卷了起来,把两只小胳臂一直到胳臂肘子上头都伸进水里头去,这样儿好掏出挺长挺长的灯草梗儿出来 —— 她半天简直忘了那个绵羊跟她打的绒头绳儿了,她身子靠着船边儿,她一头的蓬蓬的头发尖儿刚刚浸在水里头 —— 她瞪着一双大眼睛,像在乎的不得了的样子,一把一把的把那喷香的灯心草采上船来。

她心里想着说,"这船可别翻了过去!哎唷,那一攒多好啊!就是我够不大着。"有一样儿事情真是可恨("好像成心跟我闹别扭似的,"她想),就是啊,虽然她在船上慢慢儿漂着过去,也采到了不少的好看的灯心草,可是走到哪儿总有一个更好看的够不着的。

她看那些灯心草偏要长得那么远,只好叹口气说,"唉,那顶好看的老是长的顶远!"她说着就翻过身来回到船的当间儿,涨得红红儿的脸,弄得一头俩手湿济济的,就起头儿归置她新得来的些宝贝。

就是那些灯心草一采上船来就起头儿蔫得又没味儿又没什么好看了,那 —— 阿丽思也不在乎。就是平常的香灯心草,你知道,也不能玩儿多少时候儿就蔫了 —— 那么这个既然是镜子里的灯心草,一堆一堆的堆在她脚跟前儿,更是像雪似的一会儿都化了 —— 可是这事情阿丽思简直就不在意,还有那么些别的古怪事情够她想的呐。

她们没走多远儿有一只桨的叶子就绊住在水里动弹不了了（阿丽思后来解释给人听的时候儿说，"它简直就不肯再出来"），结果是那桨的把儿搁在阿丽思的下巴底下，可怜的阿丽思她连着叫了几声"哎唷，哎唷，哎唷！"也没用，那桨把儿把她一扫，就翻身摔得她脚底下那些灯心草堆里了。

可是她没有很摔疼，一会儿工夫就又爬起来回到她座位上，看看她自各儿人还在船上，才放下了心来。那绵羊这半天一直待那儿打绒头绳儿，好像没出什么事情似的。她说，"你逮着的一个螃蟹真好！"

"是吗？我没看见螃蟹啊，"阿丽思说着细细儿的看船旁边儿黑漆漆的水。"嗳，可惜我让他跑了——我真喜欢带点儿螃蟹回家多好！"可是那绵羊只是待那儿冷笑，还是不停手的打她的绒头绳儿东西。

阿丽思说，"这儿有很多螃蟹吗？"

"螃蟹咧，什么东西都有，"那绵羊说，"有的是给你挑的，就是快打定主意啊。现在你到底要买什么罢？"

"要买！"阿丽思跟着说了一声，觉着一半儿诧异一半儿害怕起来——因为那桨啊，船啊，河呀，一会儿工夫都没有了，她又是在那个黑黑儿的小铺子里了。

她很胆小的说，"劳驾，我想买个鸡子儿。是怎么卖的？"

那绵羊说，"一个卖五便士——两个卖两便士。"

阿丽思拿出钱包来说，"咦，那么两个比一个还便宜了？"

"可是你要买两个，你就得吃两个，"那绵羊说。

"那我还是拿一个罢，"阿丽思说着把钱搁得柜台上。因为她心里想，"也许一点儿都不好吃呐，你想。"

那绵羊收了钱，把它搁得一个盒儿里：她就说，"我从不拿东西递给人家手里的——那再也不行的——你得自各儿去拿去。"她说着就走到铺子的那一头儿，把那个鸡子儿立着放在一层架子上。

"我倒不懂为什么不行？" 阿丽思想着就顺着桌子咧，椅子咧，摸索摸索的走，因为那铺子的那一头儿黑极了。"怎么，我越冲着他走那鸡子儿越远了。让我看，这是一把椅子不是？咦，它上头有树枝子嚜！这儿长起树来了，怪不怪！这儿还真有一条小沟！哼，我从来也没见过比这个再古怪的铺子了！"

    *   *   *

她就这么慢慢儿的走过去，走一步就希奇一步，因为她一碰到什么东西它马上就变了棵树，她简直都满预备那个鸡子儿也那么变了。

第六章　昏弟敦弟

可是那鸡子儿越长越大，越长越像人样儿：阿丽思走到了一两丈路跟前儿，就看出他有眼睛鼻子嘴来了；她再走近一点儿就清清楚楚的看出来他就是昏弟敦弟本人了。她对自己说，"这不会是别人了；用不着给他写了满脸的名字我就一定知道是他了！"

要在那大脸上写他一百个名字都很容易写得下。昏弟敦弟盘着腿，像一个土耳其人似的，坐在一个高墙头儿的中间儿——那么窄的一道墙，阿丽思都不懂他怎么能够呆得稳——她看他眼睛对着那边儿盯着看，一点儿也不理会有人来，阿丽思都以为他到底不过是个假人儿了。

她就说出声儿来，"他简直真像个鸡子儿！"说着她把手揸开着，预备随便什么时候儿滚下来就好接住他。

昏弟敦弟半天不言语，后来开口也不是对着阿丽思说话，"管人家叫个鸡子儿，这真是气人——嗔是！"

阿丽思很和气的跟他解释着说，"我说你像一个鸡子儿，先生。有的鸡子儿倒是怪好看的呀，你知道。"她加了这一句想把刚才说的改成句好话。

昏弟敦弟眼睛还是瞅着别处说，"有的人啊，他们比一个三岁的小孩儿都不懂事！"

阿丽思不知道再说什么好：她觉着这一点儿也不像是谈话，因为昏弟敦弟并没跟她说什么话；而且刚才那句话看样子像是对一棵树说的——所以她就站得那儿一个人轻轻儿的背：——

　　　　"昏弟敦弟坐在墙中间儿：
　　　　　　昏弟敦弟一毂辘摔两半儿
　　　　所有皇帝的马，跟所有皇帝的人，
　　　　　　也再不能把昏弟敦弟拼成个囵囵屯。"

"那么了儿一句在这一首诗里头太长得不像样了。"阿丽思越说声音越大,都忘了昏弟敦弟会听见她了。

"别站得那儿自各儿一个人那么叽叽咕咕的呀!"这是昏弟敦弟头一回看着她跟她说话。"告送我你叫什么名字,干什么事情的。"

"我叫是叫阿丽思,不过——"

昏弟敦弟不耐烦的打断了她的话说,"这个名字够笨的了!是怎么讲的?"

阿丽思说,"一个名字非得有个讲儿吗,难道?"

昏弟敦弟说,"呵呵!自然了。我的名字就是我的样儿——还是个怪好看的样儿呐。像你的那么一个名字,那什么样儿都会啊,差不多儿?"

阿丽思不愿意跟他辩论起来,就问他说,"你为什么一个人坐得这儿?"

昏弟敦弟说,"啊,因为没人陪我呀,你当着我这个回答都不知道吗?再问一个!"

"你想你在地下不稳当一点儿吗?那墙多窄啊!"阿丽思问这个倒不是想再给他个谜儿猜,不过就是因为她心地好,有点儿替那家伙担心。

可是昏弟敦弟说,"哈——!你净问些那么容易猜的谜儿!自然我想我到了地下就不稳当了!哼,要是我真一毂辘摔了下来啊——会是不会咯——不过要是我摔的话——"说到这儿他把嘴唇一缩,缩得像个荷包似的,做得又正经又像煞有介事,阿丽思看了要笑得要命。"要是我真摔的话呀,"他接着说,"那皇帝他曾经答应我呀——啊,你的脸要变青就变青!你没想到我打算说这句话吧,可是?那皇帝曾经答应我——他自各儿亲口答应说要——要——要。"

"要把他所有的马跟所有的人都派了来。"阿丽思这一说可说坏了,因为昏弟敦弟忽然大发起脾气来了。他嚷着说,"这这这太糟了!你一定偷着听来着——躲在门旮旯儿——藏得树后头——爬进烟筒里头——不然你不会知道的!"

阿丽思小声儿的说,"真的我没有!这是书上说的嚛。"

昏弟敦弟的气平了一点儿又说,"唉,好吧!他们要在书里写这些事情就让他们写吧。那就是你所谓叫英国历史,那就是。唉,你好好儿看我一眼!我是一个跟皇帝说过话的人,我就是:说不定你以后不会再见到这样儿的人了;那么我要你知道我一点儿不骄傲,我可以许你跟我搀搀手!"他一头儿嘻开着嘴,差不多儿从这个耳朵边儿笑到那个耳朵边儿,一头儿往前靠过来(简直离开要滚下来差不了多少了)就伸出手来跟她搀。阿丽思一头儿接着他的手一头儿怪担心的瞅着

他。她心里想,"要是他笑得比这个更厉害的话,他的嘴角儿也许会在后头碰到一块儿了,那他的脑袋可不知道会变成怎么了!我怕他就会掉了!"

昏弟敦弟说,"是的,所有他的马跟所有他的人,他们一会儿工夫就会把我拣起来的,他们是会的!可是——咱们这话说的有点太快了;咱们再回到刚才倒数第二句上吧。"

阿丽思很客气的说,"我怕我不大记得是哪一句了。"

"那么咱们就重新起头儿吧,"昏弟敦弟说,"现在该是我挑题目了——"("他说话好像老拿这个当个什么游戏玩儿似的,"阿丽思想)"让我来问你一句。你说你几岁来着?"

阿丽思算了一个小算术,就说"七岁零六个月。"

昏弟敦弟得意的叫了起来。"错了"他说,"你几时对我说过这样儿的话来着?"

阿丽思说,"哦,我当着你的意思是要问,'你几岁啦?'"

昏弟敦弟说,"我要是那么个意思,我早就那么说了嘛!"

阿丽思不愿意再跟他争论起来,所以她没言语。

昏弟敦弟一头儿想着说,"七岁零六个月!多不舒服的一个岁数儿啊,你要是早让我给你出主意啊,我一定会告送你,'到了七岁就打住'——可是这会儿已经太晚了。"

阿丽思生气说,"我长不长从来不请教人的。"

"怕失了身份,是不是?"他说。

阿丽思听了这种意思更觉着生气,她说,"我的意思是说,一个人不会不长大的。"

昏弟敦弟说,"一个人不会,也许是的,可是两个人就会了。你要是有好好儿的帮忙的,你也许到了七岁就打住了。"

阿丽思忽然说，"你系的一条多好看的裤腰带儿啊！"（阿丽思觉着他们谈年纪谈得足够了：那么要是真的大伙儿轮流着找题目，这回是该轮到她了。）她一想又改过来说，"横是，一条好看的领带儿，我应该说——不，裤腰带儿，我要说的是——哎呀，对不住！"她急昏了，因为她看看昏弟敦弟的脸知道是深深的得罪了他了，她都愿意刚才没挑这么个题目了。她对自己想，"唉，我只要能知道哪儿是脖子哪儿是腰就好了！"

昏弟敦弟虽然半天也不说话，可是看样子一定是很生气。等到他又说话的时候儿，他是用很粗的嗓子。

他说，"**这简直——真正——气人**，一个人连领带儿跟裤带儿都分不出来！"

阿丽思说，"我知道我是太糊涂了。"她说得那么认错儿的声音，昏弟敦弟都原谅她了。

他说，"这是个领带儿，孩子，很美的一条领带儿，你不是说的？这是那白皇帝跟白皇后送我的一个礼。好了吧！"

"真的吗？"阿丽思说着又高兴起来，她想她找的到底还是个好题目。

昏弟敦弟把这个腿架得那个腿上，拿两个手叉起来搂着波罗盖儿（膝盖儿），一头儿想着一头儿说，"他们送我这东西——当一个——当一个不是生日礼。"

阿丽思莫名其妙的说，"这是怎么说？"

昏弟敦弟说，"就这么说，不是生日礼，还说错了吗？"

"我问的是什么叫做不是生日礼？"

"自然就是不是你生日的时候儿人家送你的礼了。"

阿丽思想了一想。等会儿她就说，"我还是顶喜欢生日礼。"

昏弟敦弟说，"你简直不知道你自各儿要说的是什么！一年有多少天？"

阿丽思说，"三百六十五天。"

"你有几个生日呐？"

"一个。"

"那么三百六十五天当中去掉一天还剩几天呐？"

"三百六十四天了，自然。"

昏弟敦弟有点儿不信的样子。他说，"顶好还是在纸上算一算。"

阿丽思忍不住笑着就解兜儿里拿出一个笔记本儿来在上头算给他看：

$$\begin{array}{r}365\\-1\\\hline 364\end{array}$$

昏弟敦弟接过来皱着眉头看。他刚说，"啊，好像是不错——"

阿丽思就打断他的话说，"你拿倒了嚜！"说着就给他正了过来。

昏弟敦弟很神气的说，"啊，真的，我是拿倒了！我说看着有点儿古怪嚜。我刚才不是说，这像是算对了——不过我刚才还没有工夫给它细细的对一遍——那么从这上可以看出来你是有三百六十四天可以得不是生日礼了——"

"自然了。"阿丽思说。

"而只有一天可以得生日礼，你想。这你荣耀了吧！"

阿丽思说，"我不懂你怎么叫'荣耀'。"

昏弟敦弟冷笑着说，"哼，自然你不懂啊——得要等我来告送你啊。我的意思是说，'你这就被人家驳倒了！'"

阿丽思说，"可是'荣耀'也不能当'被人家驳倒了'讲啊。"

昏弟敦弟说，"哼！我要用一个字眼儿啊，我要它当什么讲就当什么讲——也不多也不少。"

阿丽思说，"咱们要问的是，你能不能拿字眼儿一会儿当这个一会儿当那个讲。"

昏弟敦弟说，"咱们要问的是，到底谁做主——就是这点儿。"

阿丽思被他搅混得不知道说什么了；过了一会儿昏弟敦弟又说，"它们也有脾气的，它们当中有些——顶是那些动词们：它们顶骄傲——形容词你拿它们怎么样就怎么样。动词不能，可是我能把它们个个儿都管得住！不可入性！这是我说的！"

阿丽思说，"请你告送我这是怎么讲啊？"

昏弟敦弟听了很喜欢，他说，"啊，你这会儿说话有点儿像明白的孩子了。'不可入性'怎么讲啊，就是说，'咱们刚才那个题目谈够了，这会儿你要是说一声你打算还要做什么也可以说了，因为我料想你不预备一辈子坐得这儿待着吧。'"

阿丽思说，"唔——拿一个名词就可以当这么许多讲！"

昏弟敦弟说，"我要是叫一个名词做那么许多事儿的时候，我总另外赏它的。"

"哦——！"阿丽思说。她觉着糊涂的说不出别的话来了。

昏弟敦弟很正经的拿头望两边儿摆着说，"啊，你应该哪一天赶礼拜六来看它们上我这儿来领工钱呐，你知道。"

（阿丽思没敢问他拿什么样儿的东西付它们工钱；所以你想，我也没法儿告送你。）

阿丽思说，"你好像很会解释各种字的讲法儿的，先生。可好劳您驾给我讲讲有一首诗叫'炸脖匙'的？"

"背给咱们听听看，"昏弟敦弟说。"是人发明过的诗我都会解释——连还没人发明的诗，有好些我都会解释呐。"

这话听听有望，所以阿丽思就背头一首：——

有一天点里，那些活济济的猘子
　　　　在卫边儿尽着那么跦那么冕：
好难四儿啊，那些鹈鹕鸽子，
　　　　还有蒙的猪子怄得格儿。

昏弟敦弟抢着说，"够了，起头儿这点儿够了：这里头有的是难字呐。'点里'是晚半天儿时候儿——又有点儿像白天，又有点儿像黑下。"

阿丽思说，"啊，这倒很明白。'活济济的'呐？"

"啊，'活济济的'啊，那就是又活泼，又滑济济的，不是吗？你看这是像一个荷包蛋似的，两面儿的意思都包得一个词儿里去了。"

阿丽思说，"我——我现在懂了。那么'猘子'是什么东西呐？"

"'猘子'啊，那东西仿佛是个獾子——又仿佛是个蝎虎子——又仿佛是个开瓶子的螺丝转儿似的。"

"那一定是很古怪样子的东西了。"

昏弟敦弟说，"它们是的嘤。它们还在日晷底下做窝——它们还吃奶酪过活。"

"那么怎么叫'跦'怎么叫'冕'呢？"

"'跌'就是像个捻捻转儿似的在地下拱,'礅'就是在花盆儿啊什么的里头转啊转的那么动撼。"

"那么'卫边儿'想是日晷四周围的草地了?"阿丽思说着自各儿都希奇起来她有那么聪明了。

"自然是的了。它叫做'卫边儿'你知道,是因为它在日晷的这边儿,又在它的那边儿——"

"又在它的外边儿。"阿丽思接着说。

"啊,一点儿不错。那么'难四儿'就是又'难受'又细得像'丝儿'似的(又是个荷包蛋给你)。那么'鹈鹕鸹子'是一种挺瘦的又蓬蓬松松的鸟儿,它的毛都是往四面揸开着的——仿佛像一个活的敦布。"

"那么还有'冢的猪字'呐?"阿丽思说,"我怕我问的太麻烦了吧?"

"'猪字'是一种绿猪:可是'冢的'我不敢一定说。我想是从'没家'变的——就是说它们走迷了路,找不着家了。"

"还有'怄得格儿'怎么讲呢?"

"'怄得格儿'的'格儿'就是说那些猪子们因为找不着家,心里头很怄气,就格儿格儿格儿,哄哄哄,嘘嘘嘘的叫,当间儿还夹着一种打喷嚏的声音:不过你就会听见它们做这种声音的,也许——在那边树林子里——你要是听见了一回你一定就很乐意了。谁背这些难念的东西给你听来着?"

阿丽思说,"我在一本书里看见的。可是有人给我背过些比这个容易的多的诗呐,是腿得儿弟背给我听的,我想是。"

昏弟敦弟伸出一只大手来说,"要是说起诗来啊,你知道,我也会背的跟别人一样好,要是说到背的话——"

"哎,用不着说到背的话啊!"阿丽思赶快说这个,想要叫他别起头儿。

可是他也不理会阿丽思说的这个话,还是接着说,"我打算背的一首全是为着给你好玩儿来写的。"

阿丽思觉着既然这么样她真是应该好好儿听了;所以她就坐下来,带着一点儿没有法子的声音说一声,"谢谢你!"

"在冬天,正是满地白,
我唱这歌儿是为你来——"

他就加一句解释说,"可是我并不唱。"

阿丽思说,"我看你是不唱嚜。"

昏弟敦弟狠狠儿的说,"你要是能看见我唱不唱,那你差不多比谁的眼睛都尖了。"阿丽思没做声。

"到春天,正是满树青,
那我就慢慢儿告送你听。"

阿丽思说,"啊,多谢你,真是!"

"在夏天,正是日子长,
你也许懂得一两行。

到秋天,正是叶子干,
拿笔跟墨,把这个写完。"

阿丽思说,"好吧,要是我还记得的话。"

昏弟敦弟说,"你用不着老那么样儿说话。也没有意思,还把我搅得忘了。"

"我送给小鱼儿们一个字儿:
我说,'我要的是这么个儿'。

那海里小鱼儿把信一瞧,
就马上给我写回条。

这回条你看对不对,
它们说,'不能,先生,因为——'"

"我怕我不大懂。"阿丽思说。
昏弟敦弟回答他说,"底下就容易点儿了。"

"我又送信去对它们说,
'还是听了我的话那好得多。'

那小鱼回得真顽皮,
说,'何必这么瞎着急!'

我说了一遍说两遍,
它们怎么也不肯听我劝。

我拿了把大的新的壶,
可是手段也许有点儿毒。

我的心又跳,我的心又乱,
拿打水桶往壶里灌。

那送信的人又走进房
说,'小鱼儿们都上了床。'

我对他说,我说的很明,
'你非得叫它们醒不行。'

　　　　我说的很清楚,说的很响,
　　　　我在他耳朵里使劲嚷。"

　　昏弟敦弟背到这两句,他把嗓子提起来差不多儿成了个尖叫,阿丽思听了心里头想,"呵!我才不去当那个送信的呐,你给我什么我都不干。"

　　　　"他神气很足又很骄傲,
　　　　说,'用不着这么样儿大声儿叫!'

　　　　他神气很骄傲又很足,
　　　　说,'我就去叫它们醒,假如——'

　　　　我拿了把开瓶的螺丝转儿:
　　　　要叫它们醒得自己上那儿。

　　　　我看见房门锁的那么高,
　　　　我拉咧,推咧,踢咧,敲。

　　　　我看那锁上没有钥匙,
　　　　就试试转那扶手,倒是——"

　　到这儿停了半天。
　　阿丽思还有点儿不敢似的问他说,"完了吗?"
　　昏弟敦弟说,"完了。再见。"
　　阿丽思想,"对人说话哪儿有这么蠢法儿的?"可是他既然给阿丽思一个这么明白的叫她走的意思了,那要是再不走她自各儿也怕有点儿没规矩了。所以她就站了起来伸出一只手,勉强做着笑脸对他说,"我走了!咱们下回再见,啊!"
　　昏弟敦弟只伸出一个手指头来跟她搀,做着不高兴的声音跟她说,"要是咱们下回再碰见了我也不会再认得你咧,你简直跟别人一样嚯。"

阿丽思说,"嗯——认人大概总是认脸就认得了。"

昏弟敦弟说,"我说的就是嘿!你的脸就跟别人的一样——两只眼睛这么着——"(他拿一个大拇哥在半空中比划着)"当间儿一个鼻子,底下嘴。老是一样的。比方你要是两个眼睛长得鼻子的一边儿——或是嘴长得鼻子上头——那到底还有点好认啊。"

阿丽思说,"嗳,那成什么样子?"昏弟敦弟只是闭着眼睛,说,"你试过了再说。"

阿丽思等了半天看他还说什么不说。可是他老闭着眼睛一点儿也不睬她,阿丽思就又说了一声"再见!"他还是不理她,她就轻轻儿的走开了。她一头儿走着对自己说,"这种使人不满意的人——"(她又大声儿的说一遍,因为她觉着会说这么长一个名词说得很舒服。)

"这种使人不满意的人,我从来没——"这句话她始终没说完,因为说到这儿那全树林子里忽然一阵倽啦啦空隆隆的声音,大闹起来了。

第七章　狮子跟独角马

又一会儿树林子里跑来了些兵,先是三三两两的,一会儿十个二十个的,到后来就一大群一大群的,好像把全树林子都占满了。阿丽思怕被他们挤倒了还被他们踩了,她就躲在一棵树后头,看着他们走过去。

她觉着她一辈子也没看见过兵走道儿走得那么不稳的:他们老是绊了这个绊了那个,而且一个一摔,一大些就跟着摔得他身上,所以一会儿工夫地下就堆满了一小堆一小堆的人。

然后马就来了。他们因为有四个脚,所以比那些步兵走得稳一点儿;可是连他们也有时候儿绊倒了的。他们的规矩好像是一个马一摔倒了,那马上的人马上就从马上滚下来。那乱子是闹得越闹越乱,阿丽思好容易走出了树林子到一片空地上,觉着好受一点儿,在那地方她看见那皇帝坐得地上,待那儿挺忙的在他笔记簿子里记东西。

那皇帝看见了阿丽思,很高兴的嚷着说,"我把他们全调了去了!你从树林子里来的时候儿可碰见有兵没有,好孩子?"

阿丽思说,"有,我碰见了。总有好几千呐,我想。"

那皇帝查一查他的簿子说,"四千二百零七,这是准数儿。我不能把所有的马都调了去,因为咱们这盘棋里得要有两个马,你知道。那两个送信的我也没差了去。他们俩都进城了。你顺着大路瞅瞅看,告送我你瞅得见他们当中哪一个吧?"

阿丽思说，"我看见路上没人嚜。"

那皇帝像气得着急了似的说，"我就愿意我有这样儿的眼睛！能看得见没人！还是在那么远看见的！哼，像这样的光底下，要看见真的人我就够费劲儿的喽！"

这些话对阿丽思都白说了。她还在那儿皱着眉头拿一只手遮着眼睛对着那大路上瞅，到后来她嚷起来了："我看见有个人了！他走的可是慢着呐——他怎么做那么怪样儿啊！"（因为那送信的老是上上下下的跳着，把个身子扭得像个鳝鱼似的，他一头儿走着还一边儿揸开着两只手，像两把折扇似的。）

那皇帝说，"并不怪。他是个安格鲁撒克孙的送信的——那是他的安格鲁撒克孙的态度。他心里快活的时候儿才做这样儿呐。他的名字是红眼。"

阿丽思听了不知不觉的背起来，"我拿一个历来爱我的可爱人，因为他很和气，我拿一个历来恨我的可恨人，因为他很寒尘（碜）。我要喂他东西吃，就给他——给他——给他火腿三明治跟黄连叶。他的名字叫红眼，他住家住在——"

"在后湖山，"那皇帝随随便便的就这说了出来，他一点儿没觉到阿丽思还待那儿想一个用历字起头儿的地名儿，他倒已经跟她一块儿玩儿起这个游戏来了。"还有那个送信的叫喝茶的。我得有两个，你知道——来跟去。一个来的，一个去的。"

阿丽思说，"这我得求你原谅了。"

那皇帝说，"你又没做错了什么！一个上等人不是动不动就'求'的。"

阿丽思说，"我不过就是要说，请你原谅我不明白。为什么一个来的一个去的呐？"

那皇帝不耐烦的说，"我不是告送你说吗？我非得有两个——好送来送去。一个专管送信来的，一个专管送信去的。"

说到这儿那送信的到了：他喘气喘的一句话也说不出来，只好拿两只手乱甩，对着那皇帝做些怪样子的脸。

"这位小姐拿一个历来爱你。"那皇帝这么样介绍了阿丽思，好让那送信的瞅着别处，就不对他再做怪脸——可是一点儿也没用——他那安格鲁撒克孙的态度越变越厉害，那两只大眼睛就在两边儿转来转去的。

"你吓死我了！"那皇帝说。"我人觉着虚的慌——快点儿给我个火腿三明治！"

那送信的听了就把他脖子上挂着的一个大口袋打开来（阿丽思看着真好玩儿），拿出一个火腿三明治给那皇帝，那皇帝就馋得像什么似的马上给吃完了。

"再来个三明治！"那皇帝说。

那送信的望口袋里头瞅一瞅说，"就剩了黄连叶了。"

"那么黄连叶吧，就！"那皇帝虚得话都说不出声儿来了。

阿丽思看他吃了那个，人像好了一点儿，才放了心。他一头儿嚼着对阿丽思说，"你要是人觉着虚的时候儿，再没像吃黄连叶么好的了。"

阿丽思说，"恐怕是拿点儿凉水在头上拍拍还更好吧——再不然吃点儿挥发盐。"

那皇帝说，"我没说没有东西比它更好呀。我说的是没有东西像它那么好呀。"这话阿丽思自然没法儿说它不是。

"你路上碰见谁来着？"那皇帝说着伸手还问他要点儿黄连叶。

那送信的给了他一把黄连叶说，"没人啊。"

那皇帝说，"一点儿不错，这位小姐也看见他了。那么自然没人比你走的更慢咯。"

那送信的撅着嘴说，"我已经拼命快走的了。我敢说没人比我走的更快了。"

那皇帝说，"那她不能啊！不然她就比你先到啦。甭管了，你现在已经喘过气来了，你可以告送告送我们城里头有些什么事。"

"让我轻轻儿的说，"那送信的说着拿俩手放得嘴上，做成一个喇叭的样儿，弯着腰凑近那皇帝的耳朵边儿。阿丽思看了怪不愿意的，因为她也想听听他的消息。可是他并不轻轻儿的说，他简直就使起顶大的嗓子来叫，说，"他们又来那个了！"

那上当的皇帝跳起来甩着耳朵说，"这个你叫轻轻儿的说吗？你要再做这样事情我就叫他们拿黄油来抹你！把我脑袋喳喳喳的像地震了似的！"

阿丽思心里想，"那可是个小极了的小地震了！"她又问他们说，"是谁又来怎么了！"

那皇帝说，"哎，自然就是那狮子跟那独角马了。"

"为了皇帝的冕待那儿打架，是吗？"

那皇帝说，"是啊，顶可笑的是闹来闹去那个冕还老是我的冕！咱们跑去瞧它们去。"他们就快快儿的跑过去，阿丽思一头儿跑着一头儿背着那一首老歌儿：——

"狮子跟那独角马，它们发了皇冕的狂：
它们满城打着抢那个冕，就闹的个收不了场。
有人给它们白面包，有人给它们黄，
有人打鼓送它们糕，就轰它们出城墙。"

阿丽思跑的气喘喘的说，"那个——赢的——那个——就得那个皇冕吗？"

那皇帝说，"呵，那怎么能啊！这成什么话！"

阿丽思又跑了一会儿喘吁吁的说，"对不住，可好——h——请你停一会儿，让我——把气喘过来？"

那皇帝说，"请是好请，可是我怎么做得到啊？你想一会儿过的快得要命，你怎么能叫它停住呐？你索性想把个般得瓵子都停住了得了！"

阿丽思也没有气儿再剩下来说话了；所以他们就一声儿也不言语的望前跑着，一会儿就看见一个闹哄哄的地方，当中就是那狮子跟那独角马待那儿打仗。它们四周围的灰土腾的那么厉害，阿丽思起头儿简直看不出谁是谁来；可是没多会儿她看见那个有一个犄角的就知道它是那独角马了。

它们打仗的地方很靠近那个喝茶的，就是那个第二个送信的，他也待那儿瞧它们打，一个手拿着一碗茶，那个手里拿着一片面包。

红眼对阿丽思轻轻儿的说，"他刚且监狱里放出来，因为他下狱的时候儿还没喝完茶，他们那儿又只给他蛎蟥壳儿——所以你想他这会儿很饿很渴。你怎么样，还好吗，乖孩子？"他说着拿一只胳臂很亲热的搂着喝茶的的脖子。

喝茶的回过来点点头，又接着吃他的黄油面包。

红眼又说,"你在监狱里还快活吗,好孩子?"

喝茶的又回过头来,这一回他脸上掉了一两滴眼泪;可是他一句话也不说。

"说话呀,你能不能?"红眼有点儿不耐烦起来。可是喝茶的只是嗯嚷嗯嚷的吃,又喝了两口茶。

那皇帝也说,"说话呀,你肯不肯?它们打得怎么啦?"

喝茶的开口拼命一试,可是结果只是吞了一大块黄油面包下去。他噎着嗓子说,"它们弄得很不错。每个人摔倒了大约八十七回了。"

阿丽思听到这儿就插进去说,"那么他们大概就要拿那个白面包跟黄面包来了吧?"

喝茶的说,"那面包待那儿等着他们了。我吃的这块就是那个上的。"

那时候儿它们刚刚打完了一半儿待那儿歇歇,那狮子跟那独角马都坐着喘气,那皇帝就嚷着说,"有十分钟可以吃点心!"红眼跟喝茶的马上就来帮忙,托着白面包跟黄面包的托盘送给各位吃。阿丽思拿了一小块儿尝尝,可是吃的干极了。

那皇帝对喝茶的说,"我想它们今天甭再打了。去叫它们起头儿打鼓罢。"喝茶的就像个蚂蚱似的一蹦就走了。

阿丽思半天站着不言语,看那喝茶的跑!一会儿她忽然又神气起来了。"啊,瞧,瞧,"她指着说,"那白皇后在野地里跑呐!她从那边儿那个树林子里跑出来,像飞啊似的来了——她们那些皇后们可真能跑!"

那皇帝也不回头,就说,"她后头总有敌人追来了,大概。那树林子里净是些敌人。"

阿丽思看他这么不慌不忙的神气觉着有点儿希奇,她就问他说,"那么你不打算跑去救她吗?"

那皇帝说,"唉,没用的,没用的! 她跑的快的要命。要想赶上她,那你简直索性去追一个般得弧子得了。不过我可以把她登在我笔记簿子里,要是你高兴的话。"他一头儿把笔记簿子打开,一头儿就登记他的皇后,自己轻轻儿的说,"她真是个可爱的好女人。"写到"女"字他问阿丽思说,"'女'字是拼 n —— i —— u —— u 是不是啊?"

这会儿那独角马刚刚宕啊宕的走过来,两只手插得兜儿里。它走过那皇帝身边儿的时候儿眼睛对他瞅一瞅说,"这回我占了它点儿便宜了吧?"

那皇帝有点儿害怕的说,"稍为有点儿吧。你不该拿犄角通了它的肚子啊,你知道。"

那独角马随随便便的回答他说,"又没弄疼它。"它正要走远了,眼睛忽然掸到了阿丽思:它马上就转过身子来站在那儿瞅她,露出一副很不以为然的神气。

它瞅了半天说,"这 —— 这 —— 这是什么东西?"

红眼连忙就回答它说,"这是一个小孩儿!"说着他走到阿丽思跟前儿对她揸开着两只安格鲁撒克孙样儿的手,算是介绍阿丽思的态度。"这东西我们今天找到的。跟真的一样大,比真的还天真了两倍!"

那独角马说,"我老以为这都是神话里讲的些怪物呢! 这是个活的吗?"

红眼很正经的说,"这东西还会说话呐。"

那独角马眯凄着眼睛瞅着阿丽思说,"说话,小孩儿。"

阿丽思忍不住把嘴角儿钩起来笑着说,"你知道吧,我也老当着独角马是神话里讲的些怪物呐。我以前从来没看见过个活的!"

那独角马说,"好,现在既然咱们都见了面了,你要相信有我,我就相信有你。这个交易公道吧?"

"好罢,"阿丽思说,"要是你愿意这么样的话。"

那独角马转过来对着那皇帝说,"来,把那个梅子糕拿出来,老伙计! 谁要吃你那黄面包!"

那皇帝糊里糊涂的说,"行 —— 行 —— 行!"他招手叫红眼来,对他轻轻儿的说,"打开你那口袋。快点儿! 不是那个,那个里头净是黄连叶!"

红眼从兜儿里拿出一大块糕来,交给阿丽思拿着,他自己又拿出了一个盘子跟一把刀来。阿丽思也猜不出那些东西是怎么出来的。她觉着这简直像变戏法儿似的。

他们待那儿弄这个的时候儿,那狮子也走到他们当中来了;它看样子像很累很困,它的眼睛都闭了一半儿了。"这是什么东西!"它说着懒洋洋的瞧着阿丽思,它说话是一种又低又粗的嗓子,像撞大钟的声音似的。

那独角马很起劲的嚷着说,"啊,这是什么了?你再也猜不着吧!我就没猜出来嚛。"

那狮子无精打采的瞅着阿丽思,一头儿打着哈欠说,"你是——啊呵——动物——还是植物——还是——嗯——呵——呵——呵——矿物?"

那独角马不等阿丽思开口就抢着说,"它是个怪物!"

"那么就把梅子糕端过来,怪物!"那狮子说着就卧下来,拿下巴靠得爪子上,又对那皇帝跟那独角马说,"坐下来,你们两个人。没有作弊的,啊!——分起那糕来的时候儿——你知道。"

那皇帝弄得坐在他们那两个大东西的当间儿,看样子很不自在;可是他也没别的地方可以坐。

那独角马斜着眼睛瞅着那皇帝头上的冕对那狮子说,"这会儿咱们要是为着那皇冕来打一仗那才有个打头儿呐!"那皇帝就在那儿吓的直哆嗦,都要把他头上的冕给甩掉了。

那狮子说,"我一定很容易赢的。"

"那倒不见得。"那独角马说。

那狮子凶凶的回答它说,"嘿!我把你赶的满城跑,你这小狗儿!"它说着身子起来一半儿了。

到这儿,那皇帝连忙想法子跟它们打岔,怕它们又打起来;他非常着急,说话的声音都发抖了。他说,"满城跑吗?那倒是不少的路呐。你们还是走那一道古桥,还是打市场那边儿走哟?走古桥那边儿的风景顶好。"

那狮子就卧下来,很粗的嗓子说,"我是说不上来了。那灰土多的我什么都没看清楚。怎么那怪物切糕切那么大工夫儿！"

阿丽思坐在一条小沟的边儿上，盘子放得波罗盖儿（膝盖儿）上，拿着一把刀很出力的那么锯那个糕。她回答那狮子说（她已经被人叫惯了"怪物"了），"这东西真气人！我已经切了好几片了，可是它自各儿又都长得一块儿了！"

那独角马说，"哎，你不会弄镜子里的糕嚜。先端给大伙儿吃，过后再切呀。"

这个听起来像是瞎说，可是阿丽思还是听了它的话站起来，把盘子端给它们，真的那块糕自各儿就分开了成三片。阿丽思把空盘子拿回她本来呆的地方，那狮子说，"现在切罢。"

阿丽思手里拿着刀正待那儿不知道怎么办好，那独角马嚷起来说，"唉，我说呀，这个不公道！那怪物给狮子的比我的多一倍！"

那狮子说，"她自各儿一点儿没拿呀，横是。你喜欢梅子糕吗，怪物？"

可是阿丽思还没来得及回答，打鼓的声音就起头儿了。

那声音是从哪儿来的她也听不出来；一天一世界好像净是鼓声，打得她脑袋都要震聋了似的。她吓得站起来乱跑，偷眼还看见那狮子跟那独角马爬起来气凶凶的四面看哪儿来的那么讨厌的鼓声来打搅它们的宴会。她一会儿就跑过那道小沟，马上蹲下来想拿两个手捂着耳朵也捂不了闹得那么厉害的鼓声。

她心里头想，"要是这个鼓把它们再轰不出城去，那就没有东西轰得走它们的了！"

第八章 "这是我自各儿的发明"

过了一会儿那鼓声好像渐渐小了，又一会儿除了耳朵还嘤嘤嗡嗡的叫，外头什么声音都没有了。阿丽思倒有点儿害怕起来了。她抬头四面一看谁也不在那儿了。她第一个念头是想刚才一定是做梦来着——那狮子咧，独角马咧，那些怪样子的安格鲁撒克孙的送信的什么的。但是她脚跟前儿还有那个装那个切不开的糕的大盘子待那儿，所以她想，"哦，所以还不是做梦，到底，除非——除非咱们都是在一个梦里头。不过顶好这是我的梦，可别变了那红皇帝的梦！"她又做着埋怨的声音说，"我顶不喜欢做人家梦里的东西了。我倒怪想去叫醒他去，看到底会变成怎么样！"

到这儿她的念头被一个大声音打断了，她听见嚷，"喂！将！将军！"她就看见一个穿深红盔甲的武士，手里耍着一根大棍子，骑着马对着她直冲下来。刚一到她那儿，那马就忽然停住了。那武士叫一声，"你是我的俘虏！"说着自己就一毂辘儿摔了下来。

阿丽思虽然吓了一大跳，可是她一时还不是替自己担心，她倒是替那武士有点儿担心。那武士爬上了马坐好了刚要说，"你是我的——"又一个声音嚷起来说，"喂！将！将军！"阿丽思就很希奇的又找那新来的敌人。

这一回是那个白马武士他骑到阿丽思的旁边就跟那红马武士一样的从马上滚了下来。一会儿他又骑上马去，两个骑马的武士就你看着我我看着你不言语。阿丽思看看这个看看那个，有点儿莫名其妙。

后来那红马武士说，"她是我的俘虏呀，你知道！"

那白马武士回答说，"是是是的，不过后来我又来救了她了！"

"好，那么咱们来打一仗看谁赢她罢，"说着那红马武士就拿了他马鞍子旁边儿挂着的一个像个马头样子的一顶盔带起来。

那白马武士也带起盔来说，"你自然得要守打仗的规矩咯？"

那红马武士说，"我总是守规矩的。"说着，他们俩就乒呤乓啷的打起来。

阿丽思看他们来得那么猛，就跑到一棵树后头躲起来，她一头儿偷眼瞧他们打，一头儿想，"嗯，我倒不知道他们打仗的规矩是些什么规矩？啊，他们有一条规矩好像是，这个武士要是打着了那个武士，他就会把他打下马来；要是他打不着他呐，他自各儿就滚下来——还有一条规矩好像是，他们的棍子得要夹得胳肢窝底下，像那木头人儿戏里的罗锅儿喷区跟他的媳妇儿鸠娣似的，——呵！他们摔起跟头来可真响！简直像整套的火筷子，煤铲子什么的都砸在个炉挡子上似的！那两匹马怎么那么老实！他们让他们爬上爬下的，简直像桌子一样！"

还有一条规矩阿丽思没有留心到的似乎是，他们摔的时候儿非得头先下地；他们有一回两个人并排着一块儿这么摔了下来，到这样他们的仗就算打完了。他们又爬起来的时候儿，两个人就揿揿手，那红马武士就骑上马，踢勒踏踢勒踏的走了。

那白马武士气喘喘的走过来说，"我这个胜仗打得真荣耀，不是吗？"

阿丽思说，"嗯——我不敢说。我不要做谁的俘虏，我要做一个皇后。"

"是啊，"那白马武士说，"你再过了底下一条小沟就做皇后了。我护送你到树林子的尽头儿——我就得回去了，你知道。我的路是斜着走两方的，不是吗？"

"多谢你好意，"阿丽思说，"可好让我帮你把你的盔给摘下来啊？"看样子他自各儿是办不了的了：阿丽思就给他弄了半天，好容易才把他的头拽了出来。

"哈，现在透气好透一点儿了。"那武士说着把弄乱了的头发拿俩手望后头拢一拢。阿丽思看着他的一付温和的脸跟一双和气的眼睛那么对着她，觉着生平从来没看见过这么奇怪样子的一个武人。

他身上穿的一套披甲是洋铁做的，尺寸样子都很不称身，他肩膀子旁边儿倒挂着一个松木的匣子，匣子的盖儿就那么开着望下搭拉着。阿丽思瞅着这东西觉着它真古怪。

那武士很亲热的跟她说，"我看你是待那儿羡慕我的小匣儿是不煞？这是我自各儿发明的——预备装衣裳跟三明治的。你看我给它倒挂着，好让雨灌不进去。"

阿丽思挺和气的对他说，"可是东西会掉得出来呀。你知道不知道那盖儿是开着的？"

那武士听了脸上现出有点儿烦心的样子，说，"哎呀，我倒没知道。那么里头的东西一定早都掉完了，那么那匣子里没有东西还要它干嘛呐？"他说着把它解了下来，正预备把它扔得乱草里去，忽然好像又想到个什么主意，他就小小心心的把它挂在一棵树上。他对阿丽思说，"你可猜得着我这是什么意思？"

阿丽思摇摇头。

"我盼望有的蜜蜂儿会在那里头做窝——那我就可以得蜜了。"

阿丽思说，"可是你马鞍子上已经系着有一个蜜蜂窝了——那个像个蜜蜂窝的东西，不是吗？"

那武士撅着嘴说，"是啊，是个挺好的蜜蜂窝，还是个头等货呐。可恨的就是一个蜜蜂儿也没飞进来过呐。还有那个东西是一个逮耗子的笼子。我想也许是耗子不让蜜蜂儿来——要不然就是蜜蜂儿不让耗子来，不知道哪个对。"

阿丽思说，"我正待那儿不明白那耗子笼是干嘛的呐。那马身上也不见得像会跑出耗子来啊。"

那武士说，"像是也许不像会有，不过假如要是出了耗子的话，我是不打算让它们跑得到处都是的。"

他呆了一会儿又接着说，"你想，如果出了什么事情我样样儿都有个准备，这多好。就是因为这个缘故，所以我给马的脚孤拐上都装了些刺针。"

阿丽思觉着这个很稀罕，她问他说，"那是干嘛用的呐？"

那武士回答说，"是防备鲨鱼咬的。这是我自各儿的一个发明。现在你帮我骑上马罢。我就陪你走完这树林子——你那盘子是干嘛的？"

"本来是装梅子糕使的。"阿丽思说。

那武士说，"咱们带着它走罢。要是咱们碰见梅子糕的时候，这盘子就很方便了。帮我把这个装得口袋里。"

他们弄这个弄了好些时候儿，因为虽然阿丽思很小心的把那口袋拉得很开，可是那武士装盘子的手脚真笨，他起头儿装的两三回都是一装把自各儿掉了进去了。后来好容易弄好了，他就说，"你看这塞得真紧，那口袋里已经有那么许多支蜡了。"他就把那口袋挂在那已经挂满了胡萝卜，火筷子，铁铲子，跟一大些别的东西的马鞍子上。

那武士骑着马跟阿丽思一同走着又问她说，"你头上的头发长得还够结实吧？"

阿丽思带着笑脸说，"也不过像平常那么长法了。"

那武士有点儿担心的说，"那怕不够吧？你知道这哈儿风的力量大极了。跟——跟参汤一样大的力量！"

阿丽思问他说，"你可发明过一个法儿可以叫头发不给风吹掉了？"

"还没呐，"那武士说，"不过我有个法儿可以使它不会掉掉。"

"哦？我很愿意听听看。"

那武士说，"起头儿你在脑袋上支起一根棍子来。然后你就让头发绕着棍子像果子树似的望上爬。你知道头发所以掉是因为它老是望下搭拉着——东西没有望上掉的呀，你想呐。这也是我自各儿发明的一个法子。你要愿意你可以试试。"

阿丽思听这个不像是个很舒服的办法。她走了半天也不言语，心里头还念着这个主意好古怪，同时还一回一回的帮那个真不会骑马的武士的忙。那匹马每回一停的时候儿（而且它停的回数很多），他就望前栽下来；它每回要走的时候儿（而且它每回是说走就忽然走的），他就望后栽下来。除了这个以外他总还算呆的稳的，不过他还喜欢常常儿且旁边儿倒下来就是了；而且他倒的时候儿既然多半儿是倒得阿丽思走的那一边儿，阿丽思不久就知道顶好的法子还是别走的太靠近那个马才好。

"我怕你骑马还没有练习过很多回数吧。"阿丽思说着又是第五回且地上扶他起来了。

那武士露出很诧异的神气，像不高兴听她这种话似的。他一头儿爬回到马鞍子上，拿一个手抓着阿丽思的头发，防着望那边儿再倒下来，一头儿还说，"你什么缘故说这个话？"

"因为练习过很多回的,不会摔那么些跤呀。"

那武士很正经的说,"我是已经多多的练习了,多多的练习了!"

阿丽思想不出别的话只好说一句,"真吗?"不过她倒是真心说的腔调。这个过后他们又走了一段儿路,那武士就闭着眼睛一个人自各儿叽咕,阿丽思就怪担心的等着他几时再滚下来。

一会儿那武士忽然大声儿的说,"这个骑马的诀窍啊,"他说着举起右手胳臂在空中比划,"就在这会——"说到这儿,他一句话完的个快劲儿,跟刚才来的个快劲儿一样,他一个倒栽葱一摔刚刚摔得阿丽思走的道儿上。这一回阿丽思真有点儿怕起来了,她搀着他起来,很着急的说,"该别摔断了骨头了吧?"

"啊,没摔断什么,"他说得好像摔断两三根儿不在乎似的。"这个骑马的诀窍啊,我刚才说呀,就在个会——身子呆的稳。就是这么样,你看——"

他把缰绳扔下来,拿两个胳臂举起来,做给阿丽思看,这回他啪的摔了一个仰不脚儿,刚刚儿摔得马肚子底下。

阿丽思一头儿扶着他再站起来,他就还一头儿叽咕着:"多多的练习!多多的练习!"

这阿丽思真忍不住了,她叫起来说,"这太不成话了!你应该弄个有毂辘儿的木马的,那才是你骑的东西呐!"

那武士听这个倒很有意思,他说,"那一种马走得稳一点儿吗?"他说着连忙拿两只胳臂把马的脖子一抱,这才免了又滚下来一回。

"比活马稳多了,"阿丽思说着怎么忍也忍不住"扑嗤!"的笑了出来!

那武士一头儿想着跟自各儿说,"我去弄个来,弄一两个,——弄它几个。"

这个过后他们有一会儿没说话,后来那武士又说,"我对于发明东西倒是一个好手。你刚才这一回搀我起来的时候儿,不是我有点儿想心思的样子吗,你看出来了没有？"

阿丽思说，"你脸上是有点儿出神的样子。"

"哈！我待那儿发明一个新的跳过栅栏儿门的法子呐——你喜欢听不喜欢？"

阿丽思很客气的说，"我喜欢听极了。"

那武士说，"我告送你我怎么想出来的。你看，我对我自己说，'这唯一的难处就是两个脚：头是已经比栅栏儿高了。'所以我先就拿头举到栅栏儿的上头——这样儿头就够高了——然后我就倒竖一个蜻蜓——这样脚也够高了——那身子不就过去了吗，你想？"

阿丽思一头儿想着说，"啊，你要做得到那样儿，你身子是可以过去了，不过你想这个不是有一点儿难吗？"

那武士很正经的说，"我还没试过呐，所以我不敢一定说——不过我怕这个是有点儿难。"

阿丽思看他越想越皱眉头，所以就给他换个别的题目跟他谈。她说，"咦，你那顶盔的样儿真有趣儿。也是你发明的吗？"

那武士很得意的瞅瞅他马鞍子旁边儿挂的那顶盔。他说，"啊，是的；不过我还发明了一个更好的呐——像一块方块儿糖似的。我从前戴这种盔的时候儿，我要是摔下马来，它总是马上就碰到地。那我就摔得很短了，你想——不过就是还有摔到它里头去的危险，就是这一点儿讨厌。我曾经遇见过一回这种事情——而且顶不凑巧的是，我还没来得及出来，那个白马武士就跑了来把它带上了。他当着是他自己的盔呐。"

那武士那么板着个脸，阿丽思都不敢笑出来，她声音抖抖儿的说，"恐怕你总弄伤了他了吧——一个人头上又一个人？"

那武士很正经的说，"我得使劲踢啊，自然。那么他把盔摘下来了——可是不知道费了多少钟头才把我弄出来的。我在里头长得牢得像——像老虎那么牢了。"

阿丽思说，"嗯——那又不是牢字，老虎是老虎呀！"

那武士摇摇头说，"我那一回是，各式各样儿的牢都在里头了，我告送你罢！"他说得起劲起来，把两只手一举，马上就从鞍子上滚了下来，一个跟头倒栽得一个深沟里头。

阿丽思跑到沟那儿去找他。他这一跤摔的把阿丽思吓了一跳，因为他刚才半天都骑得很稳，阿丽思想他这一回怕真是摔伤了。可是她虽然只看见那武士的两只鞋底，她听见他还是像平常的声音那么说话，倒放了一点心。他还接着说，"各式各样儿的牢法。不过他也真是大意，怎么把人家的盔戴在自各儿的头上——还有个人在里头，而且。"

阿丽思拿着他两只脚把他人拽上岸来，给他撂得地上好像堆成一堆似的。她说，"你怎么还能那么安安静静的说话——一个脑袋那么倒挂着？"

那武士听了这话倒有点儿诧异的样子。他说，"我的身子在哪儿有什么相干呐？我心里还是一样的会想啊。其实我脑袋越望下我越会发明东西。"

他歇了一会儿又说，"你知道我生平做的最聪明的事情就是一头儿吃着一盘肉的时候儿就发明了一种新的布丁。"

"预备来得及下一道就端上来吃吗？呵，那可快极了，真是！"

那武士慢慢儿的想着说，"呃——不是下一道，不，横是不是下一道。"

"那么就得下一顿了。我想你不见得一顿饭有两道布丁吧？"

那武士又跟刚才一样的那么说，"嗯——也不是下一顿，也不是下一顿。"他低着头，声音越说越小，又接着说，"其实啊，我相信那布丁轧根儿就没人做过！而且我相信那布丁轧根儿就不会有人去做去！不过呀，这布丁发明的可实在是聪明。"

阿丽思看那武士为着那布丁发愁发的怪可怜的，她就想法子骗骗他说，"那布丁你打算拿什么东西做的呢？"

那武士嗓子里噎儿的一声说，"起头儿用吸墨纸。"

"那不会很好吃吧，我恐怕——"

那武士很起劲的抢着说,"光是那个不很好吃,可是你再也想不到跟别的东西和了起来——比方火药啊,火漆啊,什么的,那就大不同了。啊,到这儿我得离开你了。"他们已经走完了那个树林子了。

阿丽思只是在那儿纳闷儿:她老想着那个布丁。

那武士看了倒不放心起来,他说,"你怎么不快活的样子?让我给你唱个歌儿来安慰安慰你吧?"

阿丽思问他说,"是很长的吗?"因为她那天已经听了好些诗了。

那武士说,"长是长,可是很好听很好听的呀。不论谁听了我唱它——不是眼睛里流出眼泪来,要不然就——"

阿丽思看他忽然停住了,就问他说,"要不然呐?"

"要不然就不流眼泪,你想呐。这歌儿的名字叫做'雪鱼眼'。"

阿丽思做出喜欢听的神气说,"哦,这就是那歌儿的名字,嗄?"

那武士说,"嗳,你没懂。那歌儿是叫做那个。歌儿的名字其实是'很老的老年人'。"

阿丽思就改过来说,"那么我刚才应该说,'那歌儿是叫做那个',对不对?"

"不,不应该那么说:那完全又是一回事了!那个歌儿是叫做'道儿跟法儿',可是它不过是叫做这个,你懂吧?"

这个可把阿丽思弄得整个儿糊涂了,她说,"那么那歌儿到底是什么呢?"

"我就要说到这个了,"那武士说。"那歌儿其实是'坐在栅栏儿上':那调儿是我自各儿发明的。"

他这么说着就把马停住了,把缰绳撂得马的脖子上;然后他拿一只手慢慢儿的拍着拍子,他那傻脸上微微的露出一点儿笑容,好像他觉着他自各儿唱的好听似的,他就那么唱起来。

在阿丽思这一趟走到镜子里所看见的奇怪的事情当中,这是她老记的顶清楚的一回。她多年过后再想起这全部的景况来,觉得还像昨天的事情似的——那个武士的温和的淡颜色的眼睛跟他那和气的笑容——那斜斜儿的太阳光射在他头发上,又照在他披甲上,反射出来一片金光,把阿丽思的眼睛都耀得花花儿的——那匹马乖乖儿的动来动去,一条缰绳松松儿的搭得脖子上,随便吃吃脚底下的青草——还有后头那树林子的一片长黑影子——所有这些景致像一幅画儿似的,阿丽思都看在心里头,一头儿拿一只手护着眼睛,身子靠着一棵树,那么瞅着那奇怪的人马两个，一半儿像做梦似的听着那个歌儿的幽雅的声音。

"可是这调儿并不是他自各儿发明的，"阿丽思对自各儿说，"这是'我都给了你，我不能再多了'的调儿嚜。"她就很用心的站得那儿听，可是她并没有眼泪到眼睛里来。

"你要我说什么我都肯；
　　可儿说来不很长。
我看见个很老的老年人，
　　他坐在栅栏上。
我说，'老年人，你是谁？
　　你干点儿什么过活？'
他的回答好像筛子里的水，
　　就在我耳朵里过。

他说，'我常到麦子田
　　去逮些蝴蝶儿来；
把它做成酥盒儿馅，
　　来烤了在街上卖。'
'卖给什么样儿的人？'他说，
　　'给漂洋过海的人；
我就是这么样儿过的活——
　　小意思呀，先生们。'

可儿我又在那儿发明个法儿
　　把胡子染成青，
又拿着一把大折扇儿
　　老挡着脸扇不停。
所以既然我没听明白
　　那老头儿说的话，
我又说，'你做的是什么买卖？'

我说着就打他个巴。

他回我的腔调很和平。
　　他说,'我到处跑,
我找到一座大山岭,
　　就放火把它烧;
在灰里提出一种汁
　　叫如兰麦沙油——
他们给我两个半便士,
　　这酬劳是真不够。'

可儿我又待那儿想个法儿,
　　拿面糊当作饭吃,
好胖的把裤腰带儿
　　放二尺或者三尺。
所以我又推着他摇着他说,
　　摇得他脸变了色。
我说,'你到底怎么过活,
　　你做的是什么买卖?'

他说,'在鲜亮的石南树,
　　我找些雪鱼眼,
都磨成坎肩儿钮子一副,
　　就磨到五更天。
我扣子不卖金镑纸,
　　也不卖先令票,
你给我一个半便士,
　　我就卖给你一大包。'

'我有时候儿地下掘花卷儿,

或是插逮螃蟹的棍子,
　也有时候儿到些草山儿上
　　去找些马车轮子。
　我就是这么样儿发的财
　　(你看我多么诡!)——
　所以我就祝您老人家健,
　　我敬您一大杯。'

我这回听见了他了,因为我
　　刚做完了计划书:
　要莫耐桥上不长锈,
　　得放在酒里煮。
　我多谢他告送我说
　　他怎么样儿赚的钱,
　可儿顶要紧的是因为
　　他祝我老人家健。

所以到现在,我假如一捏,
　　我捏了一手胶,
　我是糊里糊涂把左脚鞋
　　在右脚上使劲的套,
　或是让一块非常重的铁
　　一掉下砸了我脚,
　我就哭,因为一定会想
　　我从前认得那老年人——
　一个面很善,而说话很笨,
　一头头发白的像白面粉,
　一个样子像老鸹掉了魂,
　一双眼睛红得像醉醺醺,
　一个脸像心里很烦闷,

一个身子像老是呆不稳,
一口话的字眼儿咬不真,
像嘴里含着个大馄饨,
一个觉就睡得像牛打滚——
在那年夏天的半黄昏
　　那么坐的那栅栏儿上
的老年人。"

　　那武士唱到这么了儿几句,就把缰绳拿起来,把马头对着他来的那条路上掉过去。他说,"你只要再走几丈,下那个小山儿,再过那条流水,你就做皇后了。可是你还先等一等儿看着我走了你再走呐吧?"他说着望路上一指,阿丽思就急急的顺着他指的方向瞅着。他又说,"我不会很长的。你可以等我到了路上那个拐弯儿的地方,就拿你的小手绢儿对我摇摇,啊!我想这样可以给我一点儿鼓励,你知道。"

　　阿丽思说,"自然我等你。我还要多谢你打这么远道儿来——还谢谢你那个歌儿——我挺喜欢听的。"

　　"那顶好了,"那武士说着还有点儿不信的神气。"不过我当着你会哭的,你也没很哭。"

　　他们俩就挽挽手,那武士就骑着马慢慢儿的望树林子里走了。阿丽思瞅着他走,一头儿对自己说,"看他走大概不会要多大工夫儿吧,管保。啊——又是一个!老是那么倒栽葱!可是他这回爬上去倒还容易——那都是那马旁边儿挂着那么些东西的好处——"她就这么自各儿一个人叽哩咕噜的说,一头儿瞅着那马在路上慢慢儿的走,那武士就左一回右一回的滚下来爬上去。滚了四五回的样子,他到了拐弯儿的地方,阿丽思就拿出小手绢儿来对着他摇,一直摇到瞅不见他为止。

"我盼望那样真的使他胆儿大了一点儿,"她说着回过头来望山下跑。"现在就这一条小沟了,就做皇后了！那多开心啊！"几步路就走到了小沟的边儿上,"啊！第八方啦！"她嚷着一跳就跳了过去,顺着就坐下来在那又细又软的草地上歇歇,四面这儿那儿一攒一攒的花儿围着她。"啊,我也到了这儿了！这是什么呀,我头上这个？"她抬起手来一摸,摸着头上紧紧儿的带着一个什么东西。

"可是我知道都没知道,怎么会跑到我头上来的呐？"她说着就把它摘下来搁得怀里看看到底会是个什么东西。

原来是个真金的冕。

第九章　阿丽思皇后

"啊,这多开心啊!"阿丽思说。"我没想到这么快就做皇后了——"她又很凶的说(她老是喜欢骂自己),"唉,我告送你怎么罢,陛下,像你那么在草地上乱滚,那是再也不行的!皇后们得要有身份的啊,你知道吧?"

所以她就站起来走——她起头儿走得怪直僵僵的,因为她怕那冕会掉下来:不过她想幸亏还没人瞅着她,所以还放心一点儿。一会儿她又坐下来说,"那么假如我真是个皇后,我过过就会做得很好的。"

这时候儿样样儿事情都来得那么奇怪,所以阿丽思看见那红皇后跟白皇后,一边儿一个挨着她坐着,她一点儿也不觉着希奇:她倒是很想问她们怎么来的,就是怕问了不大有礼貌。不过她想问问这盘棋下完了没有总不要紧吧。她就怪胆儿小的瞅着那红皇后说,"劳驾,请问这——"

那皇后挺凶的打断她的话,说,"人家对你说话你再说!"

"可是人人要都守着这个规矩,"(阿丽思有机会老是喜欢跟人争)"比方你非等人家对你说话你才说,那个人又非等你说话他才说,那么你想谁也不会说什么了,那岂不是——"

那皇后说,"瞎说!你想,不是吗,小孩儿——"她把眉头一皱不说下去了,又想了半天,她忽然换了个别的题目来说。"你刚才说'假如你真是个皇后'是什么意思?你凭什么可以管自各儿叫皇后?你不经过一番相当的考试,你怎么能做皇后呐!你想?所以你得考啊,越早点儿考越好。"

"我只说'假如'呀!"阿丽思说的都怪可怜巴巴的。

两个皇后你瞧瞧我我瞧瞧你,那红皇后哆嗦了一下儿,说,"她说她只说'假如'——"

那白皇后搓着手着急的说,"可是她说的比那个还多一大些呐!哎哟,不知道多多少呐!"

那红皇后对阿丽思说,"啊,是的嚜,你知道。要说说真话——想好了再说——说完了写下来。"

"我倒是真的并没有意思——"阿丽思刚起头儿说,那红皇后就又等不及的打断她的话。

"我怪你的就是这个嚜:你应该有意思的嚜!你想,一个没有意思的小孩儿要它有什么用处?就是一句笑话也得有点儿意思啊,——那么一个小孩儿比一句笑话要要紧一点儿吧,总该?这个你总不能说不,你使两个手来也不成。"

阿丽思说,"我要说不,也不是拿手说的呀!"

"没人说你拿手来着,"那皇后说。"我说的是你就是拿手也不成。"

那白皇后说,"她那种神气啊,就是心里头想要说点儿什么不是,——就是想不出说什么不是来!"

那红皇后说,"这讨厌的坏脾气!"说完了大伙儿又是很不自在的等了半天不言语。

过了一会儿那红皇后就开口对那白皇后说,"我请你今天下午到阿丽思的宴会。"

那白皇后很没劲儿的笑一笑,说,"我也请你。"

"我轧根儿就不知道我是有个宴会嚜,"阿丽思说,"不过要是有的话,我想也得让我来请客呀。"

"我们已经给了你机会请客啦,"那红皇后说,"不过我敢说你还没上过多少学规矩的功课呐吧?"

"规矩不是在功课里学的唉,"阿丽思说。"功课是教你做算法那类的东西的嚜。"

那白皇后就问:"你会加法吗?一加一加一加一加一加一加一加一加一加一是几?"

阿丽思说,"我不知道,我数不清了。"

"她不会加法,"那红皇后插进来说。"你会减法吗?八个里头减掉九个。"

阿丽思很快的回答说,"八减九,那我不能减的唉,你知道。不过——"

"她不会减法,"那白皇后说,"你会除法吗?拿一把刀除一块面包——这个你怎么答吧?"

"我想总——"阿丽思刚起头儿那红皇后就替她答了。她说,"除了面包还得要黄油了,自然。你懂不懂做减法有时候儿要借一位?有一位狗,你从它口里借了一块肉骨头：剩下来是什么？"

阿丽思想着说，"那骨头不会剩下来了，自然，我既然把它借了来——那么那狗也不会剩下来待那儿呆着了，它一定要来咬我了，——那剩下来一定也不会有我了，我也得跑了！"

那红皇后说，"那么你想什么都不剩啊？"

"我想就是这么答的。"

"还不是又错了，"那红皇后说："那狗的脾气可是剩下来啦。"

"可是我不懂怎么——"

"啊，你想呐！"那红皇后抢着说。"那狗要发脾气的，不是吗？"

阿丽思很小心的说，"也许它会。"

那皇后很得意的嚷起来说，"哈！那么狗要是把脾气发了出来，自各儿又跑走了，它的脾气就剩了下来在这儿啦！"

"那么也许各走各的路都跑开了呐？"阿丽思虽然勉强做着正经的样子这么说，可是她不由得自己心里想，"我们这乱七八糟的，不知道瞎说些什么！"

那两个皇后很使劲的一块儿说，"她算法一点儿也不会！"

阿丽思不喜欢人家对她那么找错儿，她就忽然转过脸来问那白皇后说，"你会算法吗？"

那皇后把嘴一张把眼睛一闭。她说，"你要是给我工夫我能做加法——可是减法不管在什么样儿情形我总是不会的了！"

那红皇后说，"你 ABC 自然是会的了？"

阿丽思说，"我倒是会的。"

那白皇后对阿丽思耳朵里轻轻儿的说，"我也会。咱们以后常常儿的一块儿背，啊！我还告送你我的一样儿事情——我认得几个一个字母拼的字呐！这多厉

害啊！可是你用不着灰心，啊。你到时候儿也能这样的。"

说到这儿那红皇后又开口了。她说，"我考考你懂不懂家常儿的事情？面包是怎么做的？"

阿丽思很快的说，"那我知道！你先得拿点儿面——"

那白皇后说，"挂面还是切面？宽条儿的还是细条儿的？"

"哎，不是一条儿一条儿的面，"阿丽思解释给她听，"是和面，是一块一块的——"

"几块几毛？"那白皇后说。"你不能邋掉那么些东西啊。"

那红皇后有点儿着急起来说，"给她扇扇脑袋吧！她想了这么些一定想得头昏了。"所以她们就弄了几把树叶子起头儿来扇她一直扇得她求她们停才停住，因为她们把她头发扇得乱的不得了了。

那白皇后说，"她这会儿好了。你懂语言不懂？法文管'飞得儿低地'叫什么？"

阿丽思很认真的说，"'飞得儿低地'本来就不是英文嘞！"

"谁几时说它是来着？"那红皇后说。

阿丽思想她这一回有法子躲开这个难题目了。她就很得意的大声儿说，"你要告送我'飞得儿低地'是什么国话，我就告送你法国话管它叫什么！"

可是红皇后把腰直僵僵的一挺，她说，"皇后们从来不讲价钱的。"

阿丽思心里头想，"我愿意皇后们从来不出题目就好了。"

那白皇后有点儿着急的说，"咱们别打架呀。闪电是从什么生出来的？"

"闪电啊，"阿丽思随口就说出来，因为她这回觉得很有把握了，"闪电是从雷生出来的——不是，不是！"她马上改过来说。"我是要说是反过来那么样子的。"

"太晚了，不能改了！"那红皇后说，"一样事情你一说出口，那就定了，你就得来什么要什么了。"

那白皇后很不自在的把两个手捏捏放放，低着头说，"啊，说起来我想到上礼拜二咱们碰见那么大一场雷雨——我是要说上回那一套好些个礼拜二当中的一个，你知道。"

阿丽思有点儿不懂了。她说，"在我们国里啊，我们是一天一天的过的。"

那红皇后说，"那么样儿做事多穷多没劲儿啊！我们这哈儿啊，我们大概总是两三个白天或是两三个夜里在一块堆儿的,有时候儿在冬天我们一连串过五夜呐——是为着要取暖,你知道。"

阿丽思就问她一问,说,"五夜就比一夜暖和吗?"

"五倍那么暖和了,自然。"

"不过也要冷五倍了,要是也照那个规矩的话?"

"就是这话咯!"那红皇后说。"暖和五倍,又冷五倍——就像我比你阔五倍,并且又比你聪明五倍一样!"

阿丽思叹了口气对自己说,"唉,拉倒吧!这简直像个破不了的谜儿嘞!"

那白皇后低低的声音,好像对自各儿说话似的,说,"昏弟敦弟也看见那雷的。他手里拿着把开瓶子的螺丝转儿走到门上来——"

"他来要什么的?"那红皇后说。

那白皇后接着说,"他说他非要进来,因为他待那儿找一匹河马。不过那天早晨啊,家里并没有这样儿东西,碰巧。"

阿丽思听了诧异得不得了,她说,"平常儿有吗?"

那皇后说,"只有礼拜四有。"

"我知道他干嘛来的,"阿丽思说。"他要来罚那些小鱼儿们的,因为——"

到这儿那白皇后又起头儿说,"那个雷雨大的啊,你简直想不到的!"("她本来什么也想不到的,你知道。"那红皇后说。)"房顶都掉了一块下来,就进来了不知道多少雷——一大块一大块的在屋子里乱滚——把桌子唎东西的都撞倒了——把我吓得连自各儿的名字都想不起来了。"

阿丽思心里想,"我要遇见出了什么事情的时候儿,我就不会去想我的名字去!想了又有什么用呐?"可是这个话她没说出声儿来,因为她怕那可怜的皇后听了回头又不好受。

"陛下你得原谅她,"那红皇后对阿丽思说着就拿那白皇后的一只手搁得她自各儿手上轻轻摸着她说,"她意思是很好的,不过她少不了总要说些傻话,平常时候儿。"

阿丽思看那白皇后挺胆儿小的瞅着她,觉着实在应该对她说点儿什么好话,可是一时真想不出什么话来说。

那红皇后又接下去说,"她从小儿就没人好好儿教过她,不过她脾气可是真好得出奇!你拍拍她脑袋,看她多喜欢!"可是这个阿丽思实在没胆量去做了。

"给她点儿好处——给她头发上弄点儿颜色纸——可以弄得她不知道多乖呐——"

那白皇后深深的叹了一口气,把头枕得阿丽思肩膀儿上。她哼哼着说,"我真困极了!"

"她累了,这小东西!"那红皇后说。"给她头发顺一顺——把你的睡帽借给她——唱一个软软儿声音的摇篮歌儿哄哄她睡吧。"

阿丽思照着她第一样做了说,"我没有睡帽,我也不会什么哄小孩儿睡觉的歌儿。"

"得我唱了,那么。"那红皇后说着就唱起来:——

乖乖儿在阿丽思怀里别闹!
酒席没开好咱们先睡一觉。
酒席吃完了咱们同去跳舞——
红皇后,白皇后,阿丽思做主!

"现在你知道这词儿了,"她说着把脑袋在阿丽思的肩膀儿上一靠,"你给我也唱一遍罢。我也困了。"又一会儿两个皇后都睡得着着儿的了,挺响的那么打呼噜。

一会儿这个圆脑袋,一会儿那个圆脑袋,像一块重东西似的且阿丽思肩膀儿上滚下来滚得她腿上。阿丽思四面望望急的不知道怎么好,她嚷着说,"这可是怎么办呐?我想从来也没有过一个人同时得照应两个皇后的!没有的,全英国的历史里也没有过的——这不会的嚜,你想,因为从来没有过同时有两个皇

后的嚜。"她不耐烦的接着说，"醒醒，嘿，你们这两种东西！"可是除了轻轻儿的打呼噜，她们一点儿也不做声儿。

那打呼噜的声音越过越清楚，成了像个调儿的声音了：到后来她都听出词儿来了，她听的那么认真，她腿上两个大脑袋忽然不见了，她都没觉到少了什么。

她自己站在一个圆框子大门的跟前儿，上头写着"阿丽思皇后"几个大字，那门框儿上一边儿有一个门铃儿的拉手；一边儿写的是"客人的铃"，那边写的是"佣人的铃"。

阿丽思想，"我等这个歌儿唱完了我就去拉那个——那个——我拉哪个铃儿呐？"她看着那两个名字不知道怎么好。"我又不是客人，我又不是佣人。应该得有一个上头写着'皇后'的呀，你知道——"

刚说到这儿门稍为开了一点儿，一个长扁嘴的鸟儿伸出一个头来说，"不到下下礼拜不许进来！"一会儿就"乓！"的一声又把门关上了。

阿丽思尽着打门拉铃也没人来；到后来一个很老的刚才坐得树底下的一个老蛤蟆站起来一拐一拐的慢慢儿的对着她拐过来：它穿着很鲜亮的黄衣裳，脚上穿着一双很大的大鞋。

那蛤蟆用一种很低很粗的沙嗓子说，"怎么回事啊，嗄？"

阿丽思回过头来，预备跟谁都要找碴儿似的。她很生气的说，"那个答应门的佣人上哪儿去了？"

"哪个门啊？"那蛤蟆说。

阿丽思听它那懒洋洋的腔调，气的差不多儿要跺脚了。"这个门了，自然是！"

那蛤蟆睁着它那双又大又呆的眼睛对着那门瞅了一会儿：又走上去拿大拇哥在门上擦擦，好像试试看那门上的漆会掉不会似的：然后又瞅着阿丽思。

"答应门吖?"它说。"那门你问它什么来着?"它的嗓子哑得简直阿丽思都听不见它了。

"我不懂你是什么意思?"阿丽思说。

那蛤蟆接着说,"我说(xuē)的不係英国话吗? 要不然你是聋吖? 它问你什么来着?"

阿丽思很不耐烦的说,"没问什么呀! 我就打门来着!"

那蛤蟆叽咕着说,"不该的嚛——不该的嚛——不係惹(yě)它恼嚛,你想。"它就走上去拿一只大脚把门一踢。它喘着气说,"你不去惹(yě)它,它就不来惹(yě)你,你知道。"说着它就又拐啊拐的回到树后头去了。

这时候儿那门忽然一闪就开了,就听见一个尖嗓子唱着:——

"对镜子的世界里阿丽思说,
'我皇冕在头上,我令箭手里托。
让镜子里人物们大家排队
到红皇后白皇后跟我的宴会。'"

接着就是好几百人的声音和唱:

"快斟满了酒杯子大家别慌,
在桌子上撒些钮扣儿跟砻糠:
把猫在咖啡,耗子在茶里泡透——
来三十倍三欢迎阿丽思皇后!"

唱完了就是一阵乱哄哄喝彩的声音。阿丽思自己想着,"三十倍三是九十。我倒不知道有没有人待那儿数着?"一会儿工夫又安静下来了,还是那个尖嗓子又唱一段:——

"'喂,镜子里人物们,'阿丽思说,
'你们见着我看见我荣耀很多:
来吃饭咧喝茶咧跟我们做伴儿,

跟红皇后白皇后跟我一块儿！'"

底下接着又是和唱：

"在杯子里倒满了墨水儿糖浆，
　或是随便什么喝的只要又甜又香；
　拿沙子跟羊毛用果子酒泡透——
　来九十倍九欢迎阿丽思皇后！"

"九十倍九！"阿丽思听了这个可没办法了，她说，"那一辈子也算不完的了！我顶好还是就进去——"她说着望里就走。她一进门大伙儿就一个也不做声儿了。

阿丽思一头儿在那大厅里走着，很担心的顺着那桌子看过去，她看见大约有五十位客，各式各样儿的：有的是畜牲，有的是鸟儿，里头还有几种花儿呐。她想，"它们没等到请就来了倒也好，要不然我还没法子知道应该请些谁才对呐！"

桌子的上一头有三把椅子：两把已经有了红皇后跟白皇后坐着，可是当间儿一把是空着的。阿丽思就在这椅子上坐下，她看大伙儿不做声儿觉着有点儿不自在，心里想顶好有谁说话才好。

后来还是那红皇后起的头儿。她说，"你已经错过了汤跟鱼了。把肉端上来！"那些佣人就把一只羊腿端来放在阿丽思跟前，阿丽思看着有点儿着急，因为她从来没有当过主人还得要给客人切肉呐。

那红皇后说，"我看你有点儿不好意思：让我来介绍你见见羊腿。阿丽思，这是羊腿；羊腿，这是阿丽思。"那羊腿就在盘子里站起来对阿丽思鞠了一个躬；阿丽思就还了一个礼，也不知道是害怕还是好笑。

"让我给你一块，好不好？"她说着拿起刀叉来看看这个皇后，看看那个皇后。

那红皇后很坚决的说，"那怎么可以呐？刚把你介绍了给人家，你就拿刀来刺人家，这什么规矩？把肉端走！"那些佣人就把它端开了，换了一大盘梅子布丁来。

阿丽思赶快说，"请别再介绍我见布丁吧，要不然咱们一点儿晚饭也没得吃了。

让我给你点儿好吧?"

可是那红皇后显出很不愿意的样子,她狠狠儿的说,"布丁,这是阿丽思;阿丽思,这是布丁。把布丁端走!"阿丽思还没有来得及还它鞠躬的礼,那些佣人就早把布丁端走了。

可是阿丽思想为什么只有那红皇后才许发命令;所以她就叫一声试试瞧,"喂,把布丁端回来!"一会儿那布丁果然又在桌上了,像变戏法儿似的。那布丁那么大,阿丽思见了它少不了有点儿不好意思,就跟刚才对那羊腿一样的感觉:不过她到底勉强壮着胆子切了一块下来递给那红皇后。

"真岂有此理!"那布丁说。"要是我把你剌一块下来,我倒不知道你高兴不高兴,你这东西!"

它说话是一种油腻腻的粗声音,阿丽思一句话也回答不出来,只好坐得那儿张着大嘴看着它。

"说点儿什么呀,"那红皇后说:"把话净让那布丁说了,那成什么样子啊?"

"你们可知道,我今儿听人家背了那么些诗,"阿丽思一开口,大伙口马上就不做声,所有的眼睛就都盯着她看,她都有点儿害怕了。她还接着说,"而且有一样事情真古怪,我想——每一首诗都是讲到鱼的什么事情的。你可知道他们这儿为什么都这么喜欢鱼啊,这些地方?"

这话是对那红皇后说的,可是她回答的话有点儿回答到隔壁去了。她把嘴凑到阿丽思的耳朵边儿,很慢很正经的说,"您白皇后陛下知道一个很妙的灯谜——全是押韵的——全是讲鱼的。要不要让她背背听?"

那白皇后就在阿丽思的那一只耳朵里像个鸽子似的咕噜咕噜的说,"多谢她红皇后提起这个来。那多好玩儿啊!可以让我背吗?"

阿丽思很客气的说,"真的,请您背给我们听。"

走到镜子里

那白皇后高兴得笑了一声,摸摸阿丽思的嘴巴子。她就起头背:

"'先么,鱼得要逮来。'
这不难,一个孩子,我想,就能逮它来。
'然后鱼得要买来!'
这不难,一个蚌子,我想,就能买它来。

'拿这鱼去做汤!'
这不难,已经煮了有五十九秒了。
'用个一品锅来装!'
这不难,因为早已经把它装好了。

'端来给我就酒!'
这不难,我把锅就在桌上一撂。
'把这锅盖儿拿走'
哎呀,这个很难,恐怕我做不到!

因为那鲇鱼的粘——
把锅盖儿粘在锅袢儿,他自己躲
在当间儿:
你说那样儿顶难,
还是开那个盖儿,还是猜这个谜儿?"

那红皇后说,"你先想它一分钟,然后再猜。你一头儿想着我们就敬你一杯。"她就使起大劲来嚷,"祝阿丽思皇后的康健!"所有的客人就都敬她的酒,他们喝的法子很古怪:有的拿杯子像倒救火筒似的倒得自各儿的头上,让酒且脸上流到嘴里就那么接着喝——有的把酒壶打翻了,让酒且桌子边儿上流下来就在那儿接着喝——还有三个(像袋鼠样子的东西)滚到烤羊肉的盘子里拼命的去舐那里头的红汤儿,"就像些猪在猪糟里似的!"阿丽思想。

那红皇后皱着眉头儿对阿丽思说,"你应该说两句很漂亮的演说谢谢大家。"

阿丽思很听话的站起来演说，可是有点儿怕悠悠的，那白皇后就轻轻儿的说，"我们得支持着你，你知道。"

阿丽思轻轻儿的回答她说，"多谢你们，我不用扶着也行。"

那红皇后死死的说，"那是不像样儿的。"所以阿丽思只好很规矩的受着她。

（"还有她们拱的真要命！"这是后来阿丽思告送她姊姊这回宴会的事情时候儿说的话。"你觉着她们简直要把你挤扁了！"）

阿丽思演说的时候儿倒真是有点儿不容易呆得住她那个地方：那两个皇后一边儿一个的那么拱，她们差一点儿没把她举到半空中去。"我起来对各位道谢。"阿丽思说着真的离地起来了好几寸；可是她抓住了桌子边儿，好容易才把自己又拽了下来。

"当心你身子！"那白皇后拿两只手揪住了阿丽思的头发大嚷起来。"一会儿要出什么事情啦！"

一会儿工夫（照阿丽思后来告送人说的话）真的出了各式各样儿的事情了。那些蜡烛都长到顶棚那么高，好像一攒香草顶上都放了月炮似的。那些瓶子就每一个拿了两个盘子匆匆忙忙的装上去当两个翅膀儿，再拿两把叉子当脚，就到处的乱飞：阿丽思在这越闹越乱的情形里倒还想到说，"倒很像些鸟儿，它们的样子。"

在这时候儿她听见她旁边儿有一个粗嗓子的笑声，她就回头看看那白皇后怎么了；可是椅子上并没有皇后，是那羊腿坐得上面了。那一品汤锅里出来一个声音说，"我待这儿呐！"阿丽思一回头，刚刚赶上看见那皇后的扁扁儿的和气的脸在那一品锅的边儿上露出一点儿来对她笑着，一会儿她缩回到汤里去了。

一会儿也不能再耽搁了。已经有好几位客躺得盘子里了，那舀汤的大勺儿在桌上对着阿丽思的椅子走上去，很急的对她做手势叫她让开。

"这个我受不了了！"阿丽思嚷着就跳起来两只手把桌布抓住；使劲一拉，那些盘子咧，碟儿咧，客人咧，蜡咧，都哗啦啦掉得地上堆成一大堆。

"还有你这个东西啊。"她凶凶的回过头来对着那红皇后，因为她想都是她一人儿闹出来的乱子——可是那皇后不在她身边儿了——她忽然变成一个小洋娃娃那么大小了，现在在桌上活泼泼的转圆圈儿，追她背后搭拉着的自己的披肩。

要是别的时候儿啊，阿丽思就会觉着诧异了，可是这会儿她心里慌张得什么也不会使她诧异了。"还有你这东西啊，"她说着那小东西正待那儿跳过一个刚落下来歇在桌上的一个瓶子，她一把抓住她使劲一拧，说，"我把你拧成一个小猫儿，你看我不吧！"

第十章 拧

她把她且桌上拿下来拼命的把她尽着拧尽着摇。

那红皇后一点儿也不偬:不过她的脸越变越小,她的眼睛越变越大越绿:阿丽思又甩了她两下儿,她越变就越短——越肥——越软——越圆——她就——

第十一章 醒

——它敢情就是个小猫儿嚜。

第十二章　是谁做的梦呐？

阿丽思揉着眼睛很恭敬可也有点儿严厉的对那小猫儿说，"红陛下您别那么大声儿的打呼噜啊。你闹醒了我哎哼！多么好的一个梦啊！敢情你一直跟着我的，华儿华儿——在那镜子里的世界里。你知道没知道，乖乖？"

它们小猫儿们就有个讨厌的坏脾气（阿丽思曾经说过这话），不管你跟它们说什么，它们总是打呼噜。"只要它们比方要说'是'就打呼噜，要说'不是'就叫声喵，或是不管定个什么规矩，好跟人家谈得起话来么，那就——！你想一个人要老是只说那一句话，你怎么跟他谈的起话来呐？"

可是这一回那小猫儿只是打呼噜：那么就没法子猜它到底是要说'是'还是要说'不是'了。

阿丽思就到桌上棋盘里把个红皇后找出来：她又趴下来跪得炉子前头的地毯上把那猫跟皇后面对面搁着。她很得意的拍着手说，"啊，华儿！招出来吧，这就是你变成的！"

（"可是它看都不肯看，"她后来讲给她姊姊的时候儿说："它就把头背了过去，假装儿没看见似的：可是它有一点儿不好意思的样子，所以我想它一定做过那个红皇后的。"）

"坐直一点儿，乖乖！"阿丽思笑嘻嘻的说。"你一头儿想说——想打什么呼噜的时候儿就得一头儿请安。这样儿省时候儿，记得吧！"她就把它端起来轻轻儿的亲它一下儿，"就算是恭敬它曾经做过一个红皇后的一点儿意思。"

"雪珠儿,我的小玩意儿!"她说着回头看看那小白猫儿还待那儿乖乖儿的让大猫舐。"黛那到底几时才给您白陛下弄完啊,我倒不知道?哦,你在我梦里头一身那么不整齐的样子,原来是这个缘故。啊,黛那!你可知道你在那儿刷的是一位白皇后吗?真的,你太不恭敬了!"

"那么黛那变成了谁呐,我倒不知道?"她一头儿叽咕着,就舒舒服服儿的靠下来把一个胳臂肘子支得地毯上,拿手支着下巴,一头儿看那些猫。"告送我,黛那,你是不是变成昏弟敦弟来着?我想你是的——不过你顶好先还别告送你的朋友们,因为我还不敢一定呐。"

"啊,华儿华儿,你要是真到过我那梦里啊,有一样儿事情一定会给你开心的——我听了人家给我背了那么多的诗,都是说鱼的!明儿早晨一定好好儿的请你一顿。赶你吃点心的时候,我就背'海象跟木匠'给你听;你就可以假装儿你吃的净是些蛎蟥,乖乖!"

"那么,华儿华儿啊,咱们来想想看这一大些事情到底是谁梦见的。这是个很要紧的事情呀,乖乖,你不应该尽着舔你的爪子呀——倒像黛那今儿早晨没给你洗过似的!你想呐,华儿华儿,那一定不是我就是那红皇帝。他是我梦里的人,自然——不过那么我也是他梦里的人啊!到底是那红皇帝做的梦吗,华儿华儿?你是他的媳妇儿,乖乖,所以你应该知道吁——啊,华儿华儿,帮帮我定了得了!我知道你那爪子等一会儿不碍事的!"可是那讨厌的小猫儿又换了那个爪子来舔,假装儿没听见人家问它话似的。

你想是谁呐?

跋

斜阳照着小划船儿，
　慢慢儿漂着慢慢儿玩儿，
　　在一个七月晚半天儿

　　　小孩儿三个靠着枕，
　　　　眼睛愿意耳朵肯，
　　　　　想听故事想得很——

　　　　　那年晚霞早已散：
　　　　　　声儿模糊影儿乱：
　　　　　　　秋风到了景况换。

　　　　　　　但在另外一个天
　　　　　　　阿丽思这小孩儿仙，
　　　　　　　老像还在我心边。

　　　　　还有小孩儿也会想，
　　　　　　眼睛愿意耳朵痒，
　　　　　　　也该挤着听人讲。

　　　本来都是梦里游，
　　　　梦里开心梦里愁，
　　　　　梦里岁月梦里流。

跋

顺着流水跟着过 ——
　　恋着斜阳看着落 ——
　　　　人生如梦是不错。

最后五分钟

[英] A.A.米尔恩 著
赵元任 译

1929年《最后五分钟》封面

Gwoyeu Romatzyh "Key"

1. 声母：

拨 b	泼 p	末 m	弗 f
得 d	忒 t	呐 n	勒 l
格 g	克 k	喝 h	
基 j	欺 ch	希 sh	
知 j	蚩 ch	施 sh	日 r
兹 tz	雌 ts	思 s	
移 y	吴 w	于 y(u)	

2. 韵母：

y	a	o	e	ai	ei	au	ou	an	en	ang	eng	ong	el
（日,寺）	阿	（波）	厄	哀	乁	噢	欧	安	恩	肮	（哼）	（烘）	（儿）

i	ia		ie	iai		iau	iou	ian	in	iang	ing	iong	
衣	鸦		噎	（崖）		腰	幽	烟	音	央	英	雍	

u	ua	uo		uai	uei			uan	uen	uang	ueng		
乌	蛙	窝		歪	威			弯	温	汪	翁		

iu			iue					iuan	iun				
迂			约					冤	晕				

3. 声调例解：

搀 chan	缠 charn	产 chaan	忏 chann	大 dah
牵 chian	钱 chyan	浅 chean	欠 chiann	代 day
				到 daw
穿 chuan	船 chwan	喘 choan	串 chuann	但 dann
				宕 danq
圈 chiuan	全 chyuan	犬 cheuan	劝 chiuann	「带儿」dall

（详见凡例，230—232 页）

SHIUH

I. Gwoyeu Romatzyh gen Bairhuah Wen

Woo shiee jey-been sheau shu, yeou san-joong shinqchiuh tzay liitou ne. Dih-i joong sh dueyyu Gwoyeu Romatzyh de shinqchiuh, jeh sh ijoong shiuanchwande shinqchiuh. Tzyhtsorng Mingwo 17 Nian 9 Yueh 26 ryh Gwomin Jenqfuu Dahshyue Yuann gongbuhle *Gwoyeu Romatzyh Pin In Faashyh* tzuoh-wei "Gwo-in Tzyhmuu Dih-ell Shyh" yiilai, daw shianntzay yiijing dah-bann-nian le. Keesh chwudiaw shaoshuhde jiige yanjiow hesh tyichanq te de ren yonq te tong-shinn hesh shiee ryhjih yii way, byeren jen na te danq wentzyh yonq de, woo jyy kannjiann-guoh Li Minghuei Neushyh de bay nian tieetz shanq yonq-guoh te; dannsh Li Neushyh de fuhchin borshwu-men beenlai yee dou deei suann tzay tyichanq-jia jy ney de, neme I yee bunenggow suann ge "byeren"le. Swoyii tzarmen jeanjyr keryii shuo Gwoyeu Romatzyh tueishyng de cherngji daw shianntzay hair sh deengyu ling. Te swoyii yeou jehyanq chyngshyng de yuan-in guhran yee heen fuhtzar, chyi jong tzuey yawjiin de woo sheang jiow sh chiueshao dwuwuh de yuanguh. Dahfaro ijoong biaujoen-yeu hesh biaujoen-wentzyh de tueishyng yaw kaw yeou shiah lieh de wuu-joong tyaujiann:

Dih-i yaw yeou ming jenq yan shuenn -de jiguan dinq ige ijyhde biaujoen. Shianntzay yeoule Dahshyue Yuann genjiuh Gwoyeu Toong-i Huey de yih-ann jenqshyh gong-buhle de pin-in faashyh, jeh i-tserng suann sh banndaw le.

Dih-ell, jeh wentzyh de beenshen yaw dyichiueh sh heryonqde. Dueyyu jeh i-tserng woo yee gaan shuo shianntzay jeh Gwoyeu Romatzyh de shiee-faa, feidann bii Ing, Fah, Der, Eh gehjoong pin Jonggwo tzyh-in de shiee-faa chyang de duo, jiowsh na Ingwen,— buyonq shuo Ingwen, jiowsh shuo Derwen,— *tzyhjii* wentzyh de pin-faa biijiaw-chiilai, yee hairsh tzarmde pin-faa jeengchyi ganjinq de duo le. Jeh i-tserng yee jiow sh Gwo-in Tzyhmuu Dih-i Shyh (Juh-in Tzyhmuu) buneng shyrfen tongshyng de yuan-in jy i.

序

I. 国语罗马字跟白话文

我写这一本小书,有三种兴趣在里头呐。第一种是对于国语罗马字的兴趣,这是一种宣传的兴趣。自从民国十七年九月二十六日国民政府大学院公布了《国语罗马字拼音法式》作为"国音字母第二式"以来,到现在已经大半年了。可是除掉少数的几个研究或是提倡它的人用它通信或是写日记以外,别人真拿它当文字用的,我只看见过黎明晖女士的拜年帖子上用过它;但是黎女士的父亲伯叔们本来也都得算在提倡家之内的,那末伊也不能够算个"别人"了。所以咱们简直可以说国语罗马字推行的成绩到现在还是等于零。它所以有这样情形的原因,固然也很复杂,其中最要紧的我想就是缺少读物的缘故。大凡一种标准语或是标准文字的推行要靠有下列的五种条件:

第一要有名正言顺的机关定一个一致的标准。现在有了大学院根据国语统一会的议案正式公布了的拼音法式,这一层算是办到了。

第二,这文字的本身要的确是合用的。对于这一层我也敢说现在这国语罗马字的写法,非但比英,法,德,俄各种拼中国字音的写法强得多,就是拿英文,——不用说英文,就是说德文,——自己文字的拼法比较起来,也还是咱们的拼法整齐干净得多了。这一层也就是国音字母第一式(注音字母)不能十分通行的原因之一。

Tzarmen tzay te shenshanq sueiran yonqguoh-le haoshie tyichanq de gongfu, wunay tede beenshen yeou sheuduo bu her shyryonq de dihfang. Tsyy chuh yee bubih shih shuo, dan shuo tzay shyngshyh shanq, jiow yeou haoshie ren shyan te yow bu haokann yow bu rongyih jihrenn; yow inwey te mei hao fartz fenbiann shengdiaw, jiaw tsyrley de "miannkoong" tay buneng dwulih, buneng cherng ijoong wentzyh shyhde. Jinnlai rennshyh Juh-in Tzyhmuu de ren, youchyi sh chingnian-bey dangjong, guhran sh jiannjiande duo-chiilai; dannsh tamen dahdu hair jyy sh na te danq ge *Juh-in* Tzyhmuu, dawdii hair mei nenggow na te danq ijoong wentzyh lai yonq.

Dihsan yaw yeou shiangdangde shiuanchwan gen chwanshyi de jiguan. Jeh sh tzuujy gen jingfey de wenntyi. Jaw jinnlai gwoney de chyngshyng, yanqx jiannshehde shyhyeh tsair gangx nenggow chiitourl, gwoyeu de shyhyeh dangran yee bush lihway. Shianntzay Gwoyeu Toong-i Huey yiijing gaetzuu le, jiowshyr guanting de nah joong shiaujyide faanduey suann sh meiyeou le. Yiihow gwoyeu de shyhyeh dangran genq yeou chiiseh le.

Dihsyh yaw yeou wanbey erl biann yu jeanchar de tzyhdean gen tsyrdean. Biifang ige nehme bu her shyuelii bu her shyryonq -de Wade de pin-faa, inwey yeou Giles de dah tzyhdean gen Goodrich de sheau tzyhdean sh yonq te de, te jiow jiuran tzay Ingwen-jieh lii cheng-chii shyong -lai le. Shianntzay tzay gae baan de *Gwo-in Tzyhdean* jiow yeou Gwoyeu Romatzyh le, hair shuobudinq jeh shu chubaan de ryhtz yee jiow sh shin *Gwo-in Tzyhdean* chubaan de ryhtz ne. Jyhyu tsyrshu de biantzoan, biijiaw feyshyh ideal, dannsh Gwoyeu Dah Tsyrdean Biantzoan Chuh yee yiijing chernglih le, chu shu yee jiow sh shyrjian de wenntyi le.

Dihwuu, "tzuey mohleaul dannsh bu tzuey sheau" -de tyaujiann jiow sh, ijoong wentzyh de tueishyng deei yaw kawj yeou yeou-dwu-tou-de dwuwuh. Naapah yeou tzuey gau de jiguan, jyh-dinqle tzuey hao de wentzyh, shehlihle i-shyhjieh de chwanshyi-suoo, bianle shie tzuey wanbey de tzyhdean tsyrdean, keesh jearu meiyeon dongshi lai dwu, nah yiishanqde shehbey yee dou sh bairraude. Meiyeou dwuwuh, chyuan pyngj *deductive* de gwo-in jiawshyue-faa lai jiau sh'—duoshuh ren shyue-bu-huey de, jiowsh yeou shaoshuhde tehbye naotz de ren jehmeyang shyue-huey te le, ta meiyeou shu baw kann, ta shyue te gannma? Byeren kannjiann ta jehjoong chyngshyng,

咱们在它身上虽然用过了好些提倡的工夫，无奈它的本身有许多不合实用的地方。此处也不必细说，单说在形式上，就有好些人嫌它又不好看，又不容易记认；又因为它没好法子分辨声调，叫词类的"面孔"太不能独立，不能成一种文字似的。近来认识注音字母的人，尤其是青年辈当中，固然是渐渐的多起来；但是他们大都还只是拿它当个注音字母，到底还没能够拿它当一种文字来用。

第三要有相当的宣传跟传习的机关。这是组织跟经费的问题。照近来国内的情形，样样建设的事业才刚刚能够起头儿，国语的事业当然也不是例外。现在国语统一会已经改组了，旧时官厅的那种消极的反对算是没有了，以后国语的事业当然更有起色了。

第四要有完备而便于检查的字典跟词典，比方一个那末不合学理不合实用的 Wade 的拼法，因为有 Giles 的大字典跟 Goodrich 的小字典是用它的，它就居然在英文界里称起雄来了。现在再改版的《国音字典》就有国语罗马字了，还说不定这书出版的日子，也就是新《国音字典》出版的日子呐。至于词书的编纂比较费事一点儿，但是国语大辞典编纂处也已经成立了，出书也就是时间的问题了。

第五，"最末了儿但是不最小"的条件就是，一种文字的推行得要靠着有有读头的读物。哪怕有最高的机关，制定了最好的文字，设立了一世界的传习所，编了些最完备的字典词典，可是假如没有东西来读，那以上的设备也都是白饶的。没有读物，全凭着演绎式的国音教学法来教是——多数人学不会的，就是有少数的特别脑子的人这末样学会了它，他没有书报看，他学它干吗？别人看见他这种情形，

byeren yee jiow jiannjialde bu shyue le. Faanjy, tzay Jongguu Shyrday shianq Luther nahshie tyichanq gwoyeu gwowen de renwuh, tamen yee meiyeou sherme biaujoen, yee meiyeou sherme tsyrdean, tyi-chii bii -lai jiow shiee; dannsh tamen shiee de dongshi sh yeou dwu-tou de, swoyii daw howlai Dergwo de gwoyeu sueiran meiyeou *Esperanto* nehme jeandan, Dergwo de Gwoyeu Romatzyh sueiran meiyeou Jonggwo de Gwoyeu Romatzyh jehme jeengchyi ganjinq, keesh te tzoong erl yan jy tongshyng sh tongshyng le. Ingwen yeou jiuh cherngyeu shuo:"The proof of the pudding is in the eating." Renjia eh le, geei renjia i-been pengtyau-shu sh meiyeou yonq de, nii deei baa *pudding* duan-shanqlai. Nah gongbuh de *Gwoyeu Romatzyh Pin In Faashyh* sh ge pengtyau-shu, jehge shihbeentz jiow sh ru faa pawjyh -chulai de i-jenglong (hesh i-kaoshiang) de *pudding*. Shianntzay jiow duan-shanqlai chiing dahjia charngx le.

 Dannsh jen-been shu buneng suann Gwoyeu Romatzyh de dih-i buh shu. Inwey bii jeh shu chyan ideal chu-baan de yeou Li Jiinshi de *Gwoyeu Mofann Dwubeen Shoou-tsch*.[①] Neh shu de tzuoh-faa sh baa gwo-in lii suoo yeou de yunnmuu de syh joong shengdiaw de shyngshyh dou yonq-guoh i-daw, chyuan shu yow cherng ige jeenggellde guhshyh, swoyii dwule jehge guhshyh jiow keryii baa Gwoyeu Romatzyh de tzuey yawjiin de buhfenn dou shyue-huey le.

 Tzay charngpiande shyhyong Romatzyh-wen de shyrhowl, yeou iyanql renx inggai jiann-daw liaw-daw erl chyishyr haoshie ren binq mei jiann-daw binq mei liaw-daw de shiannshianq: jiow sh yonq Hanntzyh shiee de hao de bairhuah wen, yonq Romatzyh bu rongyih shiee hao; yonq Romatzyh shiee de hao de bairhuah wen, yonq Hanntzyh bu rongyih shiee hao. Renx dou ting shuo,—shennjyhyu tzyhgeel yee duey ren shuo,—yeuyan gen wentzyh tzeeme vx huhshiang yiingsheang, keesh Romatzyh dueyyu bairhuah wen de yiingsheang, koongpah meiyeou shyh-guoh de ren heen shao neng kann de chingchuu de. Bairhuah wen de yunndonq daw shianntzay chahbuduol yeou shyr-ell nian

---

[①] Mingwo 17 Nian 2 Yueh Jonghwa Shujyu chubaan. Inwey jeh shu chubaan tzay Dahshyue Yuann gongbuh *Gwoyeu Romatzyh Pin In Faashyh* yiichyan, swoyii "mofann" de *mo* tzyh sh jaw yuan ann pin cherng *muo*. Jaw gongbuh de pinfaa, *b, p, m, f* shiahmiann de *uo*, jyy shiee tzuoh *o* le. (Dannsh Li shu dangjong jyy yeou ige *puoh* tzyh yaw gae pin tzuoh *poh,* chyiyude gen gongbuh de wanchyuan iyanq.)

别人也就渐渐儿的不学了。反之,在中古时代像路得那些提倡国语国文的人物,他们也没有什末标准,也没有什末词典,提起笔来就写;但是他们写的东西是有读头的,所以到后来德国的国语虽然没有 Esperanto 那末简单,德国的国语罗马字虽然没有中国的国语罗马字这末整齐干净,可是它总而言之通行是通行了。英文有句成语说:"布丁的好坏就在个吃。"人家饿了,给人家一本烹调书是没有用的,你得把布丁端上来。那公布的《国语罗马字拼音法式》是个烹调书,这个戏本子就是如法炮制出来的一蒸笼(或是一烤箱)的布丁。现在就端上来请大家尝尝了。

但是这本书不能算国语罗马字的第一部书。因为比这书前一点儿出版的有黎锦熙的《国语模范读本首册》。[①]那书的做法是把国音里所有的韵母的四种声调的形式都用过一道,全书又成一个整个儿的故事,所以读了这个故事就可以把国语罗马字的最要紧的部分都学会了。

在长篇的试用罗马字文的时候儿,有一样儿人人应该见到料到而其实好些人并没见到并没料到的现象:就是用汉字写得好的白话文,用罗马字不容易写好;用罗马字写得好的白话文,用汉字不容易写好。人人都听说,——甚至于自各儿也对人说,——语言跟文字怎末怎末互相影响,可是罗马字对于白话文的影响,恐怕没有试过的人很少能看得清楚的。白话文的运动到现在差不多儿有十二年

---

① 民国十七年二月中华书局出版。因为这书出版在大学院公布《国语罗马字拼音法式》以前,所以"模范"的模字是照原案拼成 *muo*。照公布的拼法,*b*,*p*,*m*,f 下面的 *uo*,只写作 *o* 了。(但是黎书当中只有一个破 *puoh* 字要改拼作 *poh*,其余的跟公布的完全一样。)

le, keesh sweibiann na i-duann bairhuah wen lai nianx, jiaw ige ren tzay parngbian tingj:

"Goethe yuantzuoh sh heen meeiwoan de, woode yih-wen bu tzwu fang chyi wann i."

Wenn ta ting de doong ma? Jearu ting de doong, tzay ting:

"Jehme hao de jiingjyh, jong yu yow shiang jiann le! Jehyanq shinqfwu jiow you jy dih, jong yu yow shiang jiann le! Nahbian weysherme jehyanqde leengjinq ia, chuangtz yee meiyeou ige kaij. Jehban huangliangde liangtair, dang woomen tsorngchyan itorng tzuoh tzay nall de shyrhow, sh herdeeng yeou shengchiuh ia."

Jeh doong sh keryii doong le, keesh sheir tingjiann-guoh yeou ren jehme shuo huah de? Woo binq bush shuo jehjoong bann baii de bairhuah wen buhao, hesh bu-inggai, woo tzyhjii yee yeoushyrhowl shiee jehjoong bu cherng huah de bairhuah. Keesh jeh dou sh yonq Hanntzyh shiee bairhuah de huhnonqjyuel. Inwey tzarmen dou rennde Hanntzyh, doong de wenyan, swoyii baa "jy, hu, yii, yan, …" gaele "de, ma, le, ne, …" jiow suann shiee bairhuah wen le. Biifang:

"Woo tzyhgeel diing tzyhran de shuo huah de shyrhowl, mingxl sh jehme shuo de,"
"Dann woo tyi bii shiee bairhuah wen shyr, chiueh pian yow rutsyy shiee-faa."

Naapah woo tsornglai bu dan shuo ige *shyr* tzyh danq "de shyrhowl" jeang, keesh inwey 时 tzyh de tzyhshyng yiijing gow mingbair le, swoyii bubih duo shiee le. Swoyii bu yonq Hanntzyh tzer yii, jearu yonq Hanntzyh, hairsh shiee bu cherng huah de bairhuah wen jiaw wei biannlih. Tzay jinn i-buh shuo, Hanntzyh tzuey shiangyi de yonqchuh hairsh yonq te lai shiee wenyan wen, nah jiow keryii shiee de chiahx bu duo bu shao, jeh sh tede *logical* de dihwey. Yonq Hanntzyh shiee wenyan, woo shianntzay

了，可是随便拿一段白话文来念念，叫一个人在旁边听着：

"歌德原作是很美婉的，我底译文不足方其万一。"

问他听得懂吗？假如听得懂，再听：

"这末好的景致，终于又相见了！这样幸福旧游之地，终于又相见了！那边为什末这样的冷静呀，窗子也没有一个开着。这般荒凉的凉台，当我们从前一同坐在那儿的时候，是何等有生趣呀。"

这懂是可以懂了，可是谁听见过有人这末说话的？我并不是说这种半白的白话文不好，或是不应该，我自己也有时候儿写这种不成话的白话。可是这都是用汉字写白话的糊弄局儿。因为咱们都认得汉字，懂得文言，所以把"之乎矣焉……"改了"的吗了呢……"就算写白话文了。比方：

"我自「哥儿」顶自然得说话得时「候儿」明「明儿」是这末说得，"

"但我提笔写白话文时，却偏又如此写法。"

哪怕我从来不单说一个时字当"得时「候儿」"讲，可是因为时字的字形已经够明白了，所以不必多写了。所以不用汉字则已，假如用汉字，还是写不成话的白话文较为便利。再进一步说，汉字最相宜的用处，还是用它来写文言文，那就可以写得恰恰不多不少，这是它的逻辑的地位。用汉字写文言，我现在

daw jyuede sh heen duey de shyhchyng. Renjia jearu shuo woo shooujiow, woo jiow shuo, ideal butsuoh, tzay jeh i-dean, woode tayduh keryii suann sh "yow jy yow."

Keesh jearu (1) yaw shiee Romatzyh, (2) yaw yanjiow shyrtzayde yeuyan, (3) yaw shiee sheaushuo lii hesh shihjiuh lii de shuo huah, nah jiow feideei yaw yeou ijoong liousheng jichih de eeldou bushyng, feideei yaw tzyhjii shuo sherme jiow shiee sherme, tingjiann ren shuo sherme jiow shiee sherme. Jearu shuo de sh "de shyrhowl," jiow deei shiee *de shyrhowl*, jiow buneng dan shiee ige *shyr* tzyh. Swoyii tzay jehjoong chyngshyng jy shiah, woo feidann yaw shiee bairhuah wen, binqchiee hair shyan Hanntzyh de bairhuah wen bu gow bair, feideei tzuoh "tzuoo jy tzuoo" de bairhuah yunndonq tsair shyng ne.

Swoyii woo tzay byechuh jiingoan shiee Hanntzyhde bairhuah wen, hesh shiee wenyan, tzay jeh-been shu liitou, farnsh yeou Romatzyh dueyjaw de dihfang, dou sh jiin jawj tzuey tzyhran de shuo huah shiee-shiahchiuh de. Bu wenn Hanntzyh 一点 sh leangge tzyh, 一点儿 sh sange tzyh, Romatzyh wuluenn sh *idean* hesh *ideal*, faanjenq dou sh wuuge tzyhmuu, jyy yaw woo pyngcharng shuo de sh *ideal,* weysherme woo yaw gaele shuo-faa shiee *idean* ne? Nandaw *n* bii *l* guuyea bucherng? Jieguoo sh Hanntzyh wen de fangmiann idinq yeou haoshie 儿 tzyh lian pian, yeujuhtsyr duo de taoyann de dihfang, erl dueymiannde Romatzyh wen shiee de gangx cherng ijoong shianqyanqlde wentzyh.[①]

Jeh sh woo tour-i-hwei de charngshyh, yeoude dihfangl koongpah bumean yeoudeal tzuoh de guohhuoo. Woo tzyhgeel shuo de bairhuah weybih *tzoongsh* bair daw jehmeyanqlde cherngduh, weybih tzoongsh jehme saanmann. Wuluenn sh wenyan wen hesh Hanntzyhde bairhuah wen, yee dou yeou gehjoong cherngduh de jean-iue gen saanmann de *style.* Jiowsh jende shuo huah (jiow sh Romatzyh inggai cheu-lai tzuoh biaujoen de huah), geh ren hesh igeren tzay geh shyrhowl yee yeou jean-iue gen saanmann de butorng. Woo suoo shuo de jiow sh, Hanntzyhde bairhuah wen de *pyngjiun jonqshindean* sueiran yiijing bii

---

[①] Bernhard Karlgren guanyu jinnlai bairhuah wen show Hanntzyh yiinyow de dihfang, gen bairhuah wen fei yonq pin-in wentzyh tsair shiee de hao de liiyou, shuo de feicharng mingbair. Kann tade *Philology and Ancient China* ney-buh shu, dih 159-160 yeh.

倒觉得是很对的事情。人家假如说我守旧，我就说，一点儿不错，在这一点，我的态度可以算是"右之右。"

可是假如(1)要写罗马字,(2)要研究实在的语言,(3)要写小说里或是戏剧里的说话,那就非得要有一种留声机器的耳朵不行,非得要自己说什末就写什末,听见人说什末就写什末。假如说的是"得时「候儿」,"就得写"得时「候儿」"或写 de shyrhowl, 就不能单写一个时字。所以在这种情形之下, 我非但要写白话文,并且还嫌汉字的白话文不够白, 非得做"左之左"的白话运动才行呐。

所以我在别处尽管写汉字的白话文,或是写文言,在这本书里头,凡是有罗马字对照的地方,都是尽照着最自然的说话写下去的。不问汉字"一点"是两个字,"一点儿"是三个字,罗马字无论是 idean 或是 ideal 反正都是五个字母,只要我平常说的是 ideal, 为什末我要改了说法写 idean 呐? 难道 n 比 l 古雅不成? 结果是汉字文的方面一定有好些儿字连篇, 语助词多得讨厌的地方, 而对面的罗马字文写得刚刚成一种像样儿的文字。①

这是我头一回的尝试,有的地方儿恐怕不免有点儿做得过火。我自哿儿说的白话未必总是白到这末样儿的程度,未必总是这末散漫。无论是文言文或是汉字的白话文也都有各种程度的简约跟散漫的派别(style)。就是真的说话(就是罗马字应该取来做标准的话)各人或是一个人在各时候儿也有简约跟散漫的不同。我所说的就是,汉字的白话文的平均重心点虽然已经比

---

① 高本汉(Bernhard Karlgren)关于近来白话文受汉字引诱的地方跟白话文非用拼音文字才写得好的理由,说得非常明白。看他的 *Philology and Ancient China* 那部书, 第159—160页。

wenyan de jonqshindean pian tzuoo (bii te saanmann), erl Romatzyhde bairhuah wen de pyngjiun jonqshindean yow bii chyanjee genq pian tzuoo ideal. Sanjoong fannwei dou yeou chentsy da-tour de dihfangl.[①] Buguoh woo jehhoel shiee de sh yiijing chule Hanntzyh bairhuah wen de fannwei le, swoyii shanq-yeh kann-shanqchiuh bu dah shuenn*yean* sh inggaide.

Inwey yeou jehjoong chyngshyng, swoyii dueyhuah shih daw sh chu-tsyh shyhyonq Romatzyh de ige jyue hao de tsairliaw. I-chu shih yuanlai sh geei ren ting de. Jearu shiee shih de shyrhowl yonq Hanntzyh shiee le *kann* de doong, erl yonq Romatzyh shiee le *kann* bu doong, neme tzay shihtair shanq shuo-chulai yee *ting* bu doong, nah jiuh shihwen jiow beenlai bu inggai nehme shiee. Jearu keryii ting de doong de ne, neme shiee Romatzyh genq keryii baa tzyh-in shiee de chingchuu joenchiueh. Swoyii shiee shih gen shiee Romatzyh leang-yanq shyhchyng sh keryii huhshiang jiandu huhshiang bangjuh de.

II. Yeudiaw de Yanjiow

Woo shiee jeh sheau shu de dih-ell joong shinqchiuh sh dueyyu Jonggwo yeudiaw de shinqchiuh, jeh sh ijoong yanjiow shyueshuh de shinqchiuh. Tzay *Chinghwa Shyuebaw* de i-pian wenjang[②] lii woo tserngjing jeang-guoh shuo huah de koouchih de liow joong beaushyhfaa: 1 shyrtsyr, 2 fuhtsyr hesh liantsyr, 3 yeufaa shanq de biannhuah, 4 danhutsyr (gaantanntsyr gen byejoong *interjections*), 5 yeudiaw, 6 yeujuhtsyr. Jeh liitou diing yawjiin de jiow sh yeudiaw gen yeujuhtsyr. Ney-pian dongshi lii biijiawde shyangshih yanjiow de jiow sh yeujuhtsyr. Jehlii bubih tzay chorngfuh shiuhshuo. Dwujee yeou shinqchiuh de keryii jao nah-pian dongshi chiuh kann chiuh.

---

① Woo yeoushyrhowl jie daw de Gwoyeu Romatzyh de shinn, kaitour yeou "Lai-shyh jinq shyi" de tzyhyanq, woo yee neng kann de doong, jeh sh Romatzyh gen wenyan da-tour de dihfang.

② *Chinghwa Shyuebaw*, III jeuan 2 chi, Mingwo 15 Nian (1926) 12 Yueh, 865-918 yeh, "Beeijing, Sujou, Charngjou Yeujuhtsyr de Yanjow."

文言的重心点偏左（比它散漫），而罗马字的白话文的平均重心点又比前者更偏左一点儿。三种范围都有参差搭头的地方儿。① 不过我这火儿写的是已经出了汉字白话文的范围了，所以上页看上去不大顺眼是应该的。

　　因为有这种情形，所以对话戏倒是初次试用罗马字的一个绝好的材料。一出戏原来是给人听的。假如写戏的时候儿用汉字写了看得懂，而用罗马字写了看不懂，那末在戏台上说出来也听不懂，那句戏文就本来不应该那末写。假如可以听得懂的呐，那末写罗马字更可以把字音写得清楚准确。所以写戏跟写罗马字两样事情是可以互相监督互相帮助的。

II. 语调的研究

　　我写这小书的第二种兴趣是对于中国语调的兴趣，这是一种研究学术的兴趣。在《清华学报》的一篇文章②里我曾经讲过说话的口气的六种表示法：1 实词，2 副词，或是连词，3 语法上的变化，4 单呼词（感叹词跟别种 *interjections*），5 语调，6 语助词。这里头顶要紧的就是语调跟语助词。那一篇东西里比较的详细研究的就是语助词，这里不必再重复叙说。读者有兴趣的可以找那篇东西去看去。

---

　　① 我有时候儿接到的国语罗马字的信，开头有"Lai-shyh jinq shyi"的字样，我也能看得懂是"来示敬悉，"这是罗马字跟文言搭头的地方。

　　② 《清华学报》三卷二期，民国十五年（1926）十二月，865—918 页，"北平，苏州，常州语助词的研究。"

Tzay jehge shihbeen lii woo sh heen lioushin de sheang baa *pyngcharng shuo huah* shyrhowl suoo yonq de yeujuhtsyr dou shieechulai de. Jah kann-shanqchiuh idinq jyuede shiee de tay leijuey tay duo (faangfwu shiee wenyan de shyrhowl *jy hu jee yee* tay duo le iyanqde maubinq), keesh jeh buguoh sh yeanjing de pannduann, tzay shihtair shanq shuo de tzyhran le, ting-chiilai jiow jyuede ren de shuo huah dyichiueh sh nehmeyanq shuo de. Yanjiow koouchih de tzuey dah de nanchuh jiow sh tzay i-leang-jiuh huah lii burongyih huann-chii gehjoong gehyanq de tayduh -chulai. Tzay jeh shanqtou yeoule ige charngpiande shihjiuh de shyrlih, keryii bangjuh haoshie. Swoyii jeh-chu shih jenqwen liitou de yeujuhtsyr hair keryii suann buuchong *Chinghwa Shyuebaw* lii nah-pian dongshi de shyrlih.

Shianntzay suoo tzuoh de yeudiaw de yanjiow, yeoule jeh charngpiande hwo-yeu de tsairliaw, genq hao-tzuoh de duo le. Dannsh jeh tyimuh sh feicharngde fuhtzar, jehme chu-tsyh shyh i-shyh yiijing yaw jann bushaode pianfuh le, swoyii shianntzay baa jeh buhfenn fen-chulai linq cherng i-pian, shiee tzay shih de howtou (121-144 yeh).

III. "Shihpuu" jeh Guan-niann

Woo shiee jeh sheau shu de dihsan joong shinqchiuh jiow sh dueyyu dueyhuah shih de shinqchiuh, jeh sh ijoong yihshuh de shinqchiuh. Woo tzay waytou ishianq ay kann dueyhuah shih. Yeou-i-hwei tzay Paris kann Macdona Players[①] yean Bernard Shaw de shih, ilianchuann kannle shyr-ell chu. Kannle jey-hwei jy how, woo tserngjing tzay woo nah *Third Green Letter* shanq (dih 72 yeh) shieele ideal gaansheang. Shianntzay woo ba ney-duall tzay jarchulai:

"I think before long we shall adapt the notation of music and phonetics to the uses of the dramatic art. Time and pitch (including slides, which is more usual than fixed pitch in speech) must be indicated, if not throughout a play,

---

① Sh ige juanmen yean Shaw de shin de Inggwo shihban, tamen tzay 1928 Dongtian yee tserngjing daw Shanqhae lai yean-guoh i-tsyh.

在这个戏本里我是很留心的想把平常说话时候儿所用的语助词都写出来的。乍看上去一定觉得写得太累赘太多（仿佛写文言的时候儿之乎者也太多了一样的毛病），可是这不过是眼睛的判断，在戏台上说得自然了，听起来就觉得人的说话的确是那末样说的。研究口气的最大的难处就是在一两句话里不容易唤起各种各样的态度出来。在这上头有了一个长篇的戏剧的实例，可以帮助好些。所以这出戏正文里头的语助词还可以算补充《清华学报》里那篇东西的实例。

现在所做的语调的研究，有了这长篇的话语的材料，更好做得多了。但是这题目是非常的复杂，这末初次试一试已经要占不少的篇幅了，所以现在把这部份分出来另成一篇，写在戏的后头（292—308 页）。

Ⅲ."戏谱"这观念

我写这小书的第三种兴趣就是对于对话戏的兴趣，这是一种艺术的兴趣。我在外头一向爱看对话戏。有一回在巴黎看 Macdona Players① 演萧伯讷的戏，一连串看了十二出。看了这回之后，我已经在我那《第三绿信》上（第 72 页）写了一点儿感想，现在我把那一段儿再札出来：

"我想不久会有人拿音乐跟语音学的符号来应用到戏剧的艺术上去的。时间跟音高（包括滑音，因为说话里头滑音比固定的音高用得多点儿）都应该注出来，就是不全部都注满了，至少这儿那儿于意思有关系

---

① 是一个专门演萧伯讷的戏的英国戏班，他们在一九二八冬天也曾经到上海来演过一次。

at least here and there where they are of decisive significance. The Macdona Players, for instance, are considered good players, and so they are, it seems. But after seeing them in twelve plays, you find that one actor always lets his falling inflection in an important sentence fall a tone or so too short, suspended as it were in midair, another always puts a *crescendo* on his "if" clause, finishing with a *sforzando* on its last stressed syllable, another always gives an insinuating slow rising-falling reflection to the chief stress in a phrase where other people usually use a simple falling inflection, and another always uses a simple vowel instead of the usual diphthong for "long a¯". I am aware that more often than not, these mannerisms fit in nicely with the parts they take, but just too often to be passed over, they simply intrude on your ear as irrelevant modifications of pitch, time, force, or timbre, for no other reason than the personal idiosyncrasy of the actor and not of the *char*acter... A prima donna who sings the same tune in *Aïda* as in *Lohengrin* is unimaginable, but we accept an actor who talks the same (and characteristic) tune in all plays. If we do not excuse a singer for singing the wrong tune or out of time in an opera,where pitch and time when you come to think of it don't really matter,why shouldn't we hold a player strictly to a proper and therefore varied style of using pitch and time in a play, where pitch and time matter very much?"

Swoyii jieluenn sh: *Butorng*de ren tzay *torng* i-chuh, inggai yonq *torng* ijoong yeudiaw;[①] *torng* ige ren tzay *butorng* chuh, inggai yong *butorng*de yeudiaw. Keesh ibande yean shih ren suoo tzuoh de gangx shiang faan; tamen sh, *butorng*de ren tzay *torng* i-chuh, youq *butorng*de yeudiaw; *torng* ige ren tzay *butorng* chuh, yonq *torng* ijoong yeudiaw. Jehyanqtz ting shih de biannle ting ren (ting shaoshuhde jiige ren), bush ting shih (ting sheuxduox joong shih) le.

---

① Chwufei tamen dueyyu jeh-jiuh huah koouchih de jiannjiee butorng. Dann jeh sh jinn i-buh de yihshuhde gongfu, bush inwey bu jydaw hesh buhuey yonq byeren de yeudiaw erl yonq tzyhjiide meiyeou jenjuoh-guoh de yeudiaw.

的地方应该注出来。比方说 Macdona Players 总算是很好的戏班咯，其实呐，他们大概也真是不错。可是看了他们做了十二出戏过后，你就会觉得某某人的要紧句子的降调儿总是降了一半还差个把音的地方就在空中挂住了似的，又一个人说到假设句的时候总用渐响的声音，到那句最后的重字上加一个特别重音，又一个人在一句的重要的字上总是用一种像暗暗的示意似的一种慢赏慢去的声调而不用普通英文像去声的声调，又一个人又总是用单元音 é 而不会用平常英文"长 aˉ"音 ei 的复合元音。我固然也承认他们这些习惯用得得当的时候儿比不得当的时候儿多〔这是导演者对于人选上的得当〕，可是单单因为演员本人各别的地方，弄出些与戏角儿的个性无关的些音高，时间，强度，或音彩的变化，那就不是可以放过的了。（中略。）一个 prima donna（花旦）用 Lohengrin 的调儿唱 Aïda〔仿佛用西皮调儿唱"三娘教子"〕是不成话的，可是一个演对话戏的在出出戏都是说一样儿（而且是他自己各别）的调儿，咱们倒不以为怪，要是归根说起来唱戏里头的音高跟时间其实倒并没有什末关系的〔只要是唱得好听，唱得得体，同一句词可以有好些根本不同的可能的调儿去谱它〕，可是在说白戏里头，语调的音高跟时间那些成素非得要恰恰那末说才是那个意思，不然就不是那口气。咱们既然对于唱戏的唱错了调儿或是唱脱了板都不能原谅，那末对于说对话戏的岂不更应该责他们严格的用一种最达意的（因此在每出每处不同的）音高跟时间的用法吗？"

所以结论是：不同的人在同一处，应该用同一种语调；[①] 同一个人在不同处，应该用不同的语调。可是一般的演戏人所作的刚刚相反；他们是，不同的人在同一处，用不同的语调；同一个人在不同处，用同一种语调。这样子听戏的变了听人（听少数的几个人），不是听戏（听许许多多种戏）了。

[①] 除非他们对于这句话口气的见解不同。但是这是进一步的艺术的工夫，不是因为不知道或是不会用别人的语调而用自己的没有斟酌过的语调。

Shuo daw yonq fwuhaw lai juh dueyhuah shih de yeudiaw, haoshianq sh ijoong chuanqjeu, dannsh jehjoong fwuhaw lii suoo yaw yonq de cherngsuh dou sh biijiawde jiowde dongshi. Tzay chanq shih liitou yeou shihpuu (*score*) gen shihbeentz (*libretto*) de chiubye. Shianntzay dueyhuah shih jyy yeou shihbeentz, woo suoo tyiyih de buguoh jiow sh shiee *dueyhuah shih de shihpuu* jiowsh'le. Woo shian hair daasuann duoxde yonq Gwojih Inbiau juh in. Jeh sh kannle Shaw de *Pygmalion* erl der-lai de gaansheang. Shaw shiee neyge shihbeentz de shyrhow, chiitour hair meancheang yonq Ingwen de pin-faa pin Liza koou lii de Cockney tuu·in, keesh shieele bu duo jiow tann koou chih shuo jehge mei farl bann, yow rengjiow yonqle pyngcharngde shiee-faa shiee-shiahchiuh, ranq yean Liza de ren tzyhjii chiuh choaimo chiuh le.[①] Woo kann daw jell jiow sheang daw jeh-chu shih yaw bush jeou juh tzay London de ren jeanjyr jiow buneng yean, erl jaw shianntzay shyhjieh shanq de shyueshuh yiijing dardaw de chernqduh, tzarmen binq meiyeou show jehjoong shiannjyh de bihyaw. Woo nahshyr sheang jyy yaw baa Liza de Cockney huah dou yonq Gwojih Inbiau shieele-chulai, nah jiow sheir dou neng yean le. Guhran shianntzay yean shih de ren bu idinq huey Gwojih Inbiau, dahduoshu sh buhuey de. Dannsh tamen bu inggai buhuey. Ige gwojiade shihtair shanq chwudiaw shih liitou tehbye yonq fang-in yii way, dou inggai yonq biaujoen-yeu. Yeanyuan jihran sh gehfangde ren dou yeou, tamen jiow inggai jingguoh ijoong heen yan-ger de yeu-inshyuede shiunnliann, baa biaujoenyeu shuo-hao le, tsair yeou tzuoh shih de tzyger, foou tzer bupey shanq tair. Shanqtou shuo de ney-wey shiansheng baa Ingwen de "charng $\bar{a}$" de *ei* niann cherng *é* (woo jihde ta hair yonq daa-goen-de *r*, ta idinq sh ge Scotland hesh Ireland ren), nahjoong wu-yihyih-de chu-goei de dwuin sh bu kee yuanlianq de.

Swoyii jaw woo chiishian sheang de shihpuu de shiee-faa, deei yaw baa tzyh-in dou yonq Gwojih Inbiau biau-chiilai, yeudiaw chyuan yonq wuushiann jenqpuu puu-chiilai, jia-shanq *andante, crescendo, mf, pp* deengx fwuhaw, erlchiee jiowsh tzay Hanntzyh wen fangmiann, yuhdawle wen bu duey in -de shyrhowl, jiow guhyih shiee bairtzyh, lihru:

那么出了甚么事情了呢？

---

① Kann Tauchnitz Edition, dih 45—48 been, *Pygmalion*, dih 161 yeh.

说到用符号来注对话戏的语调,好像是一种创举,但是这种符号里所要用的成素都是比较的旧的东西。在唱戏里头有戏谱(score)跟戏本子(libretto)的区别。现在对话戏只有戏本子,我所提议的不过就是写对话戏的戏谱就是了。我先还打算多多的用国际音标注音。这是看了萧伯讷的 Pygmalion 而得来的感想。萧伯讷写那戏本子的时候,起头还勉强用英文的拼法拼 Liza 口里的 Cockney 土音,可是写了不多就叹口气说这个没法儿办,又仍旧用了平常的写法写下去,让演 Liza 的人自己去揣摩去了。[①] 我看到这儿就想到这出戏要不是久住在伦敦的人简直就不能演,而照现在世界上的学术已经达到的程度,咱们并没有受这种限制的必要。我那时想只要把 Liza 的 Cockney 话都用国际音标写出来那就谁都能演了。固然现在演戏的人不一定会国际音标,大多数是不会的。但是他们不应该不会。一个国家的戏台上除掉戏里头特别用方音以外都应该用标准语。演员既然是各方的人都有,他们就应该经过一种很严格的语音学的训练,把标准语说好了,才有做戏的资格,否则不配上台。上头说的那位先生把英文的"长 ā"的 ei 音念成 é(我记得他还用打滚的 r,他一定是个苏格兰或是爱尔兰人),那种无意义的出轨的读音是不可原谅的。

所以照我起先想的戏谱的写法,得要把字音都用国际音标标起来,语调全用五线正谱谱起来,加上 andante, crescendo, mf, pp 等等符号,而且就是在汉文字方面,遇到了文不对音的时候儿,就故意写白字,例如:

那么出了甚么事情了呢?

[①] 看 Tauchnitz Edition,第 45—48 本 Pygmalion 第 161 页。

pah renjia baa te niann cherng:

Nahmoo chuleau shennmoo syhtsyng leau ni?

jiow deei shiee tzuoh:

.呐 .末出 .勒蛇 .末世 .庆 .勒 .呐?
（Neme chule sherme shyh•chyng le ne?）

 Keesh tzay shyhshyr shanq jehjoong bann-faa tay bu fangbiann le. Dih-i tserng, Gwojih Inbiau tay nan yinnshua, shianntzay jyy yaw yonq Gwoyeu Romatzyh yiijing gow jingshih le (lihru *ei* gen *é* dou keryii fenbiann de chulai) erlchiee tede juh tzyhdiaw de fangfaa bii Gwojih Inbiau huah shiann de fartz hair genq bianndanq shie, swoyii yonq Romatzyh jiow gow le.

 Dih-ell tserng dueyhuah shih lii torngshyr jiige ren shuo huah de jihuey shao, keryii bu yonq fuh-in yuehpuu, erlchiee shuo huah jyy yaw shiangdueyde ingau duey le, jyuedueyde ingau shanq shiah ideal bu heen yawjiin, swoyii keryii bu yonq wuushiann-jenqpuu, jiow yonq "1 2 3 4 5 6 7" de jeanpuu yee jiow gow le. Guhran tzay shyhshyr shanq yee yeou haoshie yean shih de lian jeanpuu yee buhuey yonq de, dannsh woo sheng jeh ideal jyi shao shiannduh de jyshyh sh gehx yean shih jee suoo inggai yeou de. Inwey dueyhuah shih liitou de beau chyng jiow tzay ge yeudiaw de "yih yang duenn tsuoh" lai de derdanq. Yawsh lian ney deal gaudeeng sheaushyue de inyueh de shiunnliann dou mei yeou-guoh, nah hair yean sherme shih?

 Dihsan, Hanntzyh wen jearu chyuan jaw sheng-in shiee le, yu yean shih de ren guhran yeou deal bangjuh, keesh shiee i-chu shih sueiran sh yuhbey yean de, yee sh yuhbey geei ren dwu de, erchiee yeou sange yean te de ren, koongpah tzoong yeou bujyy sanbaege dwu te de ren, swoyii yee buneng baa Hanntzyh shiee de jiaw duoshuh ren kann bu doong, hesh nan doong le kannle bu haowal. Yawsh chyuan shieele been tzyh ba, yow pah yean de ren shuo-chu "hwan moh *ni*" nahjoong guay huah. Woo jenjwole haojeou, jyyder cheule ige jerjongde bannfaa, jiow sh baa tzuey yawjiin erl tzuey charng

怕人家把它念成：

那么（：赏声）出瞭慎么（：赏声）寺情（：「慈英」）瞭泥？

就得写作：

.呐 .末出 .勒蛇 .末世 .庆 .勒 .呐？

可是在事实上这种办法太不方便了。第一层，国际音标太难印刷，现在只要用国语罗马字已经够精细了（例如 ei 跟 é 都可以分辨得出来）而且它的注字调的方法比国际音标画线的法子还更便当些，所以用罗马字就够了。

第二层，对话戏里同时几个人说话的机会少，可以不用复音乐谱，而且说话只要相对的音高对了，绝对的音高上下一点儿不很要紧，所以可以不用五线正谱，就用"1 2 3 4 5 6 7"的简谱也就够了。固然在事实上也有好些演戏的连简谱也不会用的，但是我想这一点儿极少限度的知识是个个演戏者所应该有的。因为对话戏里头的表情就在个语调的抑扬顿挫来得得当。要是连那一点儿高等小学的音乐的训练都没有过，那还演什末戏？

第三，汉字文假如全照声音写了，于演戏的人固然有一点儿帮助，可是写一出戏虽然是预备演的，也是预备给人读的，而且有三个演它的人，恐怕总有不止三百个读它的人，所以也不能把汉字写得叫多数人看不懂或是难懂了看了不好玩儿。要是全写了本字罢，又怕演的人说出，"还 hwan 没膜呢泥"那种怪话。我斟酌了好久，只得取了一个折中的办法，就是把最要紧而最常

tingjiann ren shuo-tsuoh-de tzyh, yonq sheau tzyh baa juh-in juh tzay been tzyh de parngbial, lihru shanqtou ney jiuh jiow shiee cherng "还孩没梅呐".

  Hair yeou guanyu biaudean fwuhaw shanqtou woo yee sh yii shihpuu wei yuantzer de. Ibande sheaushuo gen shihbeenta lii yonq gaantannhaw yonq de heen duo. Dannsh jeh dongshi tay kongfann le, gaantann yeou wushuh joong gaantann de fartz, guang juh ige gaantannhaw, deengyu bu juh. Swoyii woo tzay jeh shihpuu lii sueiran yeoushyrhowl yee jaw shyiguann shiee te, keesh bu juhjonq jehge, yee bu suann te sh shihpuu tehbye fwuhaw jy i. Guanyu dean pie de yonq-faa, sh bu wenn wenfaa shanq sh duann de shiahlai duann bu shiahlai, jyy yaw shuo daw neyge dihfang sh duannde, puu liitou jiow deei yonq pie-haw hesh "—" -haw. Faanjy, yawsh wenfaa shanq sh duannde erl shuo de shyrhowl sh liande, nah jiow yee bu yonq pie dean sherme fwuhaw, hesh jiow yonq "←" (*minus comma*) de fwuhaw. Guanyu jeh i-tserng sh Jonggwo yean shinshih jee de tzuey dah de maubinq. Dahfarn ige ren de shuo huah gen ta suoo sheang de nianntou, leangjee dangjong keryii yeou san-joong shyrjiande guanshih. (1) Sheang de gen-bu-shanq shuo de, jiow sheng-chulai "m—, ng—, e—", hesh jieba hesh tyngduenn de shiannshianq; (2) shuo de gen-bu-shanq sheang de, jiow sheng-chulai shiutzyh dueijii-chiilai heen kuay de cheang-guohchiuh, gen "*minus comma*" nahleyde shiannshianq; (3) yuhshian jenjuoh-hao-le tsuohtsyr, yunj shuo-chulai. Lihru tzuoh jonqyawde tarnpann, jenqshyhde yeanshuo,— woo hair yaw jia ige lih, jiowsh yean shinshih. Jeh dihsan joong shyrjian guanshih sh tzuey shao yeou de, erl yean shinshih de pianpial tsorng tour daw woei yonq jehjoong paitzyy. Jieguoo jiow sh tzuey charng tingjiann de dueyyu shinshih de pipyng: "Bey shu."

  Guhran ne, yee buneng chyuan guay yean shih jee. Jearu ta na de sh shu, shu liitou shiee de sh Hanntzyh bairhuah wen de huahjiuh, erl bush jenjenqde dueyhuah shih, nah ta bu bey shu bey sherme? Swoyii woo sueiran tzao jiow yeoule "shihpuu" de guanniann, erl tzoong nan jao daw ige shih keryii lai puu te i-puu de. Woo tzyhgeel yow bush ge charng yu bian guhshyh de ren, swoyii yee bu gaan tzyhjii bian shih. Chyannian Chuentian gang penq daw Chinghwa Shyueshiaw bann Shyrliow Nian Jounian Jihniann, pay daw woo yuhbey i-chu shinshih. Woo nahshyrhowl jenq daynall itourl bian ige *Gwoyeu Romatzyh Wan-tsyr Tsyrdean*, itourl tzuoh ideal koouchih beaushyh-faa de yanjiow, shianntzay jenq hao nonq i-chu shih lai tzuoh ge shyrdihde liannshyi. Jao lai

听见人说错的字，用小字把注音注在本字的旁边儿，例如上头那句就写成"还孩没梅呐。"

还有关于标点符号上头我也是以戏谱为原则的。一般的小说跟戏本子里用感叹号用得很多。但是这东西太空泛了，感叹有无数种感叹的法子，光注一个感叹号，等于不注。所以我在这戏谱里虽然有时候儿也照习惯写它，可是不注重这个，也不算它是戏谱特别符号之一。关于点撇的用法是不问文法上是断得下来是断不下来，只要说到那个地方是断的，谱里头就得用撇号或是"——"号。反之，要是文法上是断的而说的时候是连的，那就也不用撇点什末符号，或是就用"↶"（*minus comma*）的符号。关于这一层是中国演新戏者的最大的毛病。大凡一个人的说话跟他所想的念头，两者当中可以有三种时间的关系。（1）想的跟不上说的，就生出来"姆——，兀——，厄——"或是结巴或是停顿的现象；（2）说的跟不上想的，就生出来虚字堆挤起来很快的抢过去，"*minus comma*"那类的现象；（3）预先斟酌好了措辞，匀着说出来，例如作重要的谈判，正式的演说，——我还要加一个例，就是演新戏。这第三种时间关系是最少有的，而演新戏的偏偏儿从头到尾用这种拍子。结果就是最常听见的对于新戏的批评"背书。"

固然呐，也不能全怪演戏者。假如他拿的是书，书里写的是汉字白话文的话剧，而不是真正的对话戏，那他不背书背什末？所以我虽然早就有了"戏谱"的观念而总难找到一个戏可以来谱它一谱的。我自各儿又不是个长于编故事的人，所以也不敢自己编戏。前年春天刚碰到清华学校办十六年周年纪念，派到我预备一出新戏。我那时候儿正待那儿一头儿编一个《国语罗马字万词词典》，一头儿作一点儿口气表示法的研究，现在正好弄一出戏来作个实地的练习。找来

jao chiuh jao daw A. A. Milne de i-chu dwujer shih jiaw *The Camberley Triangle*[①] de, liitou dueyyu gehjoong shuo huah de koouchih daw yeou bushao heen hao de lihtz, erlchiee nah liitou de chyngjye heen keryii gae cherng ige Jonggwo de guhshyh, jehmeyanq dueyyu fwujuang shanq keryii sheeng deal shyh. Liitoude renming yee geei tamen Jonggwo-huah le, yuan laide Dennis Camberley shianntzay jiaw Chern Danlii, Kate (*Katherine* de sheauming) jiaw Kaelin, Cyril Norwood jiaw Luu Jihliou. Kaicharng gen dangjong daa diannhuah -de dihfang heen yeou shie gaedonq. Hair yeou, yuan shu sh Dennis chuchiuh daa-janq hweilai, shianntzay gae cherng Danlii chu-yang shanq Meeigwo lioushyue hweilai; inwey jehge de yuanguh yeoushie dihfang yee yeou sheauxde gaedonq. Chyiyude dahjyh sh jaw yuanwen fanyih de. Fanyih de shyrhow, yii neng shuo wei bihyaw tyaujiann jy i. Neng shuo guhran weybih jiowsh fan de hao, keesh buneng shuo, sueiran neng cherng Hanntzyh bairhuah wen, —shennjyhyu heen hao de bairhuah wen,—keesh shanqbude shihtair. Yeudiaw fangmiann yee sh swei shiee swei juh de, inwey jearu bu yuhshian sheang-hao-le jeh-jiuh huah sh yonq sherme chiangdiaw shuo, nii tzeeme neng jyuedinq keryii jehmeyanqtz tsuoh-tsyr ne?

Yeou jiuh huah shuo："Art is long", swoyii chyngyuann fanyih i-chu sheauxde dwujer shih erl chuhx dou lioushin jenjwo, buyaw bian i-chu san-syhjerde shih erl tsaox leau shyh. Yean shih yee sh yaw jehyang. Pairyean de shyrhowl yee deei na meei i-chuh de shuo-faa gen tzuoh-faa jenjwo daw jinn shann jinn meei, yiihow jiow meei tsyh shoouj neyge biaujoen, bush shianq wayharng ren daw linshyr kawj *inspiration* lai le jiow wanchyuan meiyeou yihyih -de beyx shu, jell nall tannx chih, hengx, raangx, jiow suann beau chyng le. "Art conceals art." Jenjenqde yihshuhjia tzay shujuol shanq gen tair beyhow shiahle sheuduo jieepoou gen peyher -de gongfu, deengdaw ta liann-shour le, —shuobudinq ta suoo beauyean de ren de piin-ger gen ta tzyhjii de tzuoh ren sh chiahx shiang faan de!—i kai-chii muh -lai, renjia shuo, "Hha!"[②] jeyge ren tzuoh de jen tzyhran,

---

① Jiann A. A. Milne, *Second Plays*, New York, 1923, 143-162 yeh.
② Shanqhae ren dwu 鞋 tzyh in.

找去，找到 A. A. Milne 的一出独折戏叫 The Camberley Triangle[1] 的，里头对于各种说话的口气倒有不少很好的例子，而且那里头的情节很可以改成一个中国的故事，这末样对于服装上可以省点儿事。里头的人名也给他们中国化了，原来的 Dennis Camberley 现在叫陈丹里，Kate（Katherine 的小名）叫恺林，Cyril Norwood 叫鲁季流。开场跟当中打电话的地方很有些改动。还有，原书是 Dennis 出去打仗回来，现在改成丹里出洋上美国留学回来；因为这个的缘故有些地方也有小小的改动。其余的大致是照原文翻译的。翻译的时候以能说为必要条件之一。能说固然未必就是翻得好，可是不能说，虽然能成汉字白话文，——甚至于很好的白话文，——可是上不得戏台。语调方面也是随写随注的，因为假如不预先想好了这句话是用什末腔调说，你怎末能决定可以这末样子措词呐？

有句话说，"艺术得要工夫，"所以情愿翻译一出小小的独折戏而处处都留心斟酌，不要编一出三四折的戏而草草了事。演戏也是要这样。排演的时候儿也得拿每一处的说法跟做法斟酌到尽善尽美，以后就每次守着那个标准，不是像外行人到临时靠着烟士披里纯来了就完全没有意义的背背书，这儿那儿叹叹气，哼哼，嚷嚷，就算表情了。"艺术藏艺术"。真正的艺术家在书桌儿上跟台背后下了许多解剖跟配合的工夫，等到他练熟了，——说不定他所表演的人的品格跟他自己的做人是恰恰相反的！——一开起幕来，人家说，"Hha！[2] 这个人做得真自然，

---

[1] 见 A. A. Milne, *Second Plays*, New York, 1923, 143—162 页。
[2] 上海人读鞋字音。

woo sheang ta beenren idinq yee bush ge hao ren." Wayharngde *amateur* tingle yee sheu hair tih ta sheng-chih ne, keesh ta tzyhjii jyysh deryihde shiaw i-shiaw, shiaw sh shiaw kann shih de shuo huah shuo de wayharng, deryih sh deryih ta tzyhjii de gongfu tzuoh de dawjia.

*   *   *

Renjia jearu wenn woo jeh-been shu jihran yeou sanjoong butorngde shinqchiuh, neme dawdii jeh sh i-buh sherme shu ne? Jeh yaw kann dwujee de shinqchiuh sh tzay naa i-buhfenn. Jearu niide shinqchiuh sh tzay Gwoyeu Romatzyh, neme jeh jiow sh ige Gwoyeu Romatzyh de jiawkeshu gen dwubeen. Jearu niide shinqchiuh sh tzay shyueshuh de yanjiow ne, neme jeh jiow sh ige yanjiow yeudiaw de sheau luennwen. Chyantoude nehge shih buguoh sh jeu de ige heen charng de lih. Jearu niide shinqchiuh sh tzay yihshuh shanq ne, neme jeh liitou de Gwoyeu Romatzyh buguoh sh ge gaeliangde "juh-in tzyhmuu", howtou de Yeudiaw de Yanjiow buguoh sh ge bangjuh yean-tzuoh de shie fangfaa jiowsh'le.

Jyhyu woo tzyhjii ne? Nah jiow nan shuo le. Woo dueyyu Romatzyh de shinqchiuh faangfwu sh ige ren duey perngyeou de ay shyhde. Ige ren buneng meiyeou perngyeou, yeoule perngyeou, feidann yeou shyrjihde bangjuh, tzay jingshernde shenghwo shanq yee fei yeou perngyeou buneng yeou shiangdangde fajaan. Shianntzay shin wenshyue buneng meiyeou shin wentzyh, yeoule shin wentzyh, feidann tzay shyrjih shanq yeou duoshaode biannlih, tzay Jonggwo jianglaide jingshern wenming shanq yee kaile i-tyau shin luh,—tianx tingjiann de "Jong-Shi goutong" de lao huah, yee jiow yaw deeng jehme i-lai tsair chiitourl yeou ge bannfaa. Woo dueyyu shyueshuh de shinqchiuh faangfwu sh ige neuren duey nanren de ay, tzoong sh jyi shen jyi nong, sueiran bu rongyih yeou heen chyanglieh de kwang-chyng, keesh tzoong sh shiihuan yeongjeou jongshin bu biann de; jiowsh ishyr mi de byede liitou chiuh le, daw howlai hairsh hwei daw *tuo* shen shanq,—jiow shianq Kaelin yow hwei tour ay Danlii shyhde. Woo dueyyu yihshuh de shinqchiuh faangfwu sh nanren duey neuren de ay, reh jiow reh daw huoomiaul de rehduh, keesh rehduh jean le de shyrhowl, haoshianq li-kai-le I yee neng guoh shyhde, hweitour yow sheangniann I-chiilai, kee yowsh jyuede meiyeou I woode shenghwo chyuan meile guangtsae shyhde le. Swoyii woo geei

我想他本人一定也不是个好人！"外行的爱美者听了也许还替他生气呐，可是他自己只是得意的笑一笑，笑是笑看戏的说话说得外行，得意是得意他自己的工夫做得到家。

*　　　　*　　　　*

人家假如问我这本书既然有三种不同的兴趣，那么到底这是一部什末书呐？这要看读者的兴趣是在哪一部分。假如你的兴趣是在国语罗马字，那么这就是一个国语罗马字的教科书跟读本。假如你的兴趣是在学术的研究呐，那么这就是一个研究语调的小论文。前头的那个戏不过是举的一个很长的例。假如你的兴趣是在艺术上呐，那么这里头的国语罗马字不过是个改良的"注音字母"，后头的语调的研究不过是个帮助演做的些方法就是了。

至于我自己呐？那就难说了。我对于罗马字的兴趣仿佛是一个人对朋友的爱似的。一个人不能没有朋友，有了朋友，非但有实际的帮助，在精神的生活上也非有朋友不能有相当的发展。现在的新文学不能没有新文字，有了新文字非但在实际上有多少的便利，在中国将来的精神文明上也开了一条新路，——天天听见的"中西沟通"的老话，也就要等这末一来才起头儿有个办法。我对于学术的兴趣仿佛是一个女人对男人的爱，总是极深极浓，虽然不容易有很强烈的狂情，可是总是喜欢永久忠心不变的；就是一时迷得别的里头去了，到后来还是回到佗身上，——就像恺林又回头爱丹里似的。我对于艺术的兴趣仿佛是男人对女人的爱，热就热到火苗儿的热度，可是热度减了的时候儿，好像就是离开了伊也能过似的，回头又想念伊起来，可又是觉得没有伊，我的生活全没了光彩似的了。所以我给

jeh shu tyi-bu-chu ge hao mingtz -chulai, jyyde yonq ige heen benn erl leijuey -de mingtz jiaw "Gwoyeu Romatzyh Dueyhuah Shih Shihpuu Tzueyhow Wuu-Fen Jong i-chu Dwujer Shih fuh Beeipyng Yeudiaw de Yanjiow." Kee yeou tzay benn de shumingl la?

    Mingwo Shyrba Nian (1929) Chingming

    JAW YUANRENN

    tzay Beeipyng shiuh.

这书题不出个好名字来，只得用一个很笨而累赘的名字叫"国语罗马字对话戏戏谱最后五分钟一出独折戏附北平语调的研究。"可有再笨的书名儿啦？

民国十八年（1929）清明
　　　赵元任
　　　　在北平序。

凡　例

I. 国语罗马字拼音法式
（大学院公布的原文）

1. 声母

ㄅ	ㄆ	ㄇ	ㄈ	万*		b	p	m	f	v*
ㄉ	ㄊ	ㄋ		ㄌ		d	t	n		l
ㄍ	ㄎ	兀*	ㄏ			g	k	ng*	h	
ㄐ	ㄑ	广*	ㄒ			j	ch	gn*	sh	
ㄓ	ㄔ		ㄕ	ㄖ		j	ch		sh	r
ㄗ	ㄘ			ㄙ	ㆲ'*	tz	ts		s	z*
ㄧ	ㄨ	ㄩ				y	w	y(u)		

2. 韵母（基本形式）

开.	ㄭ	ㄚ	ㄛ	ㄜ	ㄝ*	ㄞ	ㄟ	ㄠ	ㄡ	ㄢ	ㄣ	ㄤ	ㄥ	ㄦ
齐.	ㄧ	ㄧㄚ	ㄧㄛ*		ㄧㄝ	ㄧㄞ*	ㄧㄠ	ㄧㄡ	ㄧㄢ	ㄧㄣ	ㄧㄤ	ㄧㄥ		
合.	ㄨ	ㄨㄚ	ㄨㄛ			ㄨㄞ	ㄨㄟ			ㄨㄢ	ㄨㄣ	ㄨㄤ	ㄨㄥ	
撮.	ㄩ			ㄩㄝ						ㄩㄢ	ㄩㄣ			

开.	y	a	o	e	e*	ai	ei	au	ou	an	en	ang	eng	ong	el
齐.	i	ia	io*		ie	iai*	iau	iou	ian	in	iang	ing	iong		
合.	u	ua	uo			uai	uei			uan	uen	uang	ueng		
撮.	iu			iue						iuan	iun				

（注一）表有*号者系今音不用或罕用之音。

（注二）声母ㄐ，ㄑ，ㄒ仅有齐撮，ㄓ，ㄔ，ㄕ仅有开合，故可同用 j, ch, sh 三母而不混，以避字形过于繁细。

（注三）ㄧ，ㄨ，ㄩ本兼声韵两用，故国语罗马字亦列 y, w, y(u)。在上去齐撮韵字别无声母时须将第一字母改为 y 或 w，如 -iee, uay 独用时作 yee 也，way 外。但如改后形与他韵混或全无元音时则在第一字母前加 y 或 w，如 -eu, -uh 独用时作 yeu 雨，wuh 雾（非 yu, wh）。

最后五分钟

（注四）注音字母对于"知，痴，诗，日，兹，此，四"等字未制韵母，今以 y 表之。

（注五）"东，送"与"翁，瓮"等不同韵，故ㄨㄥ分为开口 ong 与合口 ueng 两韵。ㄩㄥ韵音近齐齿，故亦归第二排。

3. 声调

阴平：（1）用"基本形式，"如 hua 花，shan 山。本式包括轻声，象声字，助词，如 ma 吗，aia 阿呀。

（2）但声母为 m, n, l, r 者加 h，如 mhau 猫，lha 拉。

阳平：（3）开口韵在元音后加 r，如 char 茶，torng 同，parng 旁。

（4）韵母第一字母为 i, u 者改为 y, w，如 chyn 琴，hwang 黄，yuan 元；但 i, u 两字母为全韵时改为 yi, wu，如 pyi 皮，hwu 胡，wu 吴。

（5）声母为 m, n, l, r 者用"基本形式"，如 ren 人，min 民，lian 连。

上声：（6）单元音双写，如 chii 起，faan 反，eel 耳。

（7）复韵母首末字母为 i, u 者改为 e, o，如 jea 假，goan 管，sheu 许，hae 海，hao 好；但既改头则不再改尾，如 neau 鸟，goai 拐。

（8）ei, ou, ie, uo 四韵准第（6）条，如 meei 美，koou 口，jiee 解，guoo 果。

去声：（9）韵尾为 -i, -u, -n, -ng, -l, 或 -（无）者各改为 -y, -w, -nn, -nq, -ll, 或 -h，如 tzay 在，yaw 要，bann 半，jenq 正，ell 二，chih 器。

附　记

1. 在官话区域内仅长江下流有短促之入声。如欲表示入声时可用 -q 韵尾，如 tieq 铁，loq 洛。

2. 罗马字母之 v, x 二母，不作拼国音用，惟重字可用 x 代之，如 pianpian（偏偏）可作 pianx，隔一字重者可用 v 代，如 kann i kann（看一看）可写作 kann i v，重二字者可作 vx，例如 feyshin feyshin（费心费心）可作 feyshin vx。

3. 南京，杭州，北平新旧都城皆富于卷舌韵。国音也可采用，其拼法原则如下：

（1）韵尾之 i, n 音省去，例如"孩儿"（hair-erl）作 harl，"扇儿"（shann-erl）作 shall，味儿（wey-erl）作 well。

（2）(y), i, iu 三韵加 el；其余加 l，如丝儿（sy-erl）作 sel，今儿（jin-erl）作 jiel，鱼儿（yu-erl）作 yuel；明儿（ming-erl）作 mingl，后儿（how-erl）作 howl。

4. 根据国语罗马字原则可拼各地之方音。如江、浙间有 bh, dh, gh, dj, dz 等浊母，如 bhu 蒲 dji 其，dzy 慈。西安有 bf, pf 等声母，如 bfang 庄，pfu 初，广州有 m, p, t, k 韵尾，如 sam 三，lap 立，tzit 节，hork 学。

5. 如用西文次第读字母名称时，须依照国音读之如下：

a b c d e f g, h i j k l m n,
ㄚ ㄅㄜ ㄙㄜ ㄉㄜ ㄜ ㄈㄜ ㄍㄜ ㄏㄜ ㄧ ㄓ ㄎㄜ ㄌㄜ ㄧㄜ ㄋㄜ

o p q, r s t, u v w, x y z.
ㄛ ㄆㄜ ㄎㄨ ㄖ ㄙ ㄊㄜ ㄨ ㄪㄜㄨㄜ ㄙㄨ ㄧㄜ ㄙ'

单字音全表

ㄅ B							
ba	巴	bi	逼	pai	拍	piau	飘
bar	拔	byi	鼻	pair	排	pyau	瓢
baa	把	bii	比	pay	派	peau	漂
bah	罢	bih	闭			piaw	票
bo	波	bie	鳖	pei	胚	pian	篇
bor	傅	bye	别	peir	陪	pyan	骈
boo	跛	biee	瘪	pey	配	piann	片
boh	簸						
		biau	标	pau	抛	pin	拼
bai	掰	beau	表	paur	袍	pyn	贫
bair	白			pao	跑	piin	品
bae	摆	bian	边	paw	炮		
bay	拜	bean	扁			pyng	平
		biann	变	poou	剖	pinq	聘
bei	碑						
beei	北	bin	彬	pan	潘	pu	铺
bey	背	biin	禀	parn	盘	pwu	蒲
		binn	鬓	pann	判	puu	普
bau	包					puh	铺
baur	薄	bing	兵	pen	喷		
bao	保	biing	丙	pern	盆	ㄇ M	
baw	报	binq	并				
				pang	滂	mha	妈
ban	班	bu	捕	parng	旁	ma	麻
baan	板	buu	补	panq	胖	maa	马
bann	半	buh	布			mah	骂
				peng	烹		
ben	奔	ㄆ P		perng	朋	mho	摸
been	本			peeng	捧	mo	摩
benn	笨	pa	趴	penq	碰	moo	抹
		par	爬			moh	末
bang	邦	pah	怕	pi	批		
baang	榜			pyi	皮	mai	埋
banq	磅	po	坡	pii	匹	mae	买
		por	婆	pih	屁	may	卖
beng	绷	poo	叵				
benq	蹦	poh	破	pie	撇	mei	梅
				piee	撇	meei	美
				pieh	瞥	mey	妹

mhau	猫	ming	名	fwu	扶	die	爹
mau	毛	miing	暝	fuu	府	dye	叠
mao	卯	minq	命	fuh	付		
maw	冒					diau	刁
		mu	模	ㄉ D		diaw	吊
mou	谋	muu	母				
moou	某	muh	暮	da	搭	diou	丢
mow	袤			dar	达		
		ㄈ F		daa	打	dian	颠
man	蛮			dah	大	dean	点
maan	满	fa	发			diann	店
mann	慢	far	罚	der	德		
		faa	发			ding	丁
mhen	扪			dai	呆	diing	顶
men	门	for	佛	dae	歹	dinq	定
menn	闷			day	戴		
		fei	非			du	都
mang	忙	feir	肥	dau	刀	dwu	读
maang	莽	feei	匪	dao	岛	duu	赌
		fey	费	daw	到	duh	杜
meng	蒙						
meeng	猛	four	浮*	dou	兜	duo	多
menq	孟	foou	否	doou	斗	dwo	夺
				dow	豆	duoo	朵
mhi	咪	fan	番			duoh	惰
mi	迷	farn	藩	dan	单		
mii	米	faan	反	daan	胆	duei	堆
mih	密	fann	泛	dann	担	duey	对
mieh	灭	fen	分	dang	当	duan	端
		fern	焚	daang	党	doan	短
mhiau	喵	feen	粉	danq	当	duann	断
miau	苗	fenn	粪				
meau	秒			deng	登	duen	敦
miaw	妙	fang	方	deeng	等	doen	趸
		farng	房	denq	邓	duenn	顿
miow	谬	faang	访				
		fanq	放	dong	东	ㄊ T	
mian	绵			doong	董		
mean	免	feng	风	donq	冻	ta	他
miann	面	ferng	冯			taa	塔
		feeng	唪	di	低	tah	榻
min	民	fenq	奉	dyi	敌		
miin	敏			dii	底	teh	特
		fu	夫	dih	地		

tai	胎	tyan	田	nao	脑	nu	奴
tair	台	tean	舔	naw	闹	nuu	努
tae	臺	tiann	忝			nuh	怒
tay	太			now	耨		
		ting	听			nuo	挪
tau	叨	tyng	亭	nan	南	nuoo	胬
taur	逃	tiing	挺	naan	赧	nuoh	糯
tao	讨	tinq	听	nann	难		
taw	套					noan	暖
		tu	秃	nang	囊		
tou	偷	twu	图			nuenn	嫩
tour	头	tuu	土	neng	能		
tow	透	tuh	兔			neu	女
				nong	农		
tan	滩	tuo	拖	nonq	弄	niueh	虐
tarn	谈	two	陀				
taan	坦	tuoo	妥	ni	泥	ㄌ L	
tann	炭	tuoh	唾	nii	你		
				nih	腻	lha	拉
tang	汤	tuei	推			laa	喇
tarng	唐	twei	颓	nhie	捏	lah	腊
taang	倘	toei	腿	nieh	孽		
tanq	烫	tuey	退			leh	乐
				neau	鸟		
terng	藤	twan	团	niaw	溺	lai	来
		tuann	彖			lay	赖
tong	通			nhiou	妞		
torng	同	tuen	吞	niou	牛	lei	雷
toong	统	twen	屯	neou	纽	leei	儡
tonq	痛	toen	氽	niow	拗	ley	类
		tuenn	褪				
ti	梯			nhian	拈	lhau	捞
tyi	题	ㄋ N		nian	年	lau	劳
tii	体			nean	辇	lao	老
tih	替	na	拿	niann	念	law	烙
		naa	哪				
tie	贴	nah	那	nin	您	lou	楼
tiee	铁					loou	篓
		nae	乃	niang	娘	low	漏
tiau	挑	nay	耐	nianq	酿		
tyau	条					lan	兰
teau	跳	neei	馁	ning	宁	laan	览
tiaw	跳	ney	内	niing	拧	lann	烂
				ninq	佞		
tian	天	nau	铙			lang	郎

laang	朗	lu	卢	gao	稿	goei	鬼
lanq	浪	luu	鲁	gaw	告	guey	贵
		luh	路				
leng	棱			gou	沟	guan	关
leeng	冷	lhuo	掳	goou	狗	goan	管
lenq	睖	luo	罗	gow	构	guann	惯
		luoo	裸				
long	龙	luoh	骆	gan	干	goen	滚
loong	拢			gaan	敢	guenn	棍
lonq	弄	luan	鸾	gann	干		
		loan	卵			guang	光
li	黎	luann	乱	gen	根	goang	广
lii	李			geen	顊	guanq	逛
lih	利	luen	轮	genn	艮		
		luenn	论			丂 K	
lea	俩			gang	刚		
		liu	驴	gaang	港	ke	科
liee	咧	leu	吕	ganq	杠	kee	可
lieh	列	liuh	虑			keh	客
				geng	庚		
liau	辽	liueh	畧	geeng	耿	kai	开
leau	了			genq	更	kae	凯
liaw	料	liuann	恋*			kay	忾
				gong	工		
lhiou	遛	liun	淋	goong	拱	kau	尻
liou	刘			gonq	共	kao	考
leou	柳	《 G				kaw	靠
liow	六			gu	孤		
		ga	旯	guu	古	kou	抠
lian	连	gar	嘎	guh	顾	koou	口
lean	脸	gaa	玍			kow	寇
liann	练	gah	尬	gua	瓜		
				goa	寡	kan	刊
lin	林	ge	割	guah	挂	kaan	侃
liin	吝	ger	革			kann	看
linn	赁	gee	葛	guo	锅		
		geh	个	gwo	国	keen	肯
liang	梁			guoo	果	kenn	裉
leang	两	gai	该	guoh	过		
lianq	亮	gae	改			kang	康
		gay	盖	guai	乖	karng	扛
lhing	拎			goai	拐	kaang	慷
ling	凌	geei	给	guay	怪	kanq	炕
liing	领						
linq	令	gau	高	guei	规	keng	坑

kong	空	hay	害	huoo	火	jiou	鸠
koong	孔	hei	黑	huoh	货	jeou	九
konq	控					jiow	救
				hwai	怀		
ku	枯	hau	蒿	huay	坏	jian	间
kuu	苦	haur	毫			jean	简
kuh	库	hao	好	huei	徽	jiann	见
		haw	号	hwei	回		
kua	夸			hoei	悔	jin	金
koa	侉	hour	侯	huey	会	jiin	紧
kuah	跨	hoou	吼			jinn	禁
		how	后	huan	欢		
kuoh	阔			hwan	还	jiang	江
		han	酣	hoan	缓	jeang	蒋
koai	蒯	harn	韩	huann	换	jianq	匠
kuay	快	haan	喊				
		hann	汉	huen	昏	jing	京
kuei	亏			hwen	魂	jiing	景
kwei	葵	hern	痕	huenn	混	jinq	敬
koei	傀	heen	很				
kuey	愧	henn	恨	huang	荒	jiong	扃
				hwang	黄	jeong	迥
kuan	宽	hang	夯	hoang	恍		
koan	欵	harng	杭			jiu	居
		hanq	沉	丩 J(i)		jyu	局
kuen	坤					jeu	举
koen	捆	heng	亨	ji	基	jiuh	句
kuenn	困	herng	恒	jyi	极		
				jii	几	jiue	噘
kuang	匡	hong	轰	jih	记	jyue	掘
kwang	狂	horng	洪			jiueh	噱
kuanq	矿	hoong	哄	jia	家		
		honq	哄	jya	夹	jiuan	捐
厂 H				jea	假	jeuan	卷
		hu	呼	jiah	价	jiuann	眷
ha	哈	hwu	胡				
haa	哈	huu	虎	jie	街	jiun	君
		huh	户	jye	节	jiunn	郡
he	喝			jiee	姐		
her	何	hua	花	jieh	借	く Ch(i)	
heh	贺	hwa	华				
		huah	化	jiau	交	chi	欺
hai	嗐			jyau	嚼	chyi	其
hair	孩	huo	劐	jeau	搅	chii	起
hae	海	hwo	活	jiaw	叫	chih	气

chia	搯	cheu	取	shyn	寻	jaa	眨
chya	伽	chiuh	去	shiin	伈	jah	炸
chea	卡			shinn	信		
chiah	恰	chiue	缺			je	遮
		chyue	瘸	shiang	香	jer	折
chie	切	chiueh	确	shyang	详	jee	者
chye	茄			sheang	响	jeh	这
chiee	且	chiuan	圈	shianq	向		
chieh	妾	chyuan	权			jai	斋
		cheuan	犬	shing	兴	jair	宅
chiau	敲	chiuann	劝	shyng	行	jae	窄
chyau	桥			shiing	醒	jay	债
cheau	巧	chyun	群	shinq	性		
chiaw	窍					jau	招
		ㄒ Sh(i)		shiong	兄	jaur	着
chiou	秋			shyong	熊	jao	找
chyou	求	shi	西			jaw	照
cheou	糗	shyi	席	shiu	虚		
		shii	喜	shyu	徐	jou	周
chian	牵	shih	戏	sheu	许	jour	轴
chyan	乾			shiuh	序	joou	肘
chean	遣	shia	虾			jow	昼
chiann	欠	shya	霞	shiue	靴		
		shiah	下	shyue	学	jan	占
chin	钦			sheue	雪	jaan	展
chyn	秦	shie	歇	shiueh	穴	jann	佔
chiin	寝	shye	协				
chinn	沁	shiee	写	shiuan	宣	jen	真
		shieh	谢	shyuan	玄	jeen	枕
chiang	腔			sheuan	选	jenn	镇
chyang	强	shiau	萧	shiuann	眩		
cheang	抢	shyau	学*			jang	张
chianq	呛	sheau	晓	shiun	薰	jaang	掌
		shiaw	孝	shyun	巡	janq	账
ching	清			shiunn	训		
chyng	情	shiou	休			jeng	蒸
chiing	请	sheou	朽	ㄓ J		jeeng	整
chinq	庆	shiow	秀			jenq	正
				jy	知		
chiong	穹	shian	先	jyr	直	jong	中
chyong	穷	shyan	咸	jyy	纸	joong	种
chionq	舄	shean	显	jyh	至	jonq	种
		shiann	现				
chiu	区			ja	扎	ju	朱
chyu	渠	shin	新	jar	炸	jwu	竹

juu	主	chay	蚕	chwai	膪	shaur	韶
juh	注			choai	揣	shao	少
		chau	超	chuay	嘬	shaw	绍
jua	抓	chaur	朝				
joa	爪	chao	吵	chuei	吹	shou	收
		chaw	钞	chwei	垂	shour	熟
juo	桌			chuey	吹	shoou	手
jwo	浊	chou	抽			show	受
juoh	辍	chour	绸	chuan	川		
		choou	丑	chwan	传	shan	山
juai	拽	chow	臭	choan	喘	shaan	陕
juay	拽			chuann	串	shann	扇
		chan	搀				
juei	追	charn	缠	chuen	春	shen	深
juey	坠	chaan	产	chwen	唇	shern	神
		chann	忏	choen	蠢	sheen	审
juan	专					shenn	慎
joan	转	chen	琛	chuang	窗		
juann	篆	chern	陈	chwang	床	shang	商
		chenn	趁	choang	闯	shaang	赏
juen	谆			chuanq	创	shanq	上
joen	准	chang	昌				
		charng	长	ㄕ Sh		sheng	生
juang	庄	chaang	厂			sherng	绳
joang	奘	chanq	唱	shy	诗	sheeng	省
juanq	壮			shyr	时	shenq	胜
		cheng	撑	shyy	使		
ㄔ Ch		cherng	程	shyh	事	shu	书
		cheeng	逞			shwu	淑
chy	痴	chenq	秤	sha	沙	shuu	暑
chyr	迟			shaa	傻	shuh	数
chyy	耻	chong	冲	shah	霎		
chyh	翅	chorng	虫			shua	刷
		choong	宠	she	奢	shoa	耍
cha	叉	chonq	铳	sher	蛇		
char	茶			shee	捨	shuo	说
chah	诧	chu	初	sheh	舍	shuoh	朔
		chwu	除				
che	车	chuu	楚	shai	筛	shuai	摔
chee	扯	chuh	处	shae	色	shoai	甩
cheh	撤			shay	晒	shuay	帅
		chuo	戳				
chai	钗	chuoh	绰	sheir	谁	shwei	谁
chair	柴					shoei	水
chae	册	chuai	搋	shau	烧	shuey	税

shuan	拴	ruoh	若	tzeng	曾	tsaw	操
shuann	涮	roei	蕊	tzenq	贈	tsow	凑
shwen	莼	ruey	瑞	tzong	宗	tsan	参
shoen	盾	roan	软	tzoong	总	tsarn	蚕
shuenn	顺			tzonq	粽	tsaan	惨
shuang	双	ruenn	闰	tzu	租	tsann	灿
				tzwu	族	tsang	仓
日 R		ㄗ Tz		tzuu	祖	tsarng	藏
ryh	日	tzy	兹	tzwo	昨	tserng	层
ree	惹	tzyy	子	tzuoo	左		
reh	热	tzyh	字	tzuoh	做	tsong	聪
		tza	咂	tzoei	嘴	tsorng	从
rau	饶	tzar	杂	tzuey	最	tsu	粗
rao	扰					tsuh	醋
raw	绕	tzer	则	tzuan	钻		
rou	柔	tzeh	仄	tzoan	纂	tsuo	搓
row	肉	tzai	灾	tzuann	钻	tswo	脞
		tzae	宰	tzuen	尊	tsuoo	磋
ran	然	tzay	在	tzoen	噂	tsuoh	错
raan	染			tzuenn	俊		
		tzeir	贼			tsuei	崔
ren	人	tzau	糟	ㄘ Ts		tsuey	脆
reen	忍	tzaur	凿	tsy	雌	tsuan	汆
renn	认	tzao	早	tsyr	词	tswan	攒
		tzaw	造	tsyy	此	tsuann	窜
rhang	嚷			tsyh	次		
rang	瓢	tzou	邹			tsuen	村
raang	嚷	tzoou	走	tsa	擦	tswen	存
ranq	让	tzow	奏	tseh	测	tsoen	忖
rheng	扔	tzan	簪			tsuenn	寸
reng	仍	tzarn	咱	tsai	猜		
		tzann	赞	tsair	才	ㄙ S	
rong	戎	tzen	簪*	tsae	彩	sy	思
roong	冗	tzeen	怎	tsay	蔡	syy	死
						syh	四
ru	如	tzang	臧	tsau	操		
ruu	乳	tzanq	葬	tsaur	曹	sa	撒
ruh	入			tsao	草	saa	洒

最后五分钟

sah	飒	suann	算	yii	以	iong	雍
				yih	意	yong	颙
seh	涩	suen	孙			yeong	永
		soen	损	ia	鸦	yonq	用
sai	腮	suenn	逊	ya	牙		
say	赛			yea	雅	ㄨ	W
		□		yah	亚		
sau	骚					u	乌
sao	扫	a	阿	ie	噎	wu	吴
saw	噪	ah	阿	ye	爷	wuu	五
				yee	也	wuh	务
sou	搜	e	痾	yeh	叶		
soou	叟	er	鹅			ua	哇
sow	漱	eh	饿	yai	崖*	wa	娃
						woa	瓦
san	三	ai	哀	iau	妖	wah	袜
saan	伞	air	呆	yau	尧		
sann	散	ae	矮	yeau	咬	uo	窝
		ay	爱	yaw	要	woo	我
sen	森					woh	卧
		au	坳	iou	幽		
sang	桑	aur	熬	you	由	uai	歪
saang	嗓	ao	袄	yeou	有	woai	舀
sanq	丧	aw	奥	yow	右	way	外
seng	僧	ou	欧	ian	烟	uei	威
		oou	呕	yan	言	wei	为
song	松	ow	呕	yean	眼	woei	委
soong	悚			yann	燕	wey	卫
sonq	宋	an	安				
		aan	俺	in	因	uan	弯
su	苏	ann	案	yn	银	wan	完
swu	俗			yiin	引	woan	晚
suh	素	en	恩	yinn	印	wann	万
suo	缩	arng	昂	iang	央	uen	温
swo	索			yang	杨	wen	文
suoo	所	erl	儿	yeang	养	woen	稳
		eel	耳	yanq	样	wenn	问
suei	虽	ell	二				
swei	随			ing	英	uang	汪
soei	髓	ㄧ	Y	yng	营	wang	王
suey	岁			yiing	影	woang	往
		i	衣	yinq	应	wanq	望
suan	酸	yi	移				

第十二卷

ueng	翁	yu	鱼	iuan	冤	yeun	允
woeng	滃	yeu	雨	yuan	元	yunn	韵
wenq	瓮	yuh	预	yeuan	远		
				yuann	院		

凵	Y(u)	iue	约				
		yueh	月	iun	氲		
iu	迂			yun	云		

以上是大学院公布的《国语罗马字拼音法式》的原文。本书所用的还有几条特例如下：

（1）音节分法：多节词当中的辅音（consonants），能归下字的尽归下字，例如 huran（hu-ran）忽然，jihuey（ji-huey）机会，tsanguan（tsan-guan）参观，（不是 tsa-nguan, 因为现在的国音不用 ng 声母），否则用 hyphen 注分节法，例如 huen-in 婚姻，chin-ay 亲爱。

（2）轻音字：在国语罗马字的行文，本来不必用轻音的符号。但是因为一般教授国语的人跟书都不大注意到这件很要紧的事上，而注轻重音的国语罗马字词书又还没有出世，所以在戏谱里只得把要紧的地方都注出来。注法是在轻音的前头点一点，例如 kuay•hwo 快活（活字轻），Jang•Mha 张妈（妈字轻）。但下列的最常用的虚字因为总是轻音的，所以省去点号，不然怕注的点子太多，反倒看不清楚了。

a	阿	ge	个	la	啦	me	末	neme	那末（连词）
ba	罢	ge	个	le	了	-me	么	sh	是
d'a	的阿	ige	一个	lo	咯	-men	们	-sh	是
de	的,得	-j	着	lou	喽	na	那(n+阿)	-tou	头
-de	的,得	-j'a	着阿	ma	吗	ne			

（3）特别拼法：

1）sh. 同动词是；词尾（例如 keesh 可是）。读的时候不一定失去韵母的声音，这字特别这末写是因为常见的缘故。跟下字连拼，就用一个上撇（'），例如 jiowsh'le（就是了）。

2）-j. 词尾着。读•jy。（shueyj 睡着之，shueyjaur 睡着招阳平不同。）跟下字连拼就用一个上撇（'），例如 j'ne（着呢之呐）。

3）i. 一。有 i, yi, yih, •i 几种声调（看 298 页）。行文时省作 i。

4）bu 不。有 bwu, buh, •bu 几种声调（看 298 页）。行文时省作 bu。

5）tuo. 佗。男性第三身单数代名词。

  I. 伊。女性第三身单数代名词。

  te. 它。中性第三身单数代名词。

  行文中要特别分辨的时候才用以上的代名词，否则照旧习惯仍用通性的 ta 他字。在戏的正文里差不多是一律用他。

6）q 表示喉部的破裂音（国际音标的［ʔ］），表示咳嗽，笑声，等等。

II. 戏谱凡例

1. 括弧当中没有竖双点"："的是说戏里头不说话时候的动作，例如开头"（一个九月底的晚上……）"那一段。

2. 括弧当中有竖双点的是注明正文里说话的方法的。双点在前就是指上文，双点在后就是指下文，前后都有就是两头都有关系的。所注的事情包括

1）读音，例如，表白（：拜阳平）（第275页）。

2）语调，例如，你呐（：两字微微的高一点儿）（第287页）；（慢拍：）我不敢说（第257页）。

3）跟上下文的关系，例如，（：紧接着：）对阿，我就是说……（第263页）；（：打断：）你打算怎末办呐？（第263页）。

4）说话时候的态度，神气，跟动作，例如，（眼睛低下来开唇：）我是吗？（第267页）。（醒过来：）噢，对不住（第267页）。

3. 语调要紧的地方都用乐谱写出来，但是虽用一个或是两三个乐音写一个字，其实都是表示渐变的滑音。所用音阶是相对的，不是绝对的，大约从低1到高 1̇ 算说话平均音高的范围，此外算特别尖特别粗的就是了。为着要简单一点儿，凡是语调可以用字表示的就用字，例如"Ae-ai-ay!""「矮哀爱」!"三字是一连串当一个字念，不要切断了成三个复合韵（*diphthongs*）。

4. ——前头字的音延长符号，例如，"我不知道怎末——咱们怎末办呐，季流？"（第255页）末字拉长，接着就说"咱们"等等，当中都有声音，并没有休止。（在外国戏本子里头"——"的用法很空泛，到底是表示延长还是休止还是变调等等，全靠读者斟酌。在这戏谱里只当一种狭义（延长音）的"——"号用。读者注意。）

5. ——。——！——？句中被人打断或自己打断的符号，并不延长前头字的音，例如，"你打算——。"（第275页）。"你要再——。"（第265页）。"你们——？"（第265页）。

6. ，——换口气，或插一句话，例如，"咱们顶好阿，——我这都是为你说吲，恺林，——咱们顶好还是……"（第279页），并没有延长阿字，林字的意思。

7. …表示有（不必注明的）动作，转念头，等等，例如，"我顶亲的恺林！…嗳，这才——。"（第257页）几点表示做爱的行为。

8. 假如在文法上虽是分句读的地方而在戏谱里没有点撇号就一直连下去不要停,例如在平常行文写"他顽儿的到底是什末把戏,我倒不知道?"(第275页)在戏谱里戏字后没有撇号,读者就不要在那儿停,要一直连下去。

9. ← "minus comma," 表示上句没有说完下句已经想到了,非但不停,下句还特别挤上去,例如,"对了,季流尽着问我的就是这一句话←你不嫌我叫你季流罢?"(第267页)。

10. 重(：jonq)字在罗马字用斜体字,在汉字用下弯杠,例如,"Jeh jeh jeh jeh gannm——?" "这这这这干∩——?"(第274,275页)。

11. 在汉字正文凡是容易念错的字,都注了"保傻险"的注音,例如"还没"怕人念 hwan moh,就写作"还孩没梅。"

12.「」号当中的字要读成一个音节,例如「哪儿」(naal)是一个音节,偏「披阿儿」(pianpial)是两个音节,「这一」个(jeyge)是两个音节,但,这一位(jeh-i-wey)是三个音节。

III. 演戏注意

1. 戏文是字字斟酌好了的,不可以照同样意思随便改动措辞。假如你以为某处文字不妥,那末改了过后就守着你所改的,不要一回一个样子。

2. 咱们是咱们,我们是我们。一个是对内的,一个是对外的,不可以随便乱用。听话的人也在内的叫咱们(与他们对待),听话的人不在内的叫我们(与你们对待)。在戏末尾"我们须得起身了罢"(第289页)一句,那是北方人做官派或是学南方官话的口气。

3. 勒是勒,啦是啦,不可随便乱用,例如,"你回来啦(=了阿)? 我回来勒"(第265页)。其余的语助词也不要无意识的加减改动。

4. 注意字音,尤其是的,了,还,没,都,点儿,等等最常用字的音。

5. 注意轻音字,不要说成字字并重的南方官话。

6. 严格的照谱说话,例如字后有"——"号的,就要把那个字拖长,不要断了,有音乐的符号就要照那样哼。除非你有更好的谱法,可是你改了过后就守着你所改的。

7. 谱上头没有注明说法的也要细顽细究,定出一个最好的说法,然后就总是用它。

8. 戏里头的动作跟说话的时间关系也得照谱做，谱上没有注明的也得研究好了说什末话的时候做什末样子或行为，然后就总这末做。

9. 做戏是做戏，并不是表演你自己的人，所以无论是男扮女，女扮男，做爱，做丑角，做恶汉等等都要想那个所做的角儿，不要想自己某某人。

10. 艺术以艺术为目的，不是个人出风头的机会，所以无论你做的是占最多的一部分，或是最少的几句，个个人都得拿全戏的成功为目的，做得好大家高兴，做得不好大家坍 -chonq。

TZUEYHOW WUU-FEN JONG

Shih liitou de Renwuh:

Kaelin.

Luu Jihliou (*Ide chyngren*).

Chern Danlii (*Ide janqfu*).

* * *

最后五分钟

戏里头的人物：

恺林。

鲁季流（伊的情人）。

陈丹里（伊的丈夫）。

Jeh-chu shih tserngjing tzay Mingwo 16 Nian Syhyueh 30 ryh tzay Chinghwa Shyueshiaw de Dah Liitarng dih-i tsyh gong yean. Yuanlaide yeanyuan ru shiah:

Kaelin	Liang Jyhjang.
Luu Jihliou	Wang Shennming.
Chern Danlii	Su Tzongguh.

* * *

这出戏曾经在民国十六年四月三十日在清华学校的大礼堂第一次公演。原来的演员如下：

恺林　　梁秩章。

鲁季流　　王慎名。
陈丹里　　苏宗固。

一种可能的戏台布置法：

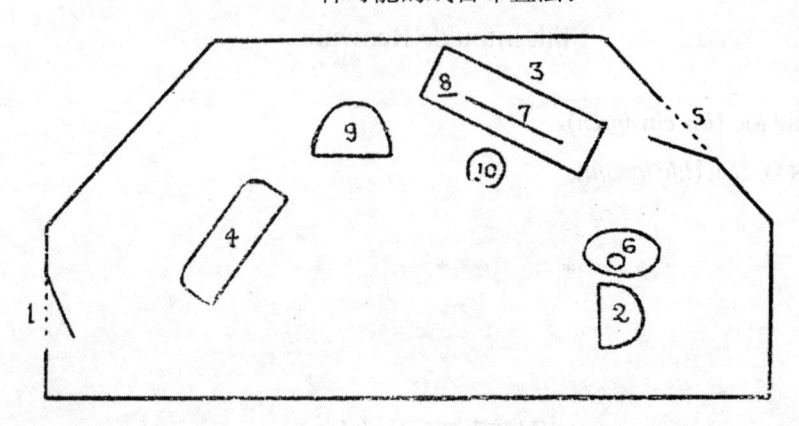

1. 进门。

2. 恺林起头儿坐的大椅子。

3. 披阿挪。

4. 沙发。

5. 套房房门。

6. 小桌，上有电话。

7. 风景画。

8. 丹里的照相。

9. 恺林在后半本坐的大椅子。

10. 琴凳。

其余花草跟墙上的装饰等等可以随意斟酌。

TZUEYHOW WUU FEN JONG

(Ige Jeouyueh dii de woanshanq, tzay Kaelin de huey keh de utz lii. I jenqtzay deengj tuo, igeren tzuoh tzay dueyj men de i-jang dahyiitz shanq, tzuoh-chu deeng de bunayfarnde yanqtz. Ihoel lingj eeldou tingjiann waytou shianq yeou sherme sheng-in shyhde.)

KAELIN. Jang •Mha! Jang •Mha! (*Mei ren da-ying*) *Lii* Mha!

LII MHA (*Tzay waytou laanxde da-ying*:) [ɐːi] ! (*tzay ai-in ei-in oi-in jy jian*.)

KAELIN. Sh sheir a?

LII MHA (*ching erl gau-de chiangdiaw, haoshianq sh shyan Tayx duoyu wenn le shyhde*:) Mei sheir a?

(*Kaelin kannx huahbaw, diou-shiahlai chiilai tzoou daw piano genchyan, yonq ige shoou sweibiann tarnle leang shiah, jeenglii vx sofa shanq de dianntz. Deengx tuo hair sh bu lai, yow hwei daw dahyiitz shanq tzuoh-shiahlai. Jang Mha jinnlai.*)

JANG MHA (*pyngxdannxde shianq charngchangl bawguoh de shyhde*:) Tay•x, Luu Shian•sheng lai le.

(*Luu jinnlai, chuanj heen piawlianq de yangfwu, ren yee sh i-kann heen biaujyh shyhde. Dahduoshuh neuren huey shiihuan ta de—jyhshao ta gawsonq nii jehme shuo. I-jinn men, kannjiannle Kaelin jiow tzuoh heen gawshinq heen seeibiann -de yanqtz, shen-chu leangge shoou-lai yaw gen I chanshoou, tzooule ibann huran jihchiilai Jang Mha hair tzay parngbian, lianmang suo-hweile shoou gae cherng jyugong de yanqtz.*)

LUU. È, Chern Tay•x!

KAELIN. Luu Shian•sheng, Nin lai la.

(*Jang Mha kannjiann tamen heen kehchih de jyugong, jiow duey tair-shiah tzuoh meiyean, beaushyh* "Heng, jeh pianndeleau sheir!" *de yihsy. Tamen duey I wanqj, keesh I hair* "gaa tsy gaa ngé" *-de kannj byechuh lao bu tzoou.*)

最后五分钟

（一个九月底的晚上，在恺林的会客的屋子里。伊正在等着佗，一个人坐在对着门的一张大椅子上，做出等得不耐烦的样子。一火儿聆着耳朵听见外头像有什末声音似的。）

恺林。张·妈！张·妈！（没人答应。）李妈！

李妈（在外头懒懒的答应：）「厄异」！（在ㄞ音ㄟ音ㄛㄧ音之间。）

恺林。是谁阿？

李妈（轻而高的腔调，好像是嫌太太多余问了似的：）没梅谁阿？

（恺林看看画报，丢下来起来走到披阿娜跟前，用一个手随便弹了两下，整理整理沙发上的垫子，等等佗还是不来，又回到大椅子上坐下来。张妈进来。）

张妈（平平淡淡的，像常常儿报过的似的：）太·太，鲁先·生来了勒。

（鲁进来，穿着很漂亮的洋服，人也是一看很标致似的。大多数女人会喜欢他的——至少他告送你这末说。一进门看见了恺林就做很高兴很随便的样子，伸出两个手来要跟伊搀手，走了一半忽然记起来张妈还在旁边，连忙缩回了手改成鞠躬的样子。）

鲁。せ，陈太·太！

恺林。鲁先·生，您来啦。

（张妈看见他们很客气的鞠躬，就对台下做眉眼，表示"哼，这骗得了谁！"的意思。他们对伊望着，可是伊还"假痴假呆"的看着别处老不走。）

KAELIN. Jang•Mha, nii chiuh—(*sheang-bu-chu shyhchyng lai jiaw ta tzuoh, jyyde jiow shuo*:) nii chiuh ba! (*Jang Mha kuay daw menkooul*) Èh! buyonq chi char le, ar!

(*Jang Mha chuchiuh, lintzoou hair diou ige yeanseh geei tair-shiah.*)

LUU. Woode *chin* Kaelin!

KAELIN(*mann pai*:) *Jih*liou a!

(*Tuo nale Ide leangge shoou kiss. Tuo hair yaw kiss Ide chwen, Ichingchinglde jiuhjyue tuo.*)

LUU(*yow maiyuann yow dea -de sheng-in*:) Nii tzwo•tian ranq•woo de me. Weysherme woo jin•tian buneng kiss•nii?

KAELIN. Hair bu (:*buh*) ne, Jihliou, ar! Woo yaw gen nii shuo huah. Tzarm tzuoh-shiahlai shuo... bu, tzarm shanq ney•bial chiuh tzuoh hao •i•deal.

(*Tamen tzoou daw dueyguohde sofa shanq tzuoh•shiahlai.*)

LUU. Nii tzwol shuo de huah mei how•hoei, keesh (:*keeshyr*)?

KAELIN (*shian kannj ta sheang, ihoel yaux tour shuo*:) Mei•yeou.

LUU. Neme chule sherme shyh•chyng le ne?

KAELIN. Woo tsair jiedaw Danlii de i-feng shinn.

LUU (*danshin de yangtz*:) Danlii! Niide *janq*•fu a?

KAELIN. Shyhde.

LUU. Ta tsorng naal (:*nal*) shiee de shinn?

KAELIN. Tsorng Meeigwo.

LUU (*fanqle shin*:) Ao-au-aw[①]! *Nah*—.

KAELIN (:*daa-duann*:) Ta shuo woo ker•yii jyy•wanq ta chahbuduol shinn i daw ren jiow daw le.

LUU. Heh! Jeh•hair—(:*tzyhjii duann*).

KAELIN (:*chourchwude*:) S—(*Suo-chih de* s), shyhde (:*mann pai*).

---

① Tzay *au*-in *o*-in jy jian, buguoh niann cherng sheng-gau-jianq de charng diaw, binq bush *auauau* nian san-tsyh. Shiah faang tsyy.

最后五分钟

恺林。张·妈，你去——（想不出事情来叫他做，只得就说：）你去罢！（张妈快到门口儿）𠀆！不（：阳平）用沏茶了勒，阿！

（张妈出去，临走还丢一个眼色给台下。）

鲁。我的得亲恺林！

恺林（慢拍：）季流阿！

（佗拿了伊的两个手 kiss。佗还要 kiss 伊的唇，伊轻轻儿的拒绝佗。）

鲁（又埋怨又嗲的声音：）你昨·天让·我的得末。为什蛇末我今·天不能 kiss·你？

恺林。还不孩布呐，季流，阿（56）！我要跟你说话。咱们坐·下来说……不，咱们上那·边儿内「逼阿儿」去坐好·一·点儿「底阿儿。」

（他们走到对过的沙发上坐下来。）

鲁。你「昨儿」说的得话没梅后·悔可是（：67）？

恺林（先看着他想，一火儿摇摇头说：）没梅·有。

鲁。那呐末出了勒什蛇末事·情了勒呐？

恺林。我才接到丹里的得一意封信。

鲁（担心的样子：）丹里！你的得丈·夫阿？

恺林。是的得。

鲁。他从「哪儿」（：阳平）写的得信？

恺林。从美国。

鲁（放了心：）「袄噢澳」①！那——。

恺林（：打断：）他说我可·以指·望他差不「多儿」信一移到人就到了勒。

鲁。赫！这·还孩——（：自己断）。

恺林（：踌躇的：）斯——（缩气的 s），是的得（：慢拍）。

---

① 在ㄠ音ㄛ音之间，不过念成"升高降"的长调，并不是ㄠㄠㄠ念三次。下仿此。

LUU (*tzoong sh lehguande*). Yeesheu ta mei•yeou gaanshanq ta daasuann chenn de neyge chwan ne? Ta yawsh donqle-shen le, bannluh shanq tzay Tarnshiang Shan, Herngbin •shermede, buhuey daa ge diannbaw •lai ma?

KAELIN. Shianntzay ryhtz de diannbaw naal kawdejuh a? (*Tyngle ihoel*:) Woo sh bu jydaw tzeeme—tzarm tzeem bann ne, jihliou?

LUU. Nii (:*ni*) yee *jy*•daw woo yuann•yih nii tzeemeyanq. (*Tuo jua Ide shoou*:) Lai gen woo ikuall tzoou.

KAELIN (*Yeou deal youyuh*:) Jiow ranq Danlii hweijia-•lai kann•jiann—i-suoo kong farngtz'e (:56)?

LUU (*Gau diaw* :) Ta yee bu tzay•hu nii, nii (:*ni*) yee bu tzay•hu ta. Ige heen swutaw de "wenming jiehuen!" (*Weix day deal shiaw sheng* :) Dinqle (: *tinqle*) -huen tsair ige *liibay* guohhow! (*Linq chii jiuhtz* :) Yow guohle syh•shyrba-ge jongtour tam jiow baa ta sonq chu-yang •chiuh le. Nii how•lai jiow ijyr mei kann•jiann •ta.

KAELIN (*mann pai*:) Shyhde. Woo yee tzoongsh duey tzyhjii jehme shuo.

LUU (*Jiej shanqtou* :) Shyjieh-shanq ren dou shuo nii sh •tade chi•tz, ta sh niide janq•fu, keesh—nii (: *ni*) sheaude ta deal sherme? (*Tyi gau* :) Ta lian nii jiah de neyge shawnian shianntzay dou bush le (:5#63)! Ta shianntzay jeanjyr sh ge sheng-ren le ← nii renn dou bu rennde ta le. Binqchiee nii (: *ni*) yee bush *ta* cheu de neyge neuhairtz. Nii shianntzay yiijing sh ge *neu*ren le, nii *shianntzay* •tsair chiitourl sheaude aychyng sh *sher*me. Nii gen *woo* lai ba, Kae*lin*.

KAELIN. Eei (:13), tsuoh sh butsuoh. Keesh ta *shyh* weyj yawhao le tsair chuchiuh chy-kuu de me. Hweilai shianq (: 3 *tzyh kuay*) chongjiun shyhde, haorongyih chyle wuu nian de -kuu, i hwei daw jia -•lai, daw kann •jiann—.

LUU (: *daa-duann*:) Hair "chongjiun" ne. Nii baa jeyge kann de tay rennjen le. Ta haohaulde byile-yeh hwei•lai, ta idinq hair goan ta tzay Meeigwo de neh jii nian jiaw shengpyng tzuey *ku*-ay•hwo -de ryhtz ne. Hng! sheir jy•daw •ta wuu nian dangjong meiyeou ay-•shanq-le san wuu liow hwei de ren. Tzay shuujiah •lii •sherme— "Chinese Students' Conference," nehshie nanx neux jiuhhuey de •dih•fang. M-heeigwo! Meeigwo shyuesheng yee bush haode (:5#63)(:*shanq jiuh shian di-ching how gau-jonq*)!

鲁（总是乐观的）。也爷许他没梅·有赶上他打·算趁的得那ㄣ个船呐？他要是动了ㄌ身了ㄌ，半路上在檀香山，横滨·什末的得，不会打个电报·来吗？

恺林。现在日子的得电报「哪儿」靠得住阿？（停了一火儿：）我是不知道怎末——咱们怎末办呐，季流？

鲁。你尼也知道我愿意你怎末样。（佗抓伊的手：）来跟我一块儿移「跨儿」走。

恺林（有点儿犹豫：）就让丹里回家·来看·见——一所空房「子呃」（：56）？

鲁（高调：）他也不在·乎你，你尼也不在·乎他。一个很俗套的得"文明结婚"！（微微带点儿笑声：）定了听ㄌ婚才一移个礼拜过后！（另起句子：）又过了ㄌ四·十八个钟头他们就把他送出洋·去了ㄌ。你后来就一意直（：阳平）没梅看·见·他。

恺林（慢拍：）是的得。我也总是对自己这末说。

鲁（接着上头：）世界上人都兜说你是·他的得妻·子（：轻声），他是你的得丈·夫，可是——你尼晓得他点儿「底阿儿」什蛇末？（提高：）他连你嫁的得那ㄣ个少年现在都兜不是了ㄌ（：5#63）！他现在简直是个生人了ㄌ←你认都兜不认得他了ㄌ。并且你尼也不是他娶的得那ㄣ个女孩子。你现在已经是个女人了ㄌ，你现在·才起「头儿」晓得爱情是什蛇末。你跟我来罢，恺林。

恺林。乁（：13），错是不错。可是他是为着之要好了ㄌ才出去吃苦的得末。回来像（：三字快）充军似的是得，好容易吃了ㄌ五年的得苦，一意回到家·来，倒看·见——。

鲁（：打断：）还孩"充军"呐。你把「这一」个看得太认真了ㄌ。他好好儿的好「蒿儿」得毕了业鼻勒夜回·来，他一移定还孩管他在美国的得那呐几年叫生平最快「枯爱」·活的得日子呐。Hng! 谁知·道·他五年当中没梅有爱·上了ㄌ三五六回的得人。在暑假·里·什末——"Chinese Students' Conference,"那呐些男男女女聚会的得·地·方。美黑（：heei）国！美国学生也不是好得（：5#63）（：上句先低轻后高重）！

KAELIN (*mann pai* :) Woo bu gaan shuo. Tzyhran ne, nii yee shuo de, woo sh bu rennde •ta. (*Kuay ideal* :) Dannsh woo tzoong jyuede jearu tzarm baa jeh shyhchyng jyrxshoangxde gen ta shuo ming•bair le dawdii sh tzeeme i-hwei shyh, woo sheang tzarm yiihow keryii genq kuay•hwo ideal. Yawsh ta jen yeou shianq nii shuo de neyjoong shyhchyng (: *tsyy chuh bu tyng* :) •ta tzyhjii yee jiow ming•bair. Hairsheu daw (: *san tzyh kuay*) gaushinq chule jehjoong shyh•chyng ne.

LUU (*bu-ande* :). Woo gen nii shuo (: 4 *tzyh kuay*) jenq•jing huah. Kaelin a, jehjoong tyimuh a, nii (: *doan*) bush nenggow shin pyng chih her -de gen ige *janq*•fu neng tarn de tyimuh, naapah jiowsh ta—. Tzarm buyaw nonq de buhaokann, erlchiee—jege—(*jua Ide shoou* :) erlchiee, Kae*lin*, woo *yaw* nii. (*Gau diaw* :) Ta yee sheu hair yeou haojiige *liibay* tzay hwei•lai ne. Tzarm buneng lao jiow *jeh*me yanqtz...*Kae*lin!

KAELIN. Nii jen ay woo daw jehme•yanq ma?

LUU. *Woo*de Kaelin!

KAELIN. Hao, neme tzarm jiow deeng•daw jehge liibay wan le tzay—yawsh •ta *lai* de •huah. Woo bu yuann•yih tzuoh de shianq pah •ta shyhde.

LUU. Neme ranhow ne?

KAELIN (*kai chwen* :) Ranhow woo jiow gen nii lai.

LUU (*baw I tzay hwai lii*:) Woo *diing* (:*dinq*) chin de *Kae* (:*kay*) lin!...*Ai*, jeh •tsair— Neme tzarm jeh•hoel gann •deal sherme ne? Liou •woo chy-fann •hairsh tzeeme?

KAELIN. Woo tsair bu (: *buh*) ne, Shian (:2) sheng (:$\underline{251}^{\#}$)! (*Kuay* :) Woo jiel woan•shang yaw *chu*•chiuh chy-fann ne.

LUU (*chytsuhde*:) Gen sheir a?

KAELIN. Gen *nii* (: $\underline{141}^{\#}$).

LUU (*Gaushinqde*). Tzay tzarm •neyge sheau-fann-goal ma? (*I deanx tour.*) Hao (:*haw*) hairtz! Neme kuay •chiuh chuan •jiann waytaw •lai.

KAELIN. Jen (: $\underline{2}$) kai (: $\underline{4}^{\#}$) shin (: $\underline{4}^{\#}$)! Woo yaw-bu-leau ihoel gong•fu jiow lai, a.

LUU. Hao, woo itourl daa ge diannhuah wenn•x yeou dih•fanql •mei•yeou.

KAELIN (*tzoou daw tawfarng de menkooul yow hwei-guoh tour -lai wenn, kai chwen*:) Jihliou, nii (: *ni*) *tzoong* jehme ay •woo ma?

恺林（慢拍：）我不布敢说。自然呐，你尼也说的得，我是不（：阳平）认得·他。（快一点儿：）但是我总觉掘得假如咱们把这事·情直直爽爽的得跟他说明·白了勒到底是怎末一意回事，我想咱们以后可以更快·活一点儿「底阿儿」。要是他真有像你说的得那内种事·情（：此処不停：）·他自己也就明·白。还孩许倒（：三字快）高兴出了勒这种事·情呐。

鲁（不安的：）我跟你说（：四字快）正·经话。恺林阿，这种题目阿，你（：短）不是能够心平气和的得跟一个丈·夫能谈的得题目，哪怕就是他——。咱们不要弄得不布好看，而且——这个——（抓伊的手：）而且，恺林，我要你。（高调：）他也许还孩有好毫几个礼拜再回来呐。咱们不布能老就这末样子……恺林！

恺林。你真爱我到这末·样吗？
鲁。我的得恺林！
恺林。好，那呐末咱们就等·到这个礼拜完了勒再——要是·他来的得·话。我不愿·意做得像怕·他似的是得。
鲁。那呐末然后呐？
恺林（开唇：）然后我就跟你来。
鲁（抱伊在怀里：）我顶定亲得得恺汽林！……嗳，这·才——。那呐末咱们这·「火儿」干·点儿「底阿儿」什蛇末呐？留·我吃饭·还孩是怎末？
恺林。我才不布呐，先（：2）生（：251#）！（快：）我今儿「基儿」晚·上要出·去吃饭呐。
鲁（吃醋的：）跟谁阿？
恺林。跟你（：141#）。
鲁（高兴的）。在咱们·那内个小饭馆儿「寡儿」吗？（伊点点头。）好孩子！那呐末快·去穿·件外套·来。
恺林。真（：2̇）开（：4#）心（：4#）！我要不了（：如字）一意「火儿」工·夫就来，阿。
鲁。好，我一意「头儿」打个电话问·问有地·「方儿」·没梅·有。
恺林（走到套房的门口儿又回过头来问，开唇：）季流，你尼总这末爱·我吗？

Luu. Tzyhran woo tzoong ay nii, Bao (: 2) bey (: 2). (*I duey tuo dean tour jiow chuchiuh le. Tuo igeren tzaynall jyuede heen deryih. Ta dayj shiawrong tzoou daw diannhuah genchyan.*) Dong Jyu, i san jeou chi...Duey le...Ar?

(*Baa diannhuah i-guah, bunayfarnde deengj, kannx piano shanq de huall, itourl whistle:*)

$$1\ \underline{1.}\ \underline{1}\ |\ 1.\ \underline{1}\ |\ \underline{1.}\ \underline{\underline{7}}\ \underline{\underline{7}}\ \underline{6}\ |\ 7\ -|$$

$$2\ \underline{2.}\ \underline{\underline{2}}\ |\ 2.\ \underline{2}\ |\ \underline{2.}\ \underline{\underline{1}}\ \underline{\underline{1}}\ \underline{2}\ |\ 3\ -|$$

Crescendo

$$3\ \underline{2.}\ \underline{3}\ |\ 4.\ \underline{2}\ |\ \underline{4.}\ \underline{4}\ \underline{3.}\ \underline{\underline{4}}\ \|$$

(*Chuei daw dihsan jiuh chiitourl, kannjiann chyn shanq baej i-jang jawshianq, na•shiahlai i-kann shanqtoude tzyh, huran tzay bannge tzyh shanq tyngjuh le bu* whistle *le, heen shengchih de na te wanq chyn shanq i-shuai, dann te binq meiyeou dao-shiah, chiahx hair kaw tzay dangjongde ige huall de chyanmiann lihj. Luu yow hwei tour duey Kaelin chuchiuh de neyge men kannle ihoel, lean shanq yow jiannjian bianncherng gaushinq deryih -de yanqtz. Hwei-guoh tour -lai yow jyyj neh jawshianq shiaw te, beaushyh "Nii jeh shaa jeayul" ae yihsy. Jiej yow daa diannhuah.*)

Luu. Dong jyu, i san jeou chi. Duey le...Uei...Niimen sh—...Ei, woo sh yaw dinq ge yeatzuoll a, leangge •ren de...Ng, jiowsh jintian woanshanq...Ar?...Shinq Luu a, Jiautong Ynharng de Luu Shian•sheng...E—(*kannj Kaelin chuchiuh de fangshianq :*) tzay yeou bannge jongtour ba...Shyhde, leangge•ren de, yeou ba?...Shyng le ba?...Jiow sh le, a.

(*Ta baa diannhuah guah-shanq, tzuohle ihoel deryih de yanqtz, yow chiitourl whistle :*)

$$\underline{5.}\ \underline{\underline{6}}\ 1\ \underline{6}\ |\ \underline{7}\ 5\ -\ |\ \underline{5.}\ \underline{\underline{6}}\ \underline{\underline{7^\flat}}\ \|$$

最后五分钟　　　　　　　　259

鲁。自然我总爱你,宝(：2)贝(：2)。(伊对佗点头就出去了。佗一个人在那儿觉得很得意。他带着笑容走到电话跟前。)东局,一三九七欸……对勒……阿?

（把电话一挂,不耐烦的等着,看看披阿娜上的画儿,一头儿"喙丝儿":)

$$1 \ \underline{1.\ \underline{1}} \ | \ \underline{1.\ \underline{1}} \ | \ \underline{1.\ \underline{7}} \ \underline{7\ \underline{6}} \ | \ 7 \ - \ |$$

$$2 \ \underline{2.\ \underline{2}} \ | \ \underline{2.\ \underline{2}} \ | \ \underline{2.\ \underline{1}} \ \underline{1\ \underline{2}} \ | \ 3 \ - \ |$$

（渐响）

$$3 \ \underline{2.\ \underline{3}} \ | \ \underline{4.\ \underline{2}} \ | \ \underline{4.\ \underline{4}} \ \underline{3.\ \underline{4}} \ \|$$

（吹到第三句起头儿,看见琴上摆着一张照相,拿下来一看上头的字,忽然在半个字上停住了不"喙丝儿"了,很生气的拿它往琴上一摔,但它并没有倒下,恰恰还靠在当中的一个画儿的前面立着。鲁又回头对恺林出去的那个门看了一火儿,脸上又渐渐变成高兴得意的样子。回过头来又指着那照相笑它,表示"你这傻甲鱼!"的意思。接着又打电话:)

鲁。东局,一三九七欸……对了勒……喂……你们是——……乁,我是要定个雅「座儿」阿,两个·人的得……Ng,就是今天晚上……阿?……姓鲁阿,交通银行的得鲁先·生……厄——(看着恺林出去的方向:)再有半个钟头罢……是的得,两个·人的得,有罢……行了勒罢?……就是了勒,阿。

（他把电话挂上,做了一火儿得意的样子,又起头"喙丝儿":)

$$\underline{5.\ \underline{6}} \ \underline{1\ \underline{6}} \ | \ \underline{7\ \underline{5}} \ - \ | \ \underline{5.\ \underline{6}} \ \underline{7\flat} \ \|$$

(*Hwei-guoh tour -lai kannjiann Chern Danlii, yow tzay bannge tzyh shanq tyngjuh le, binqchiee baa nehge tzyh yee chuei-di-le bannge in. Danlii shianntzay jensh cherngle ige nantzyy le; heen rongyih yee heen dertii -de neng tzuoh tzyhjii de juuren-ueng, sheir yaw reele ta ta yee huey tzuoh renjia de juuren-ueng de. Ta jinnlai de shyrhowl, Luu jenq tzay nall jyyj tade jawshianq shiawj: Swoyii diannhuah lii de huah ta yee dou tingjiann le.*)

DANLII (*Dayj shiawlean* :) Helou!

LUU (*bujydaw ta sh sheir.*) Nii—e—?

DANLII. Woo gangtsair jinn•lai de, Luu Shian•sheng.

LUU. Nii jy•daw woo shinq *Luu*?

DANLII. *Jy*•daw. •Woo ting•jiann-•guoh •nii hao*shie* shyh•chyng ne, Luu Jihliou •Shian•sheng.

LUU (*Airbaanxde* :) A, woo koongpah hair mei yeouguoh jihuey gen Nin—n—

DANLII (: *Daa-duann: Inchynde* :) Ae-ai-ay! Woo sheang nii idinq yee tingjiann-guoh *woo* (: *wo*) haoshie shyh•chyng le, keesh (: 56)?

LUU (*kannx Danlii, kannx chyn shanq de jawshianq.*) Hao (: *haw*) jiahuoh! Nii nandaw jiow sh—.

DANLII (*san tzyh binq jonq* :) Woo jiow sh. (*Jyugong*:) Chern Danlii. Jiowsh neh bujiann le de janq•fu. (*Chiing-chyou de sheng-in*:) Nii *shyh* tingjiann-guoh woo jeyge ren de keesh (: 56)?

LUU. Woo—woo—(*kehchihde*:) e, shyhde, Chern •Shian•sheng, tzyhran tingjian-guoh de. Aw, au nii hweilai le, ar?

DANLII (*juangtzuoh wu guan jiinyaw -de chiang diaw*:) Shyhde, woo hweilai le. Yeoushyrhowl a (*shiah* 4 *tzyh di*:) Luu•Shian•sheng a, tamen *bu* (: *buh*) hwei•lai; (*shiah* 4 *tzyh bii tour-i-hwei liueh gau ideal*:) yeoushyrhowl a (*duo tyng ihoel, shiah* 4 *tzyh tehbye ching, kuay, jian*:) tamen *hwei*•lai... naapah sh jyele wuu nian...Nii *shyh* yeoushyrhowl tserng-jing tarn-guoh woo de, keesh (:56)?

LUU. *Nii* (: *ni*) tzeeme jy•daw *woo*de mingtz?

DANLII (*gau diaw*:) Ige sheau-neaul gaw sonq woo de (:*jie shiah*:)

LUU (*Shengchih, bey-guohchiuh*:) Ch'q!

最后五分钟

（回过头来看见陈丹里，又在半个字上停住了，并且把那个字也吹低了半个音。丹里现在真是成了一个男子了；很容易也很得体的能做自己的主人翁，谁要惹了他他也会做人家的主人翁的。他进来的时候儿，鲁正在那儿指着他的照相笑着，所以电话里的话他也都听见了。）

丹里（带着笑脸：）赫楼！

鲁（不知道他是谁。）你——厄——？

丹里。我刚才进·来的得，鲁先生。

鲁。你知·道我姓鲁？

丹里。知·道，·我听·见·过·你好些事·情呐，鲁季流·先·生。

鲁（呆板板的：）阿，我恐怕还孩没梅有过机会跟您—— n ——

丹里（：打断：勤殷的：）「矮哀爱」！我想你一移定也听见过我（：阳平）好些事情了勒，可是（：56）？

鲁（看看丹里，看看琴上的照相：）好耗家货！你难道就是——。

丹里（三字并重：）我就是。（鞠躬：）陈丹里。就是那呐不见了勒的得丈·夫。（请求的声音：）你是听见过我「这一」个人的得可是（：56）？

鲁。我——我——（客气的：）厄，是的得，陈·先·生，自然听见过的得。澳，噢你回来了勒，阿？

丹里（装作无关紧要的腔调：）是的得，我回来了勒。有时「候儿」阿，（下四字低：）鲁·先·生阿，他们不布回·来；（下四字比头一回略高一点儿：）有时「候儿」阿，（多停一会儿，下四字特别轻，快，尖：）他们回来……哪怕是隔了杰勒五年……你是有时「候儿」曾经谈过我的得，可是（：56）？

鲁。你尼怎末知·道我的得名字？

丹里（高调：）一个小「鸟儿」告·送我的得（：接下：）

鲁（生气，背过去：）啐（：入声）

DANLII (: *jie shanq*:) Ige Dongfang de sheau-neaul, tzuoh •tzay Tay Shan diing •shanq, •day•nall—tzarm jiow shuo •ta •day•nall jao tzaofann •chy ba. Ta yeou-itian tzaochi gen woo shuo, tarn daw jihsheng-chorng a, •ta•shuo a, nii (: *ni*) kee rennde ige Luu Jihliou •Shian•sheng a •ta •shuo, inwey woo neng gaw•sonq nii tade i-jiann heen (:*hern*) yeouchiuell de guh•shyh ne •ta •shuo, yawsh nii gaushinq—nq—

LUU (*Joan-guohlai dah nuh de yanqtz*:) Èh, Shian•sheng, nii tingj'a, tzarm hairsh i wuu i shyr -de jyr shuo•chu•lai hao. Woo buyuannyih ting niide neh•joong ann-ande shiaw-mah. Woo cherngrenn shianntzay fasheng de sh heen bushinq de shyh•chyng, keesh tzarm •deei jengkai yeanjing kann *shyhshyr.* Nii *suann* sh suann Chern Tay•x de janq•fu, dannsh ta wuu nian yiilai jiow ijyr mei kann•jiann •nii, •swo•yii, •swo•yii—shuo le ba, ta gen woo, *woo*men leanggeren yeou aychyng le. Jiowsh jey-jiuh *huah* •geei •nii. Nii daa•suann tzeeme bann?

DANLII (*rennjende*:) Luu Shian•sheng, nii gai bush guay woo jaw•yinq ta tay shu•hu le ba? Nii (: *ni*) sheang, woo (: *wo*) tzoong buneng meei (: *mei*) liibay fanq-jiah *hwei*-•lai i-•tanq •shermede—.

LUU (: *daa-duann:*) Nii daasuann tzeeme *bann* ne?

DANLII (*kehchihde:*) Neme nii (: *ni*) sheang tzeemeyanq?

LUU (*bu tyifarng ta jeh huah:*) Ao-au-aw! •Shian-•sheng, woo—e—

DANLII. Nii sheang•x kann, woo sh ige dwome jyuway de ren. Woo (: *wo*) wuu nian yiilai, guoh de dou sh shie bianntayde, bu fuh tzerrenn -de sheng•hwo, gen gwoneyde chyngshyng dou sh heen germoh de, woo jeanjyr bu jydaw shianntzay sherme sh shing de, sherme sh *bu* (: *buh*) shing de. Keesh *nii* ishianq heen tzay jiaujih-charng lii juann•x—Tzuoh•x gongjay-piaw—

LUU (:*daa-duann: heen jenqjingde: day ideal guanpay -de shiaw sheng*:) Qehe, woo tzay Jiautong Ynharng lii dawsh yeou jonqyaw-jimihde jyrwuh ne.

DANLII (: *jiin jiej*:) Duey a, woo jiowsh shuo nii heen tzay jiaujih-charng shanq Juann•x, tzay Jiautong Ynharng lii yeou jonqyaw-jimihde jyrwuh—

LUU (: *daa-duann:*) Woo meiyeou jihuey chuchiuh chyou shyue, woo dawsh *shen yiin yii wei hann* de.

DANLII. Jiowsh jeh huah lo, woo jiowsh daa•suann yaw shuo nii mei•yeou jihuey

丹里（：接上：）一个东方的得小「鸟儿」，坐·在泰山顶·上，待·「那儿」——咱们就说·他·待·「那儿」找早饭·吃罢。他有一天早起㮇跟我说，谈到寄生虫阿，·他·说阿，你尼可认得一个鲁季流·先·生阿·他·说，因为我能告·送你他的得一件很痕有「趣儿」的得故·事呐·他·说，要是你高兴—— nq ——

鲁（转过来大怒的样子：）忇，先·生，你听「着阿」札，咱们还孩是一五一十的意五意时得直说·出·来好。我不愿意听你的得那呐·种暗暗的暗安得笑骂。我承认现在发生的得是很不幸的得事·情，可是咱们·得（：deei）睁开眼睛看事实时。你算是算陈太·太的得丈·夫，但是他五年以来就一意直没梅看·见·你，所·以，·所·以——说了勒罢，他跟我，我们两个人有爱情了勒。就是「这一」句话·给（：geei）·你。你尼打·算怎末办？

丹里（认真的：）鲁先·生，你该不是怪我照·应他太疏·忽了勒罢？你尼想，我总不布能每梅礼拜放假（：去声）回·来一·趟·什蛇末的得——。

鲁（：打断：）你尼打算怎末办呐？
丹里（客气的：）那呐末你尼想怎末样？
鲁（不提防他这话：）「袱噢澳」！·先·生，我——厄——
丹里。你尼想·想想襄看，我是一个多（：阳平）末局外的得人。我五年以来，过的得都兜是些变态的得，不负责任的得生·活，跟国内的得情形都兜是很隔膜的得，我简直不布知道现在什蛇末是兴的得什蛇末是不布兴的得。可是你一向很在交际场里转·转——做·做公债票——

鲁（：打断：很正经的：带一点儿官派的笑声：）呃喝，我在交通银行里倒是有重要机密的得职务呐。
丹里（：紧接着：）对阿，我就是说你很在交际场上转转，在交通银行里有重要机密的得职务——
鲁（：打断：）我没有机会出去求学，我倒是深引以为憾的得。

丹里。就是这话咯，我就是打·算要说你没·有机会出去求学，可是幸而有好

chuchiuh chyou shyue, keesh shinq-erl yeou haoshie jihuey *gen woode tay•x tzuoh ay* (: *jiige tzyh jonq erl bu gau*).

LUU. Èh, Chern •Shian•sheng, woo yiijing gaw•sonqle •nii—

DANLII (: *daa-duann: hoongj ta:*) Ae-ai-ay! Luu Shian•sheng, woo buguoh jiowsh jawj nii (: *ni*) suoo shuo de tzuoh •jiow•sh' le. Jeh jiowsh' — "jengkai yeanjing—kann shyhshyr" me. (*Tzuoh chahyih de yanqtz:*) Nii, nii nandaw yiiwei duey woode tay•x tzuohle ay suann *shiouchyyde* shyhchyng ma?

LUU (*bunayfarnde:*) Neme nii (: *ni*) daa•suann tzeem bann? Tzarm leanggeren dangjong jiowsh jeyge wenntyi. Nii (: *ni*) daa•suann—tzeem bann?

DANLII. Yee? Jeh jiow sh *woo* yaw wenn *nii* de me. Nii tzay jeh chaurliou •lii•tou bii (:*byi*) woo shour de duo le. (*Juangtzuoh jyjiide chiangdiaw:*) Jehhoel tzarm jey-ban ren •lii•tou dawdii sh tzeemeyanqde guei•jiuh? Jeh-ley-de shyanhuah nii idinq tzoong ting•jiann-•guoh haoshie le. Nii longtzoongde perng•yeou, yee day•nall tzuoh jonqyaw-jimihde jyrwuh, erl meiyeou jihuey chu•chiuh chyou shyue—tam bu duey nii jeang tam tzyhjiide jingyann ma? Tsorng yeuan chuh hwei•lai de •shie janq•fu, jinnlai dawdii tzuoh deal *sher*ma?

LUU (*shiongxde duey ta tzoou-guohlai:*) Woo duey nii shuo, •Shian•sheng, nii yaw tzay—.

(*Kaelin jinnlai, i-jy shoou lii naj i-jiann waytaw, itourl tzoou itourl duey Luu shuo:*)

KAELIN (: *daa-duann:*) Jihliou a, neei jiann waytaw— (*ta kannjiann ta janqfu*)—Ai-ia! *Danlii!*

DANLII (*duey ta dinqj yeanjing kann*). (*Herchihde:*) Kaelin, nii hao ma?

KAELIN (*jiebaj:*) Nii, nii hwei•lai la? (*Ta baa waytaw fanq-shiahlai.*)

DANLII. Woo hwei•lai le. Woo gangtsair jiowsh dayjell gaw•sonq Luu Shian•sheng ne.

KAELIN (*kannx jeyge, kannx neyge*). Niimen—(:*tzyhjii duann*)?

DANLII (*dayj shiaw-lean:*) Ao, woomen sh heen (:*hern*) lao -de Perng•yeou le.

LUU (*tzoou daw Kaelin genchyan*). Kaelin, woo yiijing dou gaw•sonq le •ta le.

(*Ta juaj Kaelin de shoou, sheang yaw duey Danlii tzuoh shiong de yanqtz, chyishyr ta tzyhjii ideal yee bu jyuede shiong.*)

些机会跟我的得太·太做爱（：几个字重而不高）。

鲁。丗,陈·先·生,我（：阳平）已经告·送了勒·你——
丹里（：打断：哄着他：）「矮哀爱」！鲁先·生,我不过就是照着之你尼所说的得做·就·是了勒。这就是——"睁开眼睛——看事实"嚜。（做诧异的样子：）你,你难道以为对我的得太·太做了勒爱算羞耻的得事·情吗？

鲁（不耐烦的：）呐末你尼打·算怎末办？咱们两个人当中就是「这一」个问题。你尼打·算——怎末办？
丹里。也？这就是我要问你的得嚜。你在这潮流·里·头比（：阳平）我熟得多了勒。（装做知己的腔调：）这「火儿」咱们「这一」班人·里·头到底是怎末样的得规·矩？这类的得闲话你一移定总听·见·过好些了勒。你拢龙总的得朋·友,也待·「那儿」做重要机密的得职务,而没梅有机会出·去求学——他们不对你讲他们自己的得经验吗？从远处回·来的得·些丈·夫,近来到底做「点儿」什蛇·「末阿」麻？

鲁（凶凶的对他走过来：）我对你说,·先·生,你要再——。

（恺林进来,一只手里拿着一件外套,一头儿走一头儿对鲁说：）
恺林（：打断：）季流阿,「哪一」馋件外套——（他看见他丈夫）——嗳呀！丹里！
丹里（对他定着眼睛看）。（和气的：）恺林,你好吗?
恺林（结巴着：）你,你回·来啦?（他把外套放下来。）
丹里。我回·来了勒。我刚才就是待「这儿」告·送鲁先·生呐。

恺林（看看这一个,看看那一个）。你们——（：自己断）?
丹里（带着笑脸：）祆,我们是很痕老的得朋·友了勒。
鲁（走到恺林跟前）。恺林,我已经都兜告·送了勒·他了勒。
（他抓着恺林的手,想要对丹里做凶的样子,其实他自己一点儿也不觉得凶。）

KAELIN (*haypahde kannj Danlii:*) Nii (:*ni*) daa•suann tzeeme bann ne?

(*Ta jeanjyr kannbuchu ta janqfu daynall tzuoh sherme gaansheang. Ta gen wuu nian chyan ta jiah de neyge janqfu nehme butorng le.*)

DANLII. Duey le, Jihliou jiinj wenn •woo de jiow sh jey-jiuh huah (*duey Luu:*) ← Nii bu shyan woo jiaw •nii Jihliou ba? Sh woode tay•x de jehme ige lao perng•yeou me.

KAELIN (*bu doong Danlii de tayduh, haypah-chiilai:*) Danlii!

LUU (*anwey I de yanqtz:*) Bye pah, Kaelin, a (: <u>563</u>)!

DANLII. Tzarm tzuoh-•shiah•lai a, tzarm bufang herxchihchide baa jeh shyh•chyng shang•liang •v•x, a(:<u>5</u>1)?

KAELIN (*tzoou daw Danlii genchyan*). Danlii, nii (: *ni*) kee huey yeou yuanlianq woo de ryhtz a? Tzarm beenlai bu inggai jiehuen de..., tzarm rennde de ryhtz nehme chean...nii (: *ni*) maashanq jiow deei donq-shen... woo, woo sh daasuann shiee-shinn •geei •nii dou gaw•sonq le •nii de...hhai! woo yawsh—.

DANLII (: *daa-duann:*) Buyawjiin (: <u>252</u>), Kaelin. (*Tuo bu ranq I tzoou daw gen tuo tay jinn. Tuo tueyle jii buh, baa I tsorng tour daw jeau kann i-biann.*) Ai-ia, nii biann le.

KAELIN. Jiow sh jeh huah le, Danlii. Woo shianntzay bush neyge—.

DANLII (: *daa-duann:*) Nii jaang de genq nianchingle wuu nian genq haokannle wuu nian le.

KAELIN (*yeanjing di-shiahlai kai chwen:*) Woo *shyh* ma?

DANLII. Shyhde... { niide tour shu de you •sh •ge shin-yanqtz le. / Ai-ia, nii jeaule tour·faa la. }

(*Yonq naa i-jiuh kann bann "Kaelin" de sh charng tourfaa hairsh doan tourfaa.*)

KAELIN (*shichyi ta hair jihde:*) Nii (:*ni*) shiihuan ma?

LUU (*kersow:*) Qehe! (*Mei ren tzayyih.*)

DANLII (: *jiej Kaelin:*) Woo diing ay jehyanql.

LUU. Neme, tzarm keryii jiow—jege—neme—

DANLII (*shiing-guohlai:*) Au, dueybujuh, Jihliou. Woo gangtsair dou wanqle •nii le, Hao, chiing tzuoh-•shiah•lai, tzarm gannma bu tzuoh-•shiah•lai a? (*Luu gen Kaelin ikuall tzuoh tzay sofa shanq, dannsh Danlii rengjiow jannj.*) Ey, jehyanql hao!

KAELIN. Tzeemeyanq ne?

最后五分钟

恺林（害怕的看着丹里：）你尼打·算怎末办呐？

（他简直看不出他丈夫待那儿做什末感想。他跟五年前他嫁的那个丈夫那末不同了。）

丹里。对了勒，季流尽着之问·我的得就是「这一」句话（对鲁：）←你不嫌我叫·你季流吧？是我的得太·太的得这末一个老朋·友嚷。

恺林（不懂丹里的态度，害怕起来：）丹里！

鲁（安慰伊的样子：）别怕，恺林，阿（：563）！

丹里。咱们坐·下·来阿，咱们不妨和和气气欵的得把这事·情商·量·商·量，阿（：5i）？

恺林（走到丹里跟前）。丹里，你尼可会有原谅我的得日子阿？咱们本来不布应该结婚的得……咱们认得的得日子那末浅……你尼马上就得（：deei）动身……我，我是打算写信·给·你都兜告·送了勒·你的得……咳！我要是——。

丹里（：打断：）不要紧（：252），恺林。（佗不让伊走到跟佗太近。佗退了几步，把伊从头到脚看一遍。）嗳呀，你变了勒。

恺林。就是这话了勒，丹里。我现在不是那内个——。

丹里（：打断：）你尼长得更年轻了勒五年更好看了勒五年了勒。

恺林（眼睛低下来开唇：）我是吗？

丹里。是的得……｛你的得头梳得又·是·个新样子了勒。
　　　　　　　　　　｛嗳呀，你剪绞了勒头·发啦。

（用哪一句看扮"恺林"的是长头发还是短头发。）

恺林。（希奇他还记得：）你尼喜欢吗？

鲁（咳嗽：）呃喝！（没人在意。）

丹里（：接着恺林：）我顶爱这「样儿」。

鲁。呐末，咱们可以就——这个——呐末——

丹里（醒过来：）噢，对不住，季流。我刚才都兜忘了勒·你了勒。好，请坐·下·来，咱们干麻不坐·下·来阿？（鲁跟恺林一块儿坐在沙发上，但是丹里仍旧站着。）乁，这「样儿」好！

恺林。怎末样呐？

DANLII (*duey Kaelin:*) Nii yaw *jiah* ta, sh bush?

LUU. Chern •Shian•sheng, woomen yiijing baa chyng-•shyng gaw•sonqle •nii le. Woo yee yonqbujaur shuo jensh dwome bushinq, huey yeou jehjoong—ng—keesh torngshyr nii (: *ni*) yee jydaw jehjoong—jehjoong—jege—*shyh*•chyng a—e—yee sh huey yeou de, neme jihran jege—yeoule jehjoong jege—.

KAELIN (: *daa-duann:*) Woo jyuede woo chahbuduol bu (: *bwu*) rennde •nii le, Danlii. Woo jiah •nii de nehshyrhowl woo *ay* •nii •bu •ay •nii? Woo shianntzay jeanjyr shuo-bu-chulai le. Neh shyh•chyng lai de nehme kuay. Tzarm ideal yee mei laidejyi sheaude •vx nii (: *ni*)- woo de *shinq*•chyng. Shianntzay nii hwei•lai le, wan-chyuan sh ge sheng•ren.

DANLII (: *jiej shuo, yonq tour duey Luu i-uai:*) Erl Jihliou bush ge sheng-ren, ar?

KAELIN (*yeanjing di-shiahlai:*) M—bush.

DANLII. Nii jyuede *ta*, nii sh wanchyuan sheaude le, a?

KAELIN. Woo, •woomen—(*ta nanshow de meiyeou fartz*).

LUU. Woomen fashiann woomen danjong yeoule aychyng. (*Juaj Ide shoou:*) Woode chin-ayde, jehge tay •jiaw •nii nanshow le, (*jann-chiilai*) ranq *woo* lai duey•ta—

DANLII (: *daa-duann: yanlihde:*) Nii yawsh bu lao na ta jehme jeau-lai jeau- chiuh de, nii jiow buhuey shyy ta jehme nanshow le. (*Jian-saangtz:*) Nii nii weysherme buneng igeren anxduennxde tzuoh tzay yiitz shanq ne?

LUU (*bey Danlii i-tuei, yow tzuohle-shiahlai, shengchihde:*) Ao-au-aw!

KAELIN (*tuolile Luu, nuo daw sofa de yeuan tourl tzuohj*). Nii (: *ni*) daa•suann tzeemeyanq ne, Danlii?

DANLII (*na shoou chengj shiahba neme sheang:*) Woo yee bujydaw—. Tz! jeh heen nan. Woo bu yuann•yih tzuoh de shianq diannyiingl •lii shyhde nehjoong shyng•wei. (*Duey Kaelin:*) Woode yihsy sh shuo (: *shanq jii tzyh jyi kuay*) jearu woo jen na shoouchiang daale ta, yeesh wu jih yu shyh -de, keesh?

(*Kaelin kannj ta bu yuanyih, sheang yaw doong Ide shenghwo lii shin jinnlai de jeyge ren. Luu jiow yann tuhme, heen fey jinn -de sheang yaw shuo huah.*)

LUU. Woo(: 3), woo(: 3)—

DANLII (*joan-guohlai dueyj ta:*) Nii (: *ni*) yee jyuede sh wu jih yu shyh -de, keesh?

LUU. Woo(: 3), woo(: 3)—

最后五分钟

丹里（对恺林：）你要嫁・他，是不是？

鲁。陈・先・生，我们已经把情・形告・送了勒・你了勒。我也用不着（：招 阳平）说真是多（：阳平）末不幸，会有这种——ng——可是同时你尼也知道这种——这种——这个——事情阿——厄——也是会有的得，那呐末既然这个——有了勒这种这个——。

恺林（：打断：）我觉掘得我差不「多儿」不（：阳平）认得・你了勒丹里。我嫁・你的得那呐时「候儿」我爱・你・不・爱・你？我现在简直说不出来了勒。那事・情来得那呐（：去声）末快。咱们一点儿「底阿儿」也没梅来得及晓得・晓得你尼我的得性・情。现在你回・来了勒，完全是个生人。

丹里（：接着说，用头对鲁一歪：）而季流不是个生人，嘎？

恺林（眼睛底下来：）姆——不是。

丹里。你觉掘得他，你是完全晓得了勒，阿？

恺林。我，・我们——（他难受得没有法子）。

鲁。我们发现我们当中有了勒爱情。（抓着伊的手：）我的得亲爱的得，这个太・叫・你难受了勒，（站起来）让我来对・他——。

丹里（：打断：严厉的：）你要是不老拿他这末搅来搅去的得，你就不会使他这末难受了勒。（尖嗓子：）你你为什蛇末不能一个人安安顿顿的得坐在椅子上呐？

鲁（被丹里一推，又坐了下来，生气的：）「袄噢澳」！

恺林（脱离了鲁，挪到沙发的远头儿坐着）。你尼打・算怎末样呐，丹里？

丹里（拿手撑着下巴那末想：）我也不知道——。喷！这很难。我不愿・意做得像电「影儿」・里似的是得那呐种行・为。（对恺林：）我的得意思是说（：上几字极快）假如我真拿手枪打了勒他，也是无济于事的得，可是？

（恺林看着他不言语，想要懂伊的生活里新进来的这一个人。鲁就咽吐沫，很费劲的想要说话。）

鲁。我（：3），我（：3）——

丹里（转过来对着他：）你尼也觉掘得是无济于事的得，可是？

鲁。我（：3），我（：3）——

DANLII. Hha, nii shuo de ideal butsuoh. *Shyh* wu jih yu shyh -de. Jen nan, jen nan, bush ma? Nii sheang (*duey Kaelin:*), *nii* ay *ta*. (*Tuo tyng ihoel, yuhbey I hweidar shuo sh bush, dannsh I jyy duey tuo wanqj*.) Ta yow shuo *ta* ay *nii*, erl torngshyr woo yow *shyh* niide janq•fu...(*Ta itourl sheangj, itourl tzoou-lai tzoou-chiuh, ihoel huran duey Luu shuo:*) Woo yeou le. Tzarm weyj ta, tzarm lai jyue ige shenq-fuh.

LUU (*tzuoh yeou jwuyih de yanqtz:*) Woo sheang tzarm diing hao hairsh bu yaw (: *shanq jii tzyh jyi kuay*) tzay na waygwo shyrba shyhjih de yeemande wanyell gao de jeyge •liitou ba.

DANLII (*heen herchihde:*) Tam tzay *ell*shyr shyhjih yee hair daa ne, Luu Shian•sheng. Nii nandaw wanqle Ou•jou de Dah Jann me? Tam daa de lih•hay j' ne... Tzeeme shuo?

LUU. Nii bujiannde yaw woo jen na niide huah danq jen ba?

DANLII. Ideal bush wal huah. Dau a, shoouchiang a, chyuantou a, hesh shoou-jeau luann lai a. Nii yuann•yih neei-i-yanq?

LUU. Woo bu tzanncherng weyj—woode shin-ay-de ren, gen nii tzay dih•shiah luann fan gentou, cherng sherme *yanq*tz?

DANLII (*gaushinqde*:) Fan gentou bu lai, ar? Hao, neme woo jiow gen nii juann ge chyan, kann sheir yng •ta ba.

LUU. Nii nii nii jeh jeanjyr yueh nonq yueh shiah-*deeng* le me. (*Duey Kaelin*:) Woode chin-ayde...(*I na shoou daang-kai tuo, yeanjing hairsh bu li Danlii kannj*).

DANLII. Jende, Luu Shian•sheng, nii jeyge ren jen burongyih ba•jie. Nii jihran bu shiihuan woo chu de jwuyih, huohjee nii (:*ni*) yeou (:*you*) *nii*de jwuyih keryii chu•x •kann.

LUU (*kannx Kaelin, tzyhjiide meimau i-donq, sheang-chulai-le ige jwuyih:*) Jeh shyh•chyng dangran sh inggai guei jeh-wey—*jeh*-i-wey tzyhjii sheuantzer de le.

DANLII. Nii sheang inggai ranq Chern Tay•x tzay tzarm leanggeren dangjong tiausheuan na?

LUU. Dangran le.

DANLII. Nii shuo tzeemeyanq, Kaelin?

KAELIN. Danlii, nii jen dahlianq.

DANLII. (*sheangle ihoel:*) Heen (: *hern*) hao, ranq nii sheuan ba.

丹里。Hha（：ha 浊音），你说的得一意点儿「底阿儿」不错。是无济于事的得。真难，真难，不是吗？你想（对恺林：）你爱他。（佗停一火儿，预备伊回答说是不是，但是伊只对佗望着。）他又说他爱你，而同时我又是你的得丈·夫……（他一头儿想着一头儿走来走去，一火儿忽然对鲁说：）我有了勒。咱们为着之他，咱们来决一个胜负。

鲁（做有主意的样子：）我想咱们顶好还孩是不要（：上几字极快）再拿外国十八世纪的得野蛮得顽「意儿」稿得「这一」个·里头罢。

丹里（很和气的：）他们在二十世纪也还孩打呐，鲁先·生。你难道忘了勒欧·洲的得大战吗？他们打得利·害着之呐……怎末说？

鲁。你不见得要我真拿你的得话当真罢？

丹里。一点儿意「底阿儿」不是顽儿「娃儿」话。刀阿，手枪阿，拳头阿，或是手脚绞乱来阿，你愿·意哪馁（：neei）一样？

鲁。我不赞成为着之——我的得心爱的得人，跟你在地·下乱翻根头，成什蛇末样子？

丹里（高兴的：）翻根头不布来，嘎？好，那呐末我就跟你转（：去声）个钱，看谁赢·他罢。

鲁。你你你这简直越弄越下等了勒末。（对恺林：）我的得亲爱的得……（伊拿手挡开佗，眼睛还是不离丹里看着。）

丹里。真得，鲁先·生，你「这一」个人真不容易巴·结。你既然不喜欢我出的得主（：阳平）意，或者你尼有由你的得主意可以出·出·看。

鲁（看着恺林，自己的眉毛一动，想出来了一个主意：）这事·情当然是应该归这位——这一位自己选择的得了勒。

丹里。你尼想应该让陈太·太在咱们两个人当中挑选那？

鲁。当然了勒。

丹里。你说怎末样，恺林？

恺林。丹里，你真大量。

丹里（想了一火儿：）。很痕好，让你选罢。

LUU (*Deryihde*:) Eei-ei-ey! *Jeh*yanql tsair hao-au-aw!

DANLII. Deeng i-•deeng, Luu Shiansheng. (*Duey Kaelin*:) Nii (: *ni*) daa (: *dar*) jiishyr chiitourl rennde ta de?

KAELIN. Daa—i nian yiichyan.

DANLII. Neme ta duey nii tzuoh ay tzuohle i nian la? (*Kaelin di-shiah tour -lai*:) Ta duey nii tzuoh ay tzuohle i nian la? (:*leang-jiuh dou sh jianq-diaw.*)

LUU. Èh, woo (: *wo*) sheang a nii inggai ranq jeh i-wey—nii inggai ranq ta yueh tzao sheuan-dinq le, baa jeh nanshowde shyh•chyng yueh tzao ideal jieejyue le, jiow yueh—nii sheang•x jeh gongdaw •bu •gong•daw, ranq ta jehme—?

DANLII (: *daa-duann*:) Nii duey woo gongdaw •bu •gong•daw? Nii duey ta tzuoh ay tzuohle i nian le. Woo duey ta tzuoh ay jyy tzuohle bannge yueh, hairsh tzay wuu nian chyan. Shianntzay nii jiaw ta tzay tzarm leanggeren dangjong tiausheuan le jeyge gongdaw ma?

LUU. Nii nandaw jiaw woomen tzay deeng ge i nian bann tzae -de ranhow tzay ranq •ta daa-dinq jwuyih ma?

DANLII. Woo tzay waytou deengle ta wuu nian... Suann le ba, woo yee bu iauchyou •nii deeng i nian. Woo jyy yaw nii deeng wuu fenjong, tzeemeyanq?

KAELIN. Nii yaw dahjia gann sherme ne, Danlii?

DANLII. Woo jyy yaw nii ting woomen leangge ren, meeige ren ting wuu-fen jong; jiow sh jey ideal. Woomen jiowjinq—buguoh sh niide chyou-huen-jee, bush ma? Nii daa•suann tzay woomen dangjong tiausheuan de. Hao, neme nii jiow deei ting•x woomen yeou shie sherme keryii chernshuo de. Luu Shian•sheng—yeou Luu Shian•sheng de wuu-fen jong gong•fu •lai chernshuo tade fangmiann; yeou (: *you*) wuu fenjong keryii gaw•sonq •nii shuo nii dwo hao-kann (:<u>6232</u>), shuo ta dwo yeou chyan (<u>252</u>), shuo niimen tzay ikuall keryii dwo kuay•hwo (:<u>232</u>). Woo ne, woo (:*wo*) yeou (:*you*) woode wuu fenjong.

LUU. Hm! Yeou wuu-fen jong keryii duey ta chee woode -hoang, tzaw woode yau•yan, duey buduey?

DANLII. Chyiyeoutsyrlii, nii yeoule jeengjeng i nian de gong•fu duey ta chee nii tzyhjiide -hoang, nii bu inggai jeh wuu-fen jong dou bu ranq •geei •woo. (*Duey Kaelin*:) Tzeemeyanq?

鲁（得意的：）乁（：513）这「样儿」才「好噢澳」！

丹里。等一·等，鲁先生。（对恺林：）你尼打几时起「头儿」认得他的得？

恺林。打——一意年以前。

丹里。那呐末他对你做爱做了勒一意年啦？（恺林低下头来：）他对你做爱·做了勒一意年啦？（：两句都是降调。）

鲁。也，我想阿，你应该让这一位——你应该让他越早选定了勒，把这难受得事·情越早一点儿「底阿儿」解决了勒，就越——你想·想这公道·不·公·道，让他这末——？

丹里（：打断：）你对我公道·不·公·道？你对他做爱做了勒一年了勒。我对他做爱只做了勒半个月，还孩是在五年前。现在你叫他在咱们两个人当中挑选了勒「这一」个公道吗？

鲁。你难道叫我们再等个一意年半载的得然后再让·他打定主（：阳平）意吗？

丹里。我在外头等了勒他五年……算了勒罢，我也不布要腰求·你等一意年。我只要你等五分钟，怎末样？

恺林。你要大家干什蛇末呐，丹里？

丹里。我只要你听我们两个人，每个人听五分钟；就是「这一」一意点儿「底阿儿」。我们究竟——不过是你的得求婚者，不是吗？你是打·算在我们当中挑选的得。好，那呐末你就得（：deei）听·听我们有些什蛇末可以陈说的。鲁先·生——有由鲁先·生的得五分钟工·夫·来陈说他的得方面；有由五分钟可以告·送·你说你多（：阳平）好看（：6232），说他多（：阳平）有钱（：252），说你们在一块儿移「跨儿」可以多（：阳平）快·活（：232）。我呐，我有由我的得五分钟。

鲁。Hm！有五分钟可以对他扯我的得谎，造我的得谣·言，对不对？

丹里。岂其有此慈理，你尼有了勒整整整蒸一意年的得工·夫对他扯你自己的得谎，你不布应该这五分钟都兜不让·给（：geei）·我。（对恺林：）怎末样？

KAELIN. Danlii, woo tzanncherng.

DANLII. Hao. (*Ta na-chu ige chyan tzay kongjong i-rheng, leangge shoou baa chyan i-pai, duey Luu shuo*:) Shuo ba!

LUU. Jeh jeh jeh *jeh* gannm—?

DANLII (: *daa-duann* :) Sheir shu sheir shian *lai* a. Tzyh hairsh bey?

LUU. Woo *tsorng*lai mei ting-jiann-•guoh jehme—. (*Kannx Kaelin, Kaelin deanx tour.*) Bey!

DANLII (*daa-kai shoou i-kann*:) Tzyh! Nii shian lai.

LUU (*bu jydaw tzeeme hao le*:) Nii daasuann—. Woo busheaude—.

DANLII, Nii (: *ni*) yeou (: *you*) wuu-fen jong duey Chern Tay•x beaubair niide yih•sy. (*Ta kannx beau.*) Wuufen jong. Ranhow woo jiow hwei•lai... (*Jiacharnglde chiangdiaw* :) Kaelin a, fannting •lii yeou (: *you*) huoo mei yeou a?

KAELIN (*meiyeou doong*:) Ar? (*Doong-guohlai le, reen-bu-juh-de lean shanq shiaw-chiilai* :) Au, ige yangyou lutz, yee mei dean.

DANLII. Nah woo jiow chiuh dean •chiuh. (*Duey Luu* :) •Hwei•lai nii shuo-wan le shanq nah u lii chiuh jiow yow shu•fwu yow noan•hwo le. (*Ta tzoou daw menkooul yow shuo* :) Wuu-fen jong, a! Shianntzay •daw gangx chi deanjong.

(*Ta chiuh le sheir yee bu shuo huah, nonq de heen jeong de yanqtz. Kaelin deengj Luu shuo sherme, keesh Luu ideal yee bu sheaude inggai tzuoh sherme tayduh.*)

LUU (*butzyhtzayde kannj neyge men*:) Jeh jiahuoh nonq de sh sherme baa•shih?

KAELIN (*liueh tyng.*) Baa•shih?

LUU. Shyh a. Ta jeh sh naa i-chu?

KAELIN (*liueh tyng.*) Shyh i-chu ma?

LUU. Woo bu shiihuan jeyge. (*Jian-saangtz*:) Ta weysherme pianpial jean *jeh*me ge ryhtz hwei•lai, *chen*sh! Yawsh •ta tzay deeng ige liibay me, tzarm jiow pyngxanande itorng dawle bye-•chuh le. Ta wal de dawdii sh sherme baa-(*shiah jii tzyh jyi kuay*:) •shih woo daw bujydaw?

(*Ta tzoou-lai tzoou-chiuh, jaujyi de yanqtz.*)

KAELIN. Woo sheang ta bush wal sherme *baa*•shih. Ta buguoh jiowsh ranq •woo yeou ige jihuey.

恺林。丹里,我赞成。

丹里。好。(他拿出一个钱在空中一扔,两个手把钱一拍,对鲁说:)说罢!

鲁。这这这这干ㄇ——?

丹里。(:打断:)谁输谁先来阿。字还孩是背?

鲁。我从来没梅听・见・过这末——。(看看恺林,恺林点点头。)背!

丹里(打开手一看:)字!你先来。

鲁(不知道怎末好了:)你尼打算——。我不晓得——。

丹里。你尼有由五分钟对陈太・太表白(:拜阳平)你的得意思。(他看看表。)五分钟。然后我就回・来……(家常儿的腔调:)恺林阿,饭厅里有由火没梅有阿?

恺林(没有懂:)嘎?(懂过来了,忍不住的脸上笑起来:)噢,一个洋油炉子,也没梅点。

丹里。那我就去点・去。(对鲁:)・回・来你说完了勒上那屋里去就又舒・伏又煖・和了勒。(他走到门口儿又说:)五・分钟,阿!现在・倒刚刚七点钟。

(他去了谁也不说话,弄得很窘的样子。恺林等着鲁说什末,可是鲁一点儿也不晓得应该作什末态度。)

鲁(不自在的看着那个门:)这家货弄的得是什蛇末把・戏?

恺林(略停)。把・戏?

鲁。是阿。他这是哪一意出(:阴平)?

恺林(略停)。是一出吗?

鲁。我不喜欢「这一」个。(尖嗓子:)他为什蛇末偏偏儿偏「批阿儿」拣这末个日子回・来,真是琛是!要是・他再等一移个礼拜末,咱们就平平安安的得一同到了勒别・处了勒。他顽儿的「娃儿」得到底是什蛇末把(下几字极快:)戏我倒不知道?

(他走来走去,着急的样子。)

恺林。我想他不是顽儿「娃儿」什蛇末把・戏。他不过就是让・我有一个机会。

LUU. Sherme jihuey?

KAELIN. Ranq woo daa-dinq jwuyih de jihuey.

LUU. Nii (:*ni*) *daa-dinq*-le jwuyih le me, Kaelin. Nii (: *ni*) sheangle yeou i-nian de gong•fu, how•lai nii jiow jyuedinq le, bush ma? Nii jy•daw tzarm sh shiang-ay de; nii sh daa•suann gen woo ikuall tzoou de; jeh dou sh dinqlede me. Jiowsh…Ch'q! Ta jeh wal de sh naa i-chu?

KAELIN (*tzuoh-shiahlai, ibann duey tzyhjii shuo* :) Nii shuo woo bu rennde •ta, dawsh ideal butsuoh…Hhai! nahshie luumaangde suhcherngde huen-in,—sherme tzyhyou le, wenming le,—chyishyr ideal yee bu rennde, shinqchyng le, pyi•chih le, sherme yee bu jydaw. Deengdaw guohhow tsair sheaude tsorngchyan yiiwei jy•daw de ney •deal hair dou sh tsuohde,…Ai! koongpah ta duey woo *yee* sh jehmeyanqde gaansheang ba?

LUU (*duey tzyhjii*:) Sherme *dong*•shi!

KAELIN (*leanggeren bu shuo huah, deengle ihoel*:) Tzeemeyanq (: *kuay*), Jihliou?

LUU. Tzeemeyanq ne?

KAELIN. Tzarm mei•yeou duo•shao shyr•howl la.

LUU (*kannj tuode beau*:) Ta jen daa•suann hwei•lai ma,—wuu-fen jong guohhow?

KAELIN. Nii bush *ting*•jiann •ta shuo de?

LUU (*Kannx dah yiitz shanq Kaelin de waytaw, syhmiann jang i-jang, chingchinglde tzoou daw Kaelin genchyan*:) Tzarm shianntzay herfang jiow chou-shen tzoou le bu hao ma? Nii jell yeou shianncherngde waytaw. Tzarm keryii chingchinglde tzoou-chuchiuh. Ta buhuey ting•jiann •tzarm de. Ta hwei•lai le tzarm yiijing tzoou le,—ta yee bunenggow tzeemeyanq, Ta (:1̇) dah (:3̇) gay (:33̇ᵇ2̇)—shian dai i•hoel, deeng•x jiow shanq ta de •sherme—Ryhshin Sheh, Shinryh Sheh •chiuh le. Tzarm jiow keryii chy •deal woanfann; daa ge diannhuah geei Jang •Mha,—bu, *Lii* Mha, Jang •Mha kawbujuh,—daa ge diannhuah geei Lii Mha, jiaw •ta baa nii sweishende dong•shi day •deal •lai, tzarm jiow keryii chenn yehche donq-shen le. Shi Hwu, Chingdao, nii *ay* shanq naal shanq naal. (*Liueh tyng.*) Jehmeyanq hao ranq jeh shyh•chyng mannmhal dinqshiahlai ideal. Tzarm tzoong buyaw tzay yean-chu nehjoong shyrba shyhjih de yeemande •shyh•chyng -•chu•lai tsair hao.

KAELIN. Jehhoel jiow chuchiuh (:5̇6̇)? Bu deengj ranq ta yeou *ta* de wuu-fen jong (:5̇6̇)?

鲁。什蛇末机会？

恺林。让我打定主（：阳平）意的得机会。

鲁。你尼打定了勒主意了勒末，恺林。你尼想了勒有一意年的得工・夫，后・来你就决定了勒，不是吗？你知・道咱们是相爱的得；你是打・算跟我一块儿移「跨儿」走的得；这都兜是定了勒的得末。就是……啐！他这顽儿的「娃儿」得是哪一出？

恺林（坐下来，一半对自己说：）你说我不认得・他，倒是一点儿意「底阿儿」不错…咳！那些鲁莽的得速成的得婚姻，——什蛇末自由勒，文明勒，——其实一点儿意「底阿儿」也不认得，性・情勒，脾・气勒，什蛇末也不知道。等到过后才晓得从前以为知・道的得那内・点儿「底阿儿」还孩都兜是错的得，……嗳！恐怕他对我也是这末样的得感想罢？

鲁（对自己：）什蛇末东・西！

恺林（两个人不说话，等了一火儿：）怎末样（：快），季流？

鲁。怎末样呐？

恺林。咱们没梅・有多・少时・「候儿」啦。

鲁（看着佗的表：）他真打・算回・来吗，——五分钟过后？

恺林。你不是听・见・他说的得？

鲁（看看大椅子上恺林的外套，四面张一张，轻轻儿的走到恺林跟前：）咱们现在何妨就抽身走了勒不好吗？你「这儿」有现成的得外套。咱们可以轻「轻儿」的得走出去。他不会听・见・咱们的得。他回・来了勒咱们已经走了勒，——他也不能够怎末样。他（：1）大（：3）概（：33♭2）——先待（：阴平）一・「火儿」，等・等就上他的得什末——'日新社'，'新日社'・去了勒。咱们就可以吃点儿「底阿儿」晚饭；打个电话给张・妈，——不，李妈，张・妈靠不住，——打个电话给李妈，叫・他把你随身的得东西带・点儿「底阿儿」来，咱们就可以趁夜车动身了勒。西湖，青岛，你爱上「哪儿」上「哪儿」。（略停。）这末样好让这件事・情慢慢儿慢「妈儿」定下来一点儿意「底阿儿」。咱们总不要再演出那呐种十时八世纪的得野蛮的得・事・情・出・来才好。

恺林。这・「火儿」就出去（：56）？不布等着之让他有他的五分钟（：56）？

Luu (*bunayfarnde*:) Ta yaw neh wuu-fen jong gann*ma* ne? Ta *yaw* •te yeou sherme *yonq*•chuh ne? (*Jii tzyh shian jian how tsu, shian kuay how mann*:) Buguoh jiowsh duey nii shuo i-taw—heen beitsaan de libye-tsyr[1], tzuoh de haoshianq nii baa ta ibeytzde sheng•hwo nonq-tzau le •shyhde,—chishyr a, hng! ta gwutzlii hair gelxde shiawj ne, mei sheang daw jehme rongyih jiow baa nii nonq-•diaw. Woo tsair sheaude jey-•ban ren ne! Tade yeanjing a, tzoong tzay ige •sherme Meei•gwo neu-lioushyuesheng de shen shanq (:232)...(*gae ige chiangdiaw:*) Yawburan a, ta idinq sh daynall wal •sherme (*tzuoh fanq shoouchiang de shooushyh*:) "Tair-•chii shoou -lai!" neyjoong baa•shih. Nii (:*ni*) tzoong bu yuannyih (:*shanq jii tzyh kuay*) tzay naw-•chu nehme i-charng -•lai ba? Hairsh buyaw ba, *a*(:5#64)! tzarm diinghao a,—woo jeh dou sh wey *nii* shuo d'a, Kaelin,—tzarm diinghao hairsh (:*shanq jii tzyh kuay*) chenn yeou jehge jihuey de •shyr•howl chingchinglde tzoou-•diaw le. Tzarm sweihow keryii tzay shiee *shinn* •lai, (*yiishiah di, tsu, tuhchi -de saangtz*:) yaw jiee•shyh sherme dou keryii jiee•shyh.

Kaelin (*jyuede moh ming chyi miaw -de kannj ta—biannle ige I bu rennde de ren le*). Nahyanql wal-•faa, duey Danlii kee gongdaw ma?

Luu (*fa jyi*:) *Law*tianye jeh bush wal •sherme you*shih* ei! *Ta* sheu na jeh shyh danq ge youshih wal, rheng ge chyan kann tzyh kann bey •shermede, keesh nii gen woo bush sheauhairtz lou. Shianq jehyanql shyh•chyng, (*kuay erl sheang:*) *sher*me dou sh gongdawde. (*Gae chiuann-hoong de chiangdiaw, incherng fanq-dah:*) Chuan-chii ishang -•lai—Kuay •deal a! (*Ta geei ta waytaw.*) Noh!

Kaelin (*jann chiilai.*) Woo bu gaan idinq, Jihliou.

Luu. Nii jeh sh sherme yih•sy ne?

Kaelin. Ta jyy•wanq •woo deengj •ta de.

---

[1] Jeh jiuh shyangshihde yeudiaw keryii yonq diishiahde shyhtz:

Allegro

Bu-guoh jiow-sh duey nii shuo i- taw — heen bei tsaan -de li bye- tsyr...

鲁（不耐烦的：）他要那呐五分钟干嘛呐？他要·它有什蛇末用·处呐？（几字先尖后粗，先快后慢：）不过就是对你说一套很悲惨的得离别词[1]，做得好像你把他一辈子的得生·活弄糟了勒·似的是得，其实时阿，hng！他骨子里还孩「格儿」「格儿」的得笑着之呐，没梅想到这末容易就把你弄·掉。我才晓得「这一」·班人呐。他的得眼睛阿，总在一个·什末美国女留学生的得身上（：232）……（改一个腔调：）要不然那，他一移定是待「那儿」顽儿「娃儿」·什末（做放手枪的手势：）"抬起手来！"那内种把戏。你尼总不愿意（：上几字快）再闹·出那呐末一意场·来罢？还孩是不要罢，阿（：5#64）！咱们顶好阿，——我这都兜是为你说「的阿」打，恺林，——咱们顶好还孩是（：上几字快）趁着这个机会的得·时·「候儿」轻「轻儿」的得走·掉了勒。咱们随后可以再写信·来，（以下低粗吐气的嗓子：）要解·释什蛇末都兜可以解·释。

恺林（觉得莫名其妙的看着他——变了一个伊不认得的人了），那样顽儿「娃儿」·法，对丹里可公道吗？

鲁（发急：）老涝天爷这不是顽儿「娃儿」·什末游戏乁！他许拿这事当个游戏顽儿「娃儿」，扔个钱看字看背·什末的得，可是你跟我不是小孩子喽。像这「样儿」事·情，（快而响：）什蛇末都兜是公道的得。（改劝哄的腔调，音程放大：）穿起衣裳·来——快·点儿「底阿儿」阿！（他给他外套），诺？

恺林（站起来。）我不布敢一移定，季流。
鲁。你这是什蛇末意·思呐？
恺林。他指·望·我等着之·他的得。

---

[1] 这句详细的语调可以用底下的式子：

$\dot{1}$ 6 5 4 | 3 3♭2 2♭ | 1 | 7 3 | 7♭2 | 3♭3♭ | 1 3♭7 0
不过就是 对 你说一 套 很悲 惨的 离别词

Luu (*di, tsu,tuhchih -de saangtz*:) Yawsh nehme shuo, *nah* ta wuu nian (*tyi gau*:) *chyan* (*yow jianq*:) jiow jyy•wanq •nii deeng ta de.

Kaelin. Eei (:12), shyhde...(*Bu huang bu mang -de shuo*:) Shieh•x •nii tyishiing •woo jehge.

Luu. Kaelin, bye jehme shaa. Nii dawdii *tzeeme* le? Tzyhran ne, woo yee jy•daw, jeh shyh•chyng baa nii jeau de tay nanshow le, jehmeyanq nehmeyanq de. Keesh jihran jehmeyanq, nii waysherme hair lao yaw *tzay* •jeh •lii•tou? Nii weysherme *hair* yaw nehme nanshow de naw i-charng? Nii shianntzay yeou ge haohaulde jihuey keryii tuoli longtzoongde jehshie farnnao, jiow (:*ta gangtsair na-chu beau -lai, shianntzay kann-chu shyrhowl daw le*). Oyo!

Kaelin. Keesh wuu-fen jong guoh la?

Luu (*Daa-chax in*:) Kuay deal! kuay deal! (*Ta baa shooujytou fanq tzay tzoeichwen shanq.*) Chingchinglde. (*Ta diann-chii jeau -lai tzoou daw men genchyan.*)

Kaelin (*mf*:) Jihjiou!

Luu. Sh(iu)—!

Kaelin (*yow tzuoh-shiahlai*). Nahyanql bushyng de, Jihliou, woo feideei deeng ta. (*Men kai le, Luu kannjiann Danlii jinnlai, shiah de wanq how tuey.*)

Danlii (*kannj beau shuo*:) Jiauhuann chyou-charng la! (*Duey Luu*:) Shianntzay fannting lii daw guay noan—hwode le, woo hair lioule i-fenn woanbaw •tzay•nall ne.

Luu (*tzoou daw Kaelin genchyan*). Èh, Chern •Shian•sheng, nii tingj'a, Kaelin gen woo a—.

Danlii (:*daa-duann*:) Chern Tay•x dangran huey gaw•sonq •woo. (*Ta tueij men, gongxjinqxde deeng Luu chuchiuh.*)

Luu. Woo bu sheaude nii wal de sh sherme—.

Danlii. Nii jinnlai mei tzuch-•guoh "tehbye kuayche" ba, Luu Shian•sheng?

Luu (*bunayfarnde*:) Nii wenn woo jeyge gannma?

Danlii. Inwey nah •dong•shi heen keryii liann•x ren de nay•shinq...Woo deengj •nii ne.

Luu (*youyuhde*:) Neme, woo—(*Ta heen buyuannyih -de tzoou daw men genchyan.*) Hao, guoh wuu-fen jong woo jiow lai jao Kaelin •lai.

最后五分钟

鲁（低粗吐气的嗓子：）要是那末说,那他五年（提高：)前就（又降：）指·望·你等他的得。

恺林。ㄟ（：12）,是得……（不慌不忙的说：）谢·谢·你提醒·我这个。

鲁。恺林,别这末傻。你到底怎末了勒? 自然呐,我也知·道,这事·情把你搅得太难受了勒,这末样那末样的得。可是既然这末样,你为什蛇末还孩老要在这·里·头? 你为什蛇末还孩要那呐末难受的得闹一场? 你现在有个好好儿的好「蒿儿」得机会可以脱离拢龙总的得这些烦恼,就（：他刚才拿出表来,现在看出时候儿到了）。Oyo !

恺林。可是五分钟过啦?

鲁（打喳喳音：）快点儿「底阿儿」！ 快点儿「底阿儿」！（他把手指头放在嘴唇上）轻「轻儿」的得。（他踮起脚来走到门跟前。）

恺林（ *mf*：）季流!

鲁。吁——!

恺林（又坐下来）。那「样儿」不布行的得,季流,我非得（：*deei*）等他。

（门开了,鲁看见丹里进来,吓得望后退。）

丹里（看着表说：）交换球场啦!（对鲁：）现在饭厅里倒怪暖·和的得了勒。我还孩留了勒一份晚报·在·「那儿」呐。

鲁（走到恺林跟前）。卋,陈·先·生,你听「着阿」札,恺林跟我阿——。

丹里（：打断：）陈太·太当然会告·送·我。

（他推着门,恭恭敬敬的等鲁出去。）

鲁。我不晓得你顽儿「娃儿」的得是什蛇末——。

丹里。你近来没梅坐·过"特别快车"罢,鲁先·生?

鲁（不耐烦的：）你问我「这一」个干嘛?

丹里。因为那·东·西很可以练·练人的得耐·性……我等着之·你呐。

鲁（犹豫的：）。那呐末,我——（他很不愿意的走到门跟前。）好,过五分钟我就来找恺林·来。

DANLII. Daw nahshyrhowl *Chern Tay•x* gen woo jiow deengj •nii le. Èh, nii rennde tzoou ba?

(*Luu duey ta shanq-shiah kannx, denqle denq yean, tzoou chuchiuh. Danlii guanshanq men. Tzoou-hwei farng lii, jannj kann Kaelin.*)

KAELIN (*bu-ande, jann-chiilai:*) Tzeeme?

DANLII. Bye donq, bye donq! Woo jyy yaw kannj nii... Woo kannle nii jehyanqtz yeau (: *you*) wuu nian le ← Bye donq!... woo tserngjing dai-•guoh •shie heen leeng•jinq •de dih•fang, keesh chahbuduol tzoongsh yeou (: *you*) nii peirj •woo de. Tzarm tzay kann ige tzueyhowde i-yean, •ranq •woo, ar!

KAELIN. Tzueyhowde i-yean?

DANLII. Shyhde.

KAELIN. Nii duey woo tsyrshyng la?

DANLII. Woo bu jydaw sh bush duey *nii* tsyrshyng, Kaelin. Sh duey woo jinn wuu nian lai ijyr gen woo tzay idaw de neyge neuren tsyrshyng. Nah sh bush nii?

KAELIN (*di-shiah yeanjing-lai*). Woo bu jydaw, Danlii.

DANLII. Hhai! woo yaw bush niide *janq•fu* nah dwo hao!

KAELIN. Nii yaw bush woode janq•fu jiow daa•suann tzeemeyanq?

DANLII. Jiow hao gen nii tzuoh ay le (: *jeh jiuh de koouchih buyaw chingpiau*).

KAELIN. Nii shianntzay buneng ma?

DANLII. Tzuohle niide janq•fu, jeh dih•wey sh heen chykueide •nii •jy•daw. Gen ige chyngren chiuh jeng •chiuh, nah woo (: *wo*) naal jeng de guoh?

KAELIN. Nii shuo ranq woo tzay niimen leanggeren dangjong tiausheuan. Nii (:*ni*) yiiwei woo yiijing daadinqle jwuyih le ma?

DANLII (*dayj shiaw-lean:*) Woo sheang nii (:*wo shyang ni : kuay dwu*) daa-dinqle jwuyih le.

KAELIN. Neme woo sheuanle ta a? (:*di,pyng, liueh jianq.*)

DANLII (*yau tour:*) *Bu* (:5.1̇) sh.

KAELIN (*shichyi-chiilai:*) Nii sheang woo sheuan *nii* ma? (:*ni shyang woo shyuan nii •ma.*)

DANLII (*dean tour :*) M.

丹里。到那时「候儿」陈太·太跟我就等着之·你了勒。世，你认得走罢？

（鲁对他上下看看，瞪了瞪眼，走出去。丹里关上门。走回房里，站着看恺林。）

恺林（不安的，站起来：）怎末？

丹里。别动，别动！我只要看着之你……我看了勒你这样子有由五年了勒←别动！……我曾经待（：阴平）·过·些很痕冷·静·的得地·方，可是岔不「多儿」总是有由你陪着之·我的得。咱们再看一个最后的得一眼，·让·我，阿！

恺林。最后的得一眼？

丹里。是的得。

恺林。你对我辞行啦？

丹里。我不知道是不是对你辞行，恺林。是对我近五年来一意直跟我在一移道的得那内个女人辞行。那是不是你？

恺林（低下眼睛来）。我不知道，丹里。

丹里。咳！我要不是你的得丈·夫那多（：阳平）好！

恺林。你要不是我的得丈·夫就打·算怎末样？

丹里。就好跟你做爱了勒（：这句的口气不要轻飘）。

恺林。你现在不能吗？

丹里。做了勒你的得丈·夫，这地·位是很吃亏的得·你·知·道。跟一个情人去争·去，那我（：阳平）「哪儿」争得过？

恺林。你说让我在你们两个人当中挑选。你尼以为我已经打定了勒主（：阳平）意了勒吗？

丹里（带着笑脸：）我想你（：三字全用阳平：快读）打定了勒主意了勒。

恺林。那呐末我选了勒他阿？（：低，平，略降。）

丹里（摇头：）不（：5·1）是。

恺林（希奇起来：）你想我选你吗？（：六字"阳阳赏阳赏轻"调。）

丹里（点头：）姆。

KAELIN (*tzuoh-chu jyuede bukan de yanqtz*:) Hei, *Danlii*! Nii sheang•x kann, tsair ell•shyr-fen jong yiichyan woo dou chahbuduol yuh•bey-hao le gen ta ikuall taur le! Nii idinq kann woo jeyge ren tay mei jwuyih le ba!

DANLII. Bush mei *jwu*yih, sh yeou *huannsheang* de been•shyh (:<u>563</u>)!

KAELIN. Neh sh sherme yihsy? Nii tzeeme jehme (:*shanq jii tzyh kuay*) fanqshin woo idinq huey sheuan (:*shyuan*) *nii*? Neme jihran jehyanq, nii weysherme yow shuo "kann—sherme—tzueyhowde i-yean" nahjoong huah? Erlchiee gannma nii—.

DANLII(: *daa-duann* :) Ey, tzarm shyrhowl sh guhran jyy yeou wuu-fen jong a, keesh woo (:*wo*) sheang jearu nii i-jiuh •v•x -de wenn •woo—.

KAELIN (*shiawj : daa-duann*:) Ae, nii yee yonqbujaur ikoouchih jiow dou hweidar-chulai.

DANLII. Hao, nah woo jiow i-jiuh •v•x -de lai. Nii tzuoh-shiahlai ting woo shuo. (*Kaelin tzuoh-shiahlai.*) Weysherme woo jehme fanqshin nii huey sheuan (:*shyuan*) woo a? Inwey jeh sh nii shengpyng dih-i tsyh gen Luu Jihliou •Shian•sheng leanggeren jenjenq jiannmiann me. Woo gangtsair shuo nii (:*shanq jii tzyh kuay*) yeou huann-sheang de been•shyh jiow sh jehge yih•sy. Nii ishianq yiiwei nii ay-shanq de neyge shinq Luu d'a, binq mei jeyge *ren*. Woo gaan shuo nii gangtsair nah jii-fen jong sh tour-i tsyh kannjiann ta jege ren. Hng! nehme wuu-fenjong a, ige shern•shian yee nanbao bu baa huah •dou shuo-tzau le ← Ta jeanjyr bu jydaw sherme sh inggai duey nii shuo de *huah* me. (*Shiaw-sheng:*) L-huu Jihliou a? T-ha naal jingdechii jehme •geei •nii shyh i-shiah? Nii jiow daynall pyngpannle ta wuu-fen jong, bush ma?

KAELIN (*itourl sheangj:*) Danlii, nii jen tsong-•ming.

DANLII (*gaushinqde* :) Wuu nian tzay waygwo guanchar de jingyann me.

KAELIN. Keesh nii (:*ni*) tzeeme jydaw woo shiann-tzay bush dayjell pyngpannj *nii* ma?

DANLII. Tzyhran nii yee pyngpann woo. Keesh pyngpann ige shianq woo jehme ige sheng-ren, gen pyngpann ige nii yiiwei nii ay-shanq de ren na, nah yeou tian shanq dih *shiah* -de butorng le.

KAELIN. Woo daw *shyh* na nii danq ge sheng-ren.

DANLII. Woo jydaw. Woo gangtsair swoyii duey •woo peirj •woo wuu nian de neyge

恺林（做出觉得不堪的样子）。黑（：hei），丹里！你尼·想想想·襄看，才二·十分钟以前我都兜差不「多儿」预·备好了勒跟他一块儿移「跨儿」逃了勒！你一定看我「这一」个人太没梅主（：阳平）意了勒罢！

丹里。不（：阳平）是没梅主意，是有幻想的得本·事（：563）！

恺林。那呐（：去声）是什蛇末意思？你尼怎末这末（：上几字快）放心我一移定会选旋你？那呐末既然这样，你为什蛇末又说"看——什蛇末——最后的得一眼"那种话？而且干嘛你——。

丹里（：打断：）丿，咱们时候是固然只有五分钟阿，可是我想假如你一移句·一·句的得问·我——。

恺林（笑着：打断：）矮，你尼也用不着（：招 阳平）一意口气就都兜回答出来。

丹里。好，那我就一移句·一·句的得来。你坐下来听我说。（恺林坐下来。）为什蛇末我这末放心你会选旋我阿？因为这是你生平第一次跟鲁季流·先·生两个人真正见面嘞。我刚才说你（：上几字快）有幻想的得本·事诗就是这个意·思。你一移向以为你爱上的得那内个姓鲁「的阿」喳，并没梅「这一」个人。我敢说你刚才那几分钟是头一次看见他这个人。Hng！那末五分钟阿，一个神·仙也难保不把话·都兜说糟了勒←他简直不知道什蛇末是应该对你说的得话么。（笑声）：「鲁虎」季流阿？「他哈」「哪儿」经得起这末·给（：geei）·你试一下？你就待「那儿」评判了勒他五分钟，不是吗？

恺林（一头儿想着：）丹里，你真聪·明。

丹里（高兴的：）五年在外国观察的得经验末。

恺林。可是你尼怎末知道我现在不是待「这儿」评判着之你吗？

丹里。自然你也评判我。可是评判一个像我这末一个生人，跟评判一个你尼以为你爱上的得人那，那有天上地下的得不同了勒。

恺林。我倒是拿你当个生人。

丹里。我知道。我刚才所以对·我（：轻短）陪着之·我五年的得那内个

neuhairta tsyrshyng, duey woo cheu de neyge neuhairtz tsyrshyng, jiow sh jeyge yih•sy. Hao, woo gen ta yiijing gawbye le. Nii bush woode chitz le, •Kae•lin, a (:563); buguoh jyy yaw nii (: *ni*) keen (: *kern*) jeajuangl woo (: *wo*) yee bush niide janq•fu, ranq woo tzay yeou ge jihuey hao gen nii tzuoh ay,—e—(*kuay* :) woo jiow jyy chyou jey ideal.

KAELIN. Danlii, nii jen sh dahlianq.

DANLII. Bu, woo *binq* bu (: *buh*). Woo *shyh* ay nii de heen, buguoh liann-ay daw shianq woo jehyanq chernqduh de ren dangjong, woo meiyeou shianq pyngcharng ren nehme hwu•tu •jiowsh'le. *Nii* (:*ni*) beenlai yeou sherme ay woo de liiyou? Nii (:*ni*) chiishian ting•jiann woo kaocheule chuyang, nii ay sh ay de chuyang de fengtour. Woo bey sonq chuyang chiuh le, nii sonq-shyng sonq de sh ige •sherme— "jianglai Jong•gwo de liingshiow", •sherme— "gaetzaw Jong•gwo de ingshyong," nahleyde choushianqde guann-niann. Ne guohhow ne? Hng! (di sheng, mann, liueh bei:) woo a, woo igeren,—yeou wuu nian de gong•fu, lai lianxde sheangj *nii*; nii ne (: *leang tzyh weixde gau ideal*) *nii* gen *bye*ren,—yeou wuu nian de gong•fu, lai mannmhande wanq•jih *woo*. Tzyhran kee neng (*yiishiah tyigau*:) *guay* •nii huey—.

(*Luu jinnlai.*)

LUU (: *daa-duann: heen sheang de* :) Èh, tzeemeyanq?

DANLII. Ei, nii lai de gang hao, Luu Shian•sheng. Woo jenq dayjell shuo de tay duo le. (*Duey Kaelin* :) *Chern Tay•x*, woomen leanggeren ting nii fenfuh. Chiing (:*chyng*) nii (: *ni*) sheuan-dinq woomen dangjong naa-ige yeou jehme haode fwuchih keryii—tsyh•how •nii?

LUU (*chen-chu leangge shoou -lai duey I, juuren-ueng de tayduh* :) Kae (: 1) lin (: 2[b]—I)!

(*Kaelin mannmhalde tzoou daw ta genchyan, chen-chu ige shoou -lai.*)

KAELIN (*gen Luu chan shoou* :) Luu Shian•sheng, tzayjiann.

LUU (*dah jingchyi* :) Kaelin! (*Duey Danlii dah sheng de*:) Nii jeh *mogoei*!

DANLII. Gangtsair buduo ihoel woo hair na nii bii shern•shian ne.

LUU (*duey Kaelin, chih de choan-chih*:) Heng! (: [h ə̃]) swoyii nii dawdii hairsh yaw tzuoh •tade shyan-chi, ar?

DANLII (*heen herchihde paij ta jianbaangl* :) Nii hair jihde woo gangtsair shuo tzuoh tehbye kuay-che de huah bu jihd'a?

女孩子辞行，对我娶的得那內个女孩子辞行，就是「这一」个意·思。好，我跟他已经告别了勒。你不是我的得妻·子了勒，·恺·林，阿（：563）；不过只要你尼肯假「装儿」我（：阳平）也不是你的得丈·夫，让我再有个机会好跟你做爱，——厄——（快：）我就只求「这一」一点儿「底阿儿」。

恺林。丹里，你真是大量。

丹里。不，我并不布。我是爱你的得很，不过恋爱到像我这样程度的得人当中，我没梅有像平常人那呐末糊·涂·就是了勒。你尼本来有什蛇末爱我的得理由？你尼起先听·见我考取了勒出洋，你爱是爱得出洋的得风头。我被送出洋去了勒，你送行送的得是一个·什末——"将来中·国的得领袖"；·什末——"改造中·国的得英雄"，那类的得抽象的得观念。那呐过后呐？Hng，（低声，慢，略悲：）我阿，我一移个人，——有五年的得工·夫，来连连的得想着之你；你呐（：两字微微的高一点儿）你跟别人，——有五年的得工·夫，来慢慢（：阴平）的得忘·记我。自然可能（以下提高：）怪·你会——。

（鲁进来。）

鲁（：打断：很响的：）。せ，怎末样？

丹里。へ，你来的得刚好，鲁先·生。我正待「这儿」说得太多了勒。（对恺林：）陈太·太，我们两个人听你吩咐。请情你尼选定我们当中哪一个有这末好的得福符气可以——伺·候·你？

鲁（探出两个手来对伊，主人翁的态度：）恺（：1）林（：2^b—1）！

（恺林慢慢儿的走到他跟前，探出一个手来。）

恺林（跟鲁挽手：）鲁先·生，再见。

鲁（大惊奇：）恺林！（对丹里大声的：）你这魔鬼！

丹里。刚才不多一「火儿」我还孩拿你比神·仙呐。

鲁（对恺林，气得喘气：）Heng！所以你到底还孩是要做·他的得贤妻，阿？

丹里（很和气的拍着他肩膀儿：）你还孩记得我刚才说坐特别快车的得话不记「得阿」咧？

(*Luu shiongxde dueyj Danlii i-chong. Danlii daw-tuey jii buh duoo ta. Luu hwei-guoh tour -lai kann Kaelin, Dannsh Kaelin bey-guoh lean chiuh. Luu beaushyh jyue-wanq.*)

LUU (*iej saangtz* :) Kael-, Chern Tay•x, tzayjiann le. (*Daw juo shanq na mawtz, yow chourchwule ihoel, nale mawtz.*) Woo yee jyy neng shi•wanq nii kuay•hwo •jiowsh'le. (*Ta tzoou-chuchiuh.*)

DANLII. Duey le, jeh i dean sh tzarm torngyih de.

(*Ta gen ta daw menkooul, guan-shanq men, you hweilai daw I genchyan.*)

KAELIN. Hhai! woo tzuohle jehme ige sheau shaa dong•shi. (*I sheang yaw baw tuo* :) Dan (:32#3.) lii (:71)!

DANLII (*jeajuanglde shiah-tuey le* :) Èh, bye, nii bu! hair bu ne! (*Tuo na ige jytou duey I yauj* :) Tzarm *jey*-i-hwei kee bye tzay jehme shinqjyi la.

KAELIN (*maiyuann de sheng-in*:) Dan(:2) lii (:153ᵇ)!

DANLII. Woo (: *wo*) sheang (: *shyanq*) nii inggai jiaw woo Chern•Shian•sheng.

KAELIN (*shiawj* :) Ei, Chern •Shian•sheng.

DANLII. Eei-ey! *jeh* hao i•deal. Shiann*tzay* tzarm tsair chiitourl tzuoh ay la. (*Jyugong* :) Madamme, Nin jin woan yeou mei•yeou gong•fu gen woo itorng chu•chiuh yonq woanfann •chiuh a? Jearu Nin keryii da-yinq chiuh, nah woo jiow heen rongshinq le.

KAELIN (*chiing-an* :) Ae! naal lai de huah, woo dawsh heen leh•yih de.

DANLII. Nahme—*woo*men shiudeei chii-shen le ba. Chetz yiijing yuhbey hao le tzay men•way deenghowj le.

KAELIN (*naj leang-jiann waytaw* :) Nin jyuede naa-i-jiann dah-i jiaw hao idean ne, Chern •Shian•sheng?

DANLII. Woo keryii bu •ker•yii beaushyh i-•dean tzanncherng jehjiann de yih•sy?

KAELIN. Jeh-jiann heen meei, bush ma? (*Tuo bangj I chuan-shanq.*)

DANLII. A, Nin chuanj shyrfende hershyh... Woo bufang shuo i-•sheng woo shianntzay jiow tzay—Ryhshin Sheh tzann juhj. Nin ming•tian mang bu mang a?

KAELIN. Mei•yeou •sherme yawjiinde shyh•chyng qèhè (:*kehchih pay -de shiaw*).

(*Tuo baa gebey shiann geei I, I jiow gen tuo chanj tzoou.*)

（鲁凶凶的对着丹里一冲，丹里倒退几步躲他。鲁回过头来看恺林，但是恺林背过脸去。鲁表示绝望。）

鲁（喧着嗓子：）恺ㄌ——，陈太・太，再见了勒。（到桌上拿帽子，又踌躇了一火儿，拿了帽子。）我也只能希望你快・活・就是了勒。（他走出去。）

丹里。对了勒，这一点是咱们同意的得。
（他跟他到门口儿，关上门，又回到伊跟前。）

恺林。咳！我做了勒这末一个小傻东・西。（伊想要抱佗：）丹（：32#3.）里（：71）！

丹里（假装儿的吓退了：）。竝，别，你不布！还不孩布呐！（佗拿一个指头对伊摇着：）咱们「这一」一回可别再这末性急啦。

恺林（埋怨的声音：）丹（：2）里（：153ᵇ）！

丹里。我想你（：阳阳赏）应该叫我陈・先・生。

恺林。（笑着：）ㄟ，陈・先・生。

丹里。ㄟ（：513），这好一・点儿・「底阿儿」。现在咱们才起「头儿」做爱啦。（鞠躬：）Madamme，您今晚有没梅・有工・夫跟我一同出・去用晚饭・去阿？假如您可以答应去，那我就很荣幸了勒。

恺林（请安：）矮，「哪儿」来的得话。我倒是很乐・意的得。

丹里。那末——我们须得（：deei）起身了勒罢。车子已经预备好了勒在门外等候着之了勒。

恺林（拿着两件外套：）您觉掘得哪一件大衣较好一点呐，陈・先・生？

丹里。我可以不・可・以表示一・点赞成这件的得意・思？

恺林。这件很美，不是吗？（佗帮着伊穿上。）

丹里。阿，您穿着之十分的得合适和是……我不布妨说一・声我现在就在一日新社暂住着之。您明・天忙不布忙阿？

恺林。没梅・有・什末要紧的得事・情，喀喝（：客气派的笑）。

（佗把胳臂献给伊，伊就跟佗挽着走。）

DANLII (*kuay daw menkooul* :) Nahme woo ming•tian shanqwuu shyr-i deanjong tzuoo-yow guoh•lai bay•wanq •Nin •lai, Nin huohjee keryii yeunsheu ma?

KAELIN. Ae! Chern •Shian•sheng, naa•li huah, nah idinq shyrfen huan-yng de.

(*Tamen heen kehchihde tzoou-chuchiuh.*)

(*Lha Manntz.*)

丹里(快到门口儿：)那末我明·天·上午十时一点钟左右过·来·拜·望·您·来，您或者可以允许吗？

恺林。矮，陈·先·生，哪·里话，那一移定十时分欢迎的得。

（他们很客气的走出去。）

（拉幔子）

[附录]

北平语调的研究

I. 单字的声调

在讨论语调之前，得要先略说一说字调。中国字每个字都有一定的声调，如古时有平上去入四声，或广州有上下的平上去入，加中入，共九声。在北平就有阴平阳平赏声去声四类。这种单字声调的性质跟他的实在的声音也有人研究过，其中最详细的就是刘复的《四声实验录》① 跟 *Etudes Expérimentales sur les Tons du Chinois*。② 现在为实用便利起见，暂用简谱把北平声调写下来如下：

$$\dot{1} \quad \underline{5\dot{1}} \quad 2\,6 \quad \underline{7\,2}$$
衣　　移　　椅　　意
阴平　阳平　赏　　去

这不过是一种粗略的平均声调，至于细说起来，也许有时念成：

$$\dot{1}\,7 \quad \underline{5^{\#}\dot{1}} \quad 3\,2\,6 \quad \underline{\dot{1}\,3\,2}$$
衣　　移　　椅　　意

要是更细说起来，字调里的音不是像风琴上一个一个音忽从这个变到那个的，乃是像提琴上手指一抹所得的渐变的滑音，应该用《四声实验录》里的曲线来作符号才准，不过为实用上的便利，用以上的写法也可以表示它的大意了。

大多数外省人到了北平不几个月就学会了打起"1，5̇1，26，72"的从前所谓京腔来说：衣，移，椅，意；中，华，好，大；"今儿"，"明儿"，"几儿"，"后儿"；那类的四种声调。而且因为他自己的方言既然也是中国话，当然跟北平话四声分类法多少有点关系。比方天津人说衣，中，今，妈，都是一个低音"3"，他在北平住了一阵，听见人不用低音 3，而用高音 1̇，他听多了之后他非但把他自己亲耳听见过的"衣，中，今，妈，"那些字改用了高音"1̇"，他连一切的天，津，低，音等等"3"音的字（虽然他从来没有听见过北平人念这些字）他也改念成高音 1̇ 的声调。

---

① 上海群益书社，1924。
② Paris, Société d'Editions "Les Belles Lettres"，又北平，北大出版部，1925。

并且他改得的确是对的。非但阴平如此，别的声调的字也可以用这个法子来"举一反千"。这种情形可以用这末一句话总结起来：两处相近的方言，虽然他们的声调的真声音，可以差到了互相讥笑的程度，而同时他们对于调类的分合（就是说什末些字归一类，什末些字另归一类）仍旧会很相近，或完全相同。

但是假如一个武昌人学北平调，先晓得了读人，来，长，十，直，……的时候不用武昌的"4#24˧"那种低转音，而用北平的51那种高升音，于是他也仿天津人的办法应用他的归纳的结果到别的字上去；这末办法，对的时候固然也很多，可是不能回回都对。比方他知道绿，叶两个字在武昌是跟人，来，长，十，直……一样的声调的，所以他改用"京腔"的时候也把它改成51的声调。人，来，长，十，直在北平倒的确是念阳平51的高升调，可是绿，叶这两个字在北平是去声72，并不是阳平51，假如按阳平念，那就听了像驴，爷两个字了，——我的确听见过湖北人管"绿叶"叫"驴爷"的。

大多数用这本小书的人的本乡，当然没有像天津离北平那末近，因此调类的分合上头就往往有跟北平参差的地方。但是在这一本不是专讲音韵的书里，要把各处调类跟北平不同的地方都写出来，当然是太麻烦了，所以现在只得取一个跟全国字调有关系的一种最小公倍数，——三十六个古字母的清浊类，——来作一个声调分类的规则表，如下：

北平字调分类表
（表当中小字是举例）

旧"声"\声母	清	浊 次浊	浊 全浊
	见溪晓影 知彻照穿审 端透精清心 帮滂非敷	疑喻 孃日 泥来 明微	群匣 澄床禅 定从邪 并奉
平	阴 平 开张他夫	阳 平 洋如年门	求成同平
上	赏 几止小反	眼女里晚	去 下上道父
去	去 看处做变	又认路慢	会事大步
入	（无规则） （接国给作）	去 业日乐密	阳 平 学直昨别

上头这些规则当然有例外，下列的只限于戏里正文里不合例的字：

旧字母		照例读	其实读	字
平	次浊	阳平	阴平	妈 mha，扔 rheng
入	次浊	去声	阴平	拉 lha
入	次浊	去声	阳平	没 mei（当无字讲）
入	全浊	阳平	去声	或 huoh，·he，特 teh

Ⅱ. 中性语调

字与字连起来成话，就不一定照每个字单念的时候那末念了，就有很复杂的变化了。可是读者请留意这句话倒并不是指因口气不同而生出来的变化说的，就是在极平淡极没有特别口气的时候，语句里头的字调也因地位的不同而经种种的变化。这些变化我管它叫"中性语调"，好跟下节所论的"口气语调"来分别。

关于中性语调有一样事情跟字调的真音相像的，就是他的规则是一城一乡一个样子的。（不像单字的分类法变得那末慢。）可是有一样可喜的事情，就是北平中性语调变化的规则，虽然绝对说起来也要算是复杂的，可是跟各处的方言比较起来，要算是变化挺少的了。这也是现在拿北平语调作国语语调的一个上算的地方。

1. 轻音字。单字音在词里头或在语句里头改变声调的最要紧的例就是轻音字。所以讲轻音字而不讲重音的缘故是因为字念重的时候不过把声调的范围加大（例如去声从 72 加到 11）跟时间拉长[①]，并不改他的性质，而轻音字可就完全失去他的固有的阴阳赏去的声调，他的音高的性质就完全跟着他的环境而定了。

轻音字有中，高，低，三种读法，它的规则如下：

（1）阴+轻＝高+中，　　好像　　　　阴+去，
　　　例如　　　　　商量谅，　　先生胜
（2）阳+轻＝升+中，　　好像　　　　阳+去，
　　　例如　　　　　朋友右，　　明白拜
（3）赏+轻＝低+高，　　好像　　　　赏+阴，
　　　例如　　　　　早起欺，　　晚上商
（4）去+轻＝降+低，　　好像　　　　去+（低）[②]，
　　　例如　　　　　后悔（天津）灰，地下（天津）虾

[①] 看下口气语调第 11，第 302 页。

[②] 去声后的轻音像南京，天津的阴平。

遇到轻音字相连的，可以连用上头的规则，就是：

阴 轻 轻 = 高中低，　　例如　张先线生(低)，知道(如字)吗(低)。

阳 轻 轻 = 升中低，　　例如　王先线生(低)①拿出处来(低)。

赏 轻 轻 = 低高中，　　例如　走出(如字)去(如字)，滚下虾来赖

赏轻轻轻 = 低高中低，例如　鲁先(如字)生胜的(低)，打扮班打大扮(低)。

去 轻 轻 = 降低低，　　例如　赵先(低)生(低)，告送(低)你(低)。

若是轻音字已经读了低音，后头再有的轻音字也就都读低音了，例如"我都告•送•了•他•了"告字（去声）后的四个轻音字都是低音。

照上头的规则，阴阳平后轻音字假如本来是去声，像"乡下"，"凉快"，或是赏声后的轻音字本来是阴平，像"李家"，那末轻不轻的区别就是短一点轻一点，它的调儿还是差不多的。在本书的戏文里遇到这些地方，往往就把轻音的点号省掉了，例如张•妈，李妈，第二妈字不用点，又如，陈•先•生，鲁先•生，第二回先字也可以不必点（第(3)条规则）。

轻音的字往往有许多读音上的变化。现在不能详论，只说几种最要紧的。

（1）ia 变 ie，例如　李家 Lii-jia　　　　念 李•街 Lii-jie

　　　　　　　　　　黑下 heishiah　　　　念 黑•谢 heishieh②

（2）ua 变 uo，例如　绵花 mianhua　　　念 绵•货 mianhuoh

　　　　　　　　　　笑话 Shiawhuah（动词）念 笑•货 Shiaw•huoh

（3）ai 变 ei，例如　回来 hweilai　　　　念 回•累 hwei•lei

　　　　　　　　　　脑袋 naoday　　　　念 脑•ㄉㄟ nao•dei

（4）语助词韵母变 e（ㄜ），例如罢了 bahleau 念ㄅㄜ•勒 •be •le。

---

① 北平南京说"王先生"的调虽然很相像，但其实不同；北平的是王•先线生(低)（升中低），南京的是王•先低•生低（升低低）。

② Cf. 上古音，义 ngia（我 nga 谐声）变成古音 ngie。

说了轻音字的读法，还有一个要紧的问题就是什末时候要读轻音？这个一半是有规则的，一半是没有规则的。先把能说的规则说一说：

1）语助词都是轻音的，就是

阿，罢，的，得，着，了，咯，喽，吗，末，呐之类。

2）虚字词尾都是轻音，就是

个（这～等等），末（什～等等），是（但～等等），头（后～，里～等等），们（我～等等）之类。

3）方位的补助动词，例如，

回·来，拿·回·来，弄·掉，低·下·来，走·出·去。

4）方位的后置词（不特指的时候），例如

沙发·上，银行·里。但，门外（因为指明外）。

5）作止词的代名词（不特指的时候），例如

你要嫁·他。一直没梅看见·你。他不会听见·咱们的得。但，你爱他（特指）。

6）"要不要"式里不字跟后头的动词用轻音，例如

我爱·你·不·爱·你？（你字依上条也是轻音。）

以上几条规则不能算全，只可以算规则当中的顶要紧的几条就是了。

没有规则而又不可以念错的，就是有好些两三音节的词，往往它们的第二音节，或第二第三两音节必得要念轻音，否则就不成话（或成南方官话）。这个固然也不是全无道理的，大致说起来可以说资格老一点的词常常含有轻音字，资格浅的词（新名词之类）就差不多总是照单字匀着念的。但是这个原则的例外也很多，所以实际上的办法只有留心听或是查注轻重音的词典，但是因为现在还没有这种词典，所以只得在戏文里把这类的"不规则"的轻音字都用前点注出来。举例：

张·妈	太·太	地·方	明·白	正·经	事·情	晚·上
丈·夫	先·生	把·戏	东·西	愿·意	打·算	照·应
快·活	好·些略好	规·矩	衣·裳	朋·友	生·活	拳·头

但是：现在　事实　高兴　发生　礼拜　简直　要紧

本来　好些许多　外套　交际　拢总　赞成　手枪

2. 赏声变化规则：

1）赏声跟赏声相连，第一字读如阳平，例如：

北平语调的研究

你尼也不在乎他。

我（：阳平）有了。

拢龙总的。

但是第二个赏声字念轻声的不一定这样改，看底注①。

2) 赏声跟别类的字相连就变成平低音，就是从"26"变成"2"，这个叫做"赏半"（赏半对于上条规则仍旧有效），例如：

赏阴：我刚才进来的。

赏阳：你回来啦？

赏去：鲁季流。

赏轻：你们——？ 早起①。

从上头两条规则可以得几条附则。第一，全赏声的用处极少，只有在句子的末尾才用得到，否则就或变阳平或切去尾巴成为"赏半"。第二是赏声相连，可以连应用上头的规则来念。例如：

你尼有由你（：赏半）的五分钟。

我（wo）想（赏半）你尼打赏半定了主意了。

或，我（wo）想详你尼打赏半定了主意了。

上句照第一种说法，"我想"是一个单位"你打定"是一个单位。我字改阳平是因为想字的影响，你字改阳平是打字的影响，想字念赏半是因为后头你字是阳平，已经失去赏声对上字的影响，所以想字不变阳平。这种句法较松一点。照第二种说法，"我想你打定"是一个单位，一起头就觉到后头有个赏声的打字了，所以都变成阳平了。在文法上当然不是"我打"，也不是"我想打"，可是在语音上是"我打"，"想打"，"你打"的心理，说成"我（wo）想详你尼打"的调。这种说法的句法比第一种紧密一点。（看戏文第 283 页。）

3. 重叠形容词或副词。白话里常用的重叠形容词或副词里的第二个字，不问

---

① 假如"赏轻"的轻音字本来是赏声字，第2）条规则跟第1）条规则可以随便用，例如，"可以"，"打扫"，"想想"，"痒痒"，"等等儿"可以照第1）条念作"咳意"，"达噪"，"详像"，"羊样"，"口'凳儿'"，或是照第2）条念作"可衣"，"打骚"，"想襄"，"痒央"，"等'登儿'"。但是有些例只有一种念法，例如，"早起_欺，""那里（阴平）"，"椅子_兹，"（一切"（赏）子_兹"式的名词），一定要照第2）条规则。北平拉车的（自以为是学南方话），跟好些国语教员，管"那里"（应该赏半轻）叫"拿里"（阳赏半），不足为训。

本来是什末声调一律改成阴平[①],例如:

偏偏儿 pianpial

常常昌儿 charngchangl

好"好蒿儿"的 haohaulde

慢"慢妈儿" mann-mhal

但是不很常说的或文一点的重叠字,就照原来字的声调念,还有重叠字当"个个"讲的,像"天天儿","人人","回回",等等也不在此例。

4. 一,不。一字单念,在数字词尾,或在句尾,念阴平"衣";在阴平,阳平,赏声前念去声,"意";在去声前念阳平"移"(除非念轻声的时候儿,那当然无所谓),例如:

数字词尾： 十一衣点钟左右。

阴 平 前： 他这是哪一意出?

阳 平 前： 一意直没看见你。

赏 声 前： 最后的一意眼。

去 声 前： 一移句·一·句的来。

轻音一字： 不过就是对你说·一套。

不字单念或在句尾(句尾语助词不算)念去声或阴平。其余的念法跟一字一样,例如。

句尾： 我并不布。

句尾有语助词： 我才不布呐,先生!

阴平前： 我也不布知道——喷!

阳平前： 那样儿不布行的。

赏声前： 不布等着让他有他的五分钟?

去声前： 还是不(:阳平)要罢。

轻音不字： 我要·不了一"火儿"工夫。

---

① 在我的 *A Phonograph Course in the Chinese National Language*(上海,1925)里,第35跟40页,我曾经把阳平除外,但是据后来的观察,阳平也可以改阴平,不过似乎没有赏去非改不行的情形。

III. 口气语调

　　口气语调这题目比中性语调的题目有容易的地方，有难的地方。容易的地方就是他不像中性语调那末一处是一个样子，是几乎全国一个样的，甚至于跟外国语言也有好些相同的地方；所以假如把北平的口气语调能够详详细细的都研究了出来啊，这结果的大部分非但可以算"中国口气语调的研究"，就是在普通语言学上也是很有意义的。它的难的地方呐，就无非是因为这题目极复杂，又从来没有人做过成系统的研究[①]，所以不能像中性语调那末跟据阴阳赏去轻几种分类，半演绎的一来，就可说"大致不外乎此"了。因为现在做的是第一次尝试，所以读者只可以拿下列的不完全的归纳当作将来再做归纳的材料罢了。

　　在没有讲口气语调以前，得要先讲口气语调跟中性语调的关系。上头所说口气语调不大因地而变，并不是说同是一种口气的话，南北中外都是用差不多儿的腔调说：这明明是没有的事。为什末呐？因为耳朵所听见的总（*resultant*）语调是那一处地方特别的中性语调加上比较的普通一点的口气语调的代数和。所以虽然加数同而因为被加数不同，得数当然也不同了。现在举例来解释解释。比方英国人用英文总语调说：

　　My name is Wang, your name is Yeh,

跟北平话的

　　我姓王，你姓叶。

都是上句暂顿的口气末字提高，下句结束的口气末字下降，可是用英文的语调说：

　　My name is Yeh, your name is Wang,

[①] 外国研究语调的著作有 D. Jones, *Intonation Curves*, Teubner, Leipzig, 1909, 这本小书里头有好些实例，但是没有分类或归纳的结果；D. Jones, *English Phonetics*, Teubner, 2nd ed., 1922, pp. 135-168; H. E. Palmer, *English Intonation*, Heffner, Cambridge, 1922; H. Klinghardt and M. de Fourmestraux, *Französische Intonationsübungen*, 原书年代出处未详，英文本 M. L. Barker 编译，*French Intonation Exercises*, Heffner, Cambridge, 1923; M. L. Barker, *A Handbook of German Intonation*, Fu Liu（刘复），前引的法文书。以上 Jones 第一次的，尤其是刘复的，结果是用曲线详细画出来的，因为那种工夫非常精细，所研究的材料就不能十分多，所以难做通盘归纳的结论。Klinghardt 等做的是法文的中性语调的规则。只有 Jones（在他那第二部书里）跟 Palmer 做的是英文的口气语调。但是他们做的也只包括关于逻辑性的口气一部分，关于感情的口气的语调的变化，他们做的不多。我想这也许是因为他只研究狭义的语调（音高）而不把时间，强度，跟嗓子一块儿研究的缘故。

听起来不像

  我姓叶，你姓王，

而像

  我姓爷，你姓望，

这是因为英文里没有平上去入，他的中性语调极简单，所以他的结果语调就几乎全照口气语调定的。中国话的暂停跟结束口气，其实也是一升一降，在第一例阳平的王字跟去声的叶字它们的字调本是一升一降，加起语调一升一降的结果，程度虽然不同，性质还是一样。可是倒过来的时候，叶字去声要降而口气要他提高，王字阳平要提高而口气要使他下降，所以结果是一个不很降的去声叶字，不很升的阳平王字，这就是两种因子的代数和。这种暂顿跟结束口气还不过是逻辑性的口气，并没有什末感情的影响，要是口气语调占主要的地位时候，有时也会把中性语调跟字调的代数正负号都反了过来，例如"好家伙"的中性语调是"低，高，降，"在这出戏里头的"好耗家伙！"要念成"高降，中，低"了。（看261页。）

  单字调跟中性语调里头，虽然也有强度的关系，但是总以音高跟时间两成素为最要紧。这两样弄清楚了就差不了多少了。可是口气语调里所不能不问的些成素就复杂多了。除掉音高跟时间，还得要注意到强度，跟"嗓子"的性质（quality of voice），有时候嗓子变得利害了还会影响到字音的声母韵母。要作有系统的研究非得有两种工夫，一方面调查出来各种成素所有可能的变化，在同一种语调之下列举这种腔调能表示些什末口气（因为同一种腔调往往不止表示一种口气），这是以体式（form）为纲，以功用（function）为目的做法。在那一方面呐，就是把话里所有口气的种类做出系统来，在每种口气之下，列举可以表示它的语调（因为同一种口气往往不止有一种可以表示它的语调），这是以功用为纲以体式为目的做法。可是在这初稿里头还说不上是哪一种，不过暂取第一种的形式就是了。下列语调的次序是大约照音高，时间，强度，嗓子，四样成素当中哪一样最要紧排的，但是有时候不止一样成素要紧，例如第9又是音高又是时间的关系，所以不能把以下的清清楚楚的分作四类。

北平语调的研究

甲．以音高跟时间的变化为主要的成素的。

体式	功用	举例	见第几页
1. 实字平常，虚字轻短，尾略降。	平常句。	太·太，鲁·先·生来·了。	251
		就好跟·你做爱·了。	283
2. 同上，但音程放大（高的高，低的低）。	和气，客气，或天下太平的口气。	恺林阿，饭厅里有火没有阿？	275
	"知己"，商量的口气。	这「火儿」咱们这一班人里头到底是怎末样的规矩？	265
3. 末尾略短，全调高。	普通问话。	是谁啊	251
		你现在不能吗？	283
		你想我选你吗？	283
4. 同上，全调居中。	普通问话。	那是什末意思？	285
		那是不是你？	283
5. 同上，全调低，略降。	设拟而问（存疑）。	那末他对你做爱做了一年啦？	273
		那末我选了他阿？	283
		你回来啦？	265
6. 同上，末尾升调。	设拟而问（不疑）。	你没后悔，可是（：67）？	253
		这「火儿」就出去（：56）？	277
		而季流不是个生人，嘎？	269
7. 全调高。	轻飘，不当回事。	没谁阿（你何必问呐）？	251
		一个小鸟儿告送我的。	261
		有时候儿阿，（下四字轻而尖：）他们回来。（你想古怪不古怪！）	261
8. 全调低。	沉重，赞叹，感叹。	丹里，你可会有原谅我的日子阿？	267

体式	功用	举例	见第几页
		唉！我做了这末一个小傻东西。	289
		我阿，我一个人，——有五年的工夫，来连连的想着你。	287
9. 全调低快。	插语（parenthesis）。	谈到寄生虫阿，他说阿，你可认得一个鲁季流先生阿他说。	263
		咱们顶好阿，——我这都是为你说咋，恺林，——咱们顶好……	244
10. 全调低，平，响。	对人凶。	（对小孩子：）你(:1)要(:1)什(:1)末(:1)？（吓得他不敢回答了。）	
		你想，你爱他。	271
11. 把单字的音程放大，时间加长①	逻辑的重音（logical stress）。	不是没主意，是有幻想的本事！	285
	心理的重音（psychological stress）。	你为什末还老要在这里头？你为什末还要那末难受的闹一场？	281
12. 一字特别延长。	自信，叫人放心。	不(5·1)——是！（有——的是！）	283
13. 同上，用假（尖）嗓子（falsetto）。	同上，带滑稽。	（例同上。）	

---

① 看前引刘复法文书 94 页 283 节的例（附图 XVII），95 页 284 节的例（附图 XX，尤其是 fig. 6）跟 100 页 300 节的结论。所谓"放大"就是高的更高低的更低的意思，例如赏声低就更低，阴平高就更高，这上头是中国语调跟英文德文不同的地方。英文德文的重音虽然也放大音程跟时间，但是以强度的增加为主。

体式	功用	举例	见第几页
14. 赏声改像去声。	惊奇。	好耗家货！你难道就是——？	261
	发急。	老涝天爷这不是玩儿什末游戏八？	279
	哆声音。	我顶定亲得恺忾林！（小叫花子）（老涝爷！您赏上我一个大花罢！老涝爷！）	257
15. 阳平单呼词。	追问要人答 (cf. 上 6)。	翻根头不来，嘎 (ar)？（没听懂：）（嘎 (ar)？你说什末？）	271
16. 赏声单呼词。	例是不错。	八（：12），是得。	281
	别这末样想或说。	矮，你也用不着一口气就都回答出来。	285
	原来如此，我倒没知道。	（袄，他也来了？）	
	怎末这末？	也？这就是我要问你的嚜。（八（：26），那怎末行呐？）	265
17. 句尾下转，转法如下：	先误解，又明白了。	"袄噢澳"（：142），那（不要紧了，我还以为他真快到了呐）。	253
阴平变 i4, 阳平变 362, 赏声变 142,	赞成新提议。	八（：513），这样才「好噢澳」！（你怎末没有早想到？）	273
去声变 6232, 轻声变 232。	改谬误，开愚昧，警告。	美国学生也不是好的得（：5#63）！	255

体式	功用	举例	见第几页
（大致如此，实在的音值略有伸缩。）	（音程小。）	不是没主意（：343），是有幻想的本事（：563）！	285
		（你以为我留你吃饭阿？）我才不呐,先生（：251#）!	257
	急劝，埋怨。（音大程）	恺林。（为什末还不答应跟我走阿？）	255
		丹里（：153♭）（别这末开玩笑！）	289
	滑稽形容人的叙述。	告送你说你多好看（：6232），说他多有钱（：252）；说你们在一块儿可以多快活（：232）。	273
	安慰（音程小）。	不要紧!	267
		跟你（：141#）！（刚才是哄你的！）	257
	赞叹或感叹（低）。（这种转尾调用在感叹有点官派或有点显然不诚实。要显然诚实的要用前第8种语调。）	（唉，真可怜（：362）！）（假如末尾不下转用第8种语调，就是态度较诚实的腔调。）	
18. 尖假嗓子（*fal-setto*）	不耐烦。	你你为什末不能一个人安安顿顿的坐在椅子上呐？	269
	诧异。	这这这这干⊓——？	275

体式	功用	举例	见第几页
19. "──"字拉长（低中）。（这个的后头假如再有话总是特别的快一点儿。)	说了一半，要连下去，但是措辞还没有想好。	张妈,你去──你去罢!	253
		一个东方的小鸟，待那儿──咱们就说他待那儿找早饭吃罢。	263
		我们当中哪一个有这末好的福气可以──伺候你。	287
20. "←"(minus comma)句读不分,反而特别紧接。	一句没有说完又一句又想好了，来不及的要说出来。	季流尽着问我的就是这句话←你不嫌我叫你季流罢？（加法的文法标点：八块,八块,十六块。实在的语调：八块,八块←十六块。）	267
21. 上半句快后半句慢。	上半句是空话，后半句是具体一点的话。	我想咱们顶好还是不要（:以上快）再拿外国十八世纪的野蛮的顽意儿再稿得这个里头罢!	271
	临时想起来补充或修改上句。	他自己也就明白。还许倒（:三字快）高兴出了这种事呐。	257
		那末咱们就等到这个礼拜完了再──要是他（:三字快）来的话。	257
22. 一个字一个字匀的念。	背字。	东局,一,三,九,七	259
		我就是。(句。)陈,丹,里。	261
23. 匀，但在每个短语末字上拉长而中降。	背书，joai 文腔。	这就是──"睁开眼睛──看事实"嚜。	265
		鲁先生──有鲁先生的五分钟。	273

体式	功用	举例	见第几页
24. "——。"自己断。	说了一半又想到别处去了。	嗳,这才——。	257
		你打算——? 我不晓得——。	275
25. 快,结巴(口吃)。	着急。	这这这这干ㄇ——?	275
		你你你简直越弄越下等了末!	271
26. 慢,结巴。	心里乱,不知所云。	你,你回来啦?	265
		你也知道这种 —— 这种 —— 这个 —— 事情阿,——	
27. 快,重(chorng)说。	急命令或申明。	快点儿! 快点儿! 轻轻儿的!	281
		(㔾,不对不对不对不对! 不对了!)	

乙．以强度跟嗓子的性质为主要成素的。

体式	功用	举例	见第几页
28. 高响(强度看被唤者有多远)。	叫远。	张妈! 张妈! (站住!)	251
29. 单字 *sforzando* (重,但音程跟时间不一定放大, cf.上9。)	吵骂。	我从来没听见过这末——。	275
		什末东西!	277
	我以为如此,不管你怎末想。	像这样儿事情,什末都是公道的!	279
	自信。	字还是背?	275
30. 末尾 *sforzando* 又 *diminuendo*(重,又带尾下转, cf. 上15)。	自信又教训人。	不过就是对你说一套 —— 很悲惨的离别词(：13ᵇ7)。(13ᵇ 音重, 7 音轻。)	279
		美国! 美国学生也不是好的得 (：5#63)! (5#6音重, 3 音轻。)	255

体式	功用	举例	见第几页
31. 低，粗，吐气（全句或半句）。	你自然应该知道或想得到，何必装糊涂或故意为难。	要是那末说（：以上低粗吐气），那他五年前就指望你等他的。	281
		咱们随后可以再写信来，（以下低粗吐气：）要解释什末都可以解释。	279
32. 低，粗，吐气，又加句尾微微下转。(cf. 上 17。)	等了半天现在完了，或急了半天现在好了。放心的口气。	恺（：$\underset{=}{1}$）林：(2^b—1)！（好勒——！你不成问题的是我的人勒——！）	287
		(Hha！好勒——！火车来勒——！)	
33. 单字上的声母改作吐气音例如 b,d,g 改成吐气的 p,t,k，元音改作喉音的 h。	冷笑。	鲁——虎季流阿？他——哈哪儿经得起……？	285
	诧异，又生气。	真䃜是！（这䃜东西！）	275
34. 开唇（元音都望清细的方向改变，例如后 a 变前 a，是笑脸的声音）。	嗲，亲近。	然后我就跟你来。	257
		那末咱们这火儿干点儿什末呐，留我吃饭还是怎末？	257
35. 噘嘴，全句带鼻音（元音都望暗的方向变）。	咕叨的口气。	你昨天让我的末。为什末我今天不能 kiss 你？	253
		我不喜欢这个。	275
36. 小舌上升（起头打呵欠的作用），喉头下降（像学西法唱歌学不像的嗓子）。	张嘴笑得说不清话。张嘴哭得说不清话。张嘴吓得说不清话。	（不拘什末话都会说成这种声音，但这个戏里没有例。）	
37. 打喳喳（whisper）	秘密。	快点儿！快点儿！轻轻儿的！	281

体式	功用	举例	见第几页
38. 瘪着嗓子，噎着嗓子。		我的恺林！	257
		（小孩子尽缠着大人恳恳恳的闹，所谓恳恳恳乃是 qhngq qhngq qh！）（q 代表喉部破裂音，国际音标作〔ʔ〕。）	
39. 喘气（在字跟字的中间，不一定在字本身上，跟第30专在字上的不同）。	惊吓。	（咳哟，h-h！吓死我了，h-h！）	
	生气。	所以你到底还是要做他的贤妻，阿？（句当中两三次呼吸，跟文法的结构全无关系。）	287
40. 微抖。	微笑。	噢，一个洋油炉子，也没点。	275
	生气。	所以你到底还是要做他的贤妻，阿？	287
	悲苦。	我阿，我一个人，——有五年的工夫，来连连的想着你；你呐，你跟别人，——有五年的工夫，来慢慢的忘记我。	287
		我也只能希望你快活就是了。	289